"十三五"国家重点图书出版规划项目
穿越——中国隧道及地下工程修建关键技术研究书系

Construction Concept and Key Technology of Rich Water Tunnel
富水隧道修建理念及关键技术

蒋树屏 丁 浩 方 林 张兰军 编著

人民交通出版社股份有限公司
北 京

内 容 提 要

本书围绕我国在富水隧道修建时的防排水与处治问题，系统阐述了富水隧道建设理念、隧道地下水排放对环境的影响评价、富水隧道防排水技术、承水压支护结构安全保障、地下水综合利用等新理论、新方法。全书内容丰富，同时结合典型工程案例，反映了当前国内在富水隧道建设的新成果与新动态，有助于加深对富水隧道的认识，推动相关基础理论研究和工程实践应用。

本书作为隧道建设实用参考资料，可供相关专业的科研和技术人员学习参考，也可供高等院校相关专业师生使用。

图书在版编目(CIP)数据

富水隧道修建理念及关键技术／蒋树屏等编著.—北京：人民交通出版社股份有限公司，2020.5
ISBN 978-7-114-16382-1

Ⅰ.①富… Ⅱ.①蒋… Ⅲ.①富水性—隧道施工 Ⅳ.①U455

中国版本图书馆 CIP 数据核字(2020)第 035211 号

"十三五"国家重点图书出版规划项目
穿越——中国隧道及地下工程修建关键技术研究书系
Fushui Suidao Xiujian Linian ji Guanjian Jishu

书　　名：	富水隧道修建理念及关键技术
著 作 者：	蒋树屏　丁　浩　方　林　张兰军
责任编辑：	周　宇　牛家鸣
责任校对：	赵媛媛
责任印制：	刘高彤
出版发行：	人民交通出版社股份有限公司
地　　址：	(100011)北京市朝阳区安定门外外馆斜街 3 号
网　　址：	http://www.ccpress.com.cn
销售电话：	(010)59757973
总 经 销：	人民交通出版社股份有限公司发行部
经　　销：	各地新华书店
印　　刷：	北京市密东印刷有限公司
开　　本：	787×1092　1/16
印　　张：	14.75
字　　数：	346 千
版　　次：	2020 年 5 月　第 1 版
印　　次：	2020 年 5 月　第 1 次印刷
书　　号：	ISBN 978-7-114-16382-1
定　　价：	100.00 元

(有印刷、装订质量问题的图书，由本公司负责调换)

前　言

随着我国经济建设的发展,基础设施建设需求不断增加,大量隧道需修筑在深埋高水压的山岭地区。在隧道施工和运营过程中,不可避免地碰到地下水问题,地下水与隧道二者相互影响,紧密联系,其技术方案的合理性会影响隧道施工及运营安全,同时也可能影响隧址区生态环境。西部地区自然资源十分丰富,但生态环境也较为脆弱。因此,开展相关研究对生态环境和地下水环境保护具有重大意义。

本书共分为9章,第1章介绍富水隧道的修建背景、国内外的研究现状及目前所面临的关键技术问题;第2章讲述了隧道地下水排放的环境影响现状、地下水排放探测的遥感影像动态分析技术及环境影响综合评价技术;第3章介绍了富水隧道建设理念和设计理念;第4章介绍了目前富水隧道防排水原则与防排水技术;第5章分别介绍了岩体隧道在外水压力时的蚁群效应、动态效应和渗流效应;第6章介绍了隧道外水压力模型试验;第7章介绍了外水压力的确定方法及承水压衬砌结构的力学响应,并提出了承水压衬砌结构的优化选型与控制措施;第8章介绍了隧道排放水的处治和利用;第9章详细阐述了龙潭隧道、白云隧道、中山顶隧道、大瑶山隧道等具体修建工程对水的不同处治方法。

限于作者学识水平,书中难免会有诸多不妥和不足之处,敬请广大读者批评指正。

作　者
2018年12月

目　录

1 绪论 ··· 001
   1.1 富水隧道修建背景 ·· 001
   1.2 国内外研究现状 ··· 005
   1.3 主要研究内容关键技术问题分析 ·· 012
2 隧道地下水排放的环境影响评价技术 ·· 014
   2.1 隧道地下水排放的环境影响现状 ·· 014
   2.2 遥感影像动态分析 ·· 016
   2.3 环境影响综合评价技术 ·· 031
   2.4 小结 ·· 064
3 富水隧道建设理念 ··· 065
   3.1 隧道调查 ··· 065
   3.2 设计理念 ··· 065
   3.3 小结 ·· 071
4 富水隧道防排水技术 ·· 072
   4.1 富水隧道防排水原则 ··· 072
   4.2 隧道防排水技术的分类 ·· 075
   4.3 控制排放技术 ··· 076
   4.4 隧道地下水排放量的确定方法 ··· 078
   4.5 隧道地下水限量排放的动态平衡模型 ··· 082
   4.6 注浆堵水技术 ··· 083
   4.7 小结 ·· 104
5 岩体隧道外水压力的折减机理 ··· 105
   5.1 岩体隧道外水压力折减的蚁群效应 ·· 105
   5.2 岩体隧道外水压力折减的动态效应 ·· 110
   5.3 岩体隧道外水压力折减的渗流效应 ·· 111
   5.4 小结 ·· 116
6 隧道外水压力的模型试验 ·· 117
   6.1 试验背景及目的 ··· 117
   6.2 基本原理 ··· 117

  6.3 相似设计 ········· 119

  6.4 试验装置 ········· 120

  6.5 试验步骤 ········· 121

  6.6 试验方案 ········· 123

  6.7 试验结果及其特征 ········· 123

  6.8 试验模型的外水压力 ········· 128

  6.9 小结 ········· 129

7 计算承水压支护结构设计理论与方法 ········· 131

  7.1 外水压力作用下的衬砌结构计算方法 ········· 131

  7.2 面力法下外水压力的边界条件 ········· 132

  7.3 外水压力的确定方法 ········· 135

  7.4 承水压衬砌结构的力学响应 ········· 139

  7.5 承水压衬砌结构的优化选型 ········· 160

  7.6 外水压力的控制措施 ········· 163

  7.7 小结 ········· 163

8 隧道排放水的处治与利用 ········· 164

  8.1 隧道施工废水的处治 ········· 164

  8.2 运营隧道地下水的综合利用 ········· 167

  8.3 小结 ········· 168

9 工程实践案例 ········· 169

  9.1 龙潭隧道 ········· 169

  9.2 白云隧道 ········· 186

  9.3 中山顶隧道 ········· 198

  9.4 大瑶山隧道 ········· 210

  9.5 小结 ········· 222

参考文献 ········· 223

1 绪 论

1.1 富水隧道修建背景

在铁路、公路、水电、采矿工程的富水隧道建设中,地下水是影响隧道施工安全、工程质量及工程结构稳定的主要因素,也是隧道使用过程中的主要隐患。通常,隧道地区地质构造十分复杂,在隧道建设过程中可能发生涌突水、突泥、软岩大变形、岩爆、塌陷等地质灾害和周边水环境的变化,其中尤以涌突水最为普遍和严重。

根据竣工隧道,并查阅有关技术资料,国内部分公路、铁路、市政、矿井等行业的隧道均出现了不同程度的涌突水,如表1-1所示。

国内部分已建富水隧道涌突水统计表   表1-1

序号	名 称	长度(m)	水文地质条件概述
1	靠椅山隧道	2949	隧道区内冲沟常年流水,断层破碎带与路线相交,岩溶发育
2	大阪山隧道	1530	地下水丰富,围岩软弱破碎,防寒泄水洞排出水量暖季达20t/h,寒季达10t/h
3	试刀山隧道	1093	右线灰岩地段岩溶发育,分布20余个中小型溶洞,K44+959处遇大型溶洞、断层、地层交接复合带,沿线路方向宽15m,长30m,垂直隧道轴线向上延伸,与地表"漏斗"相通。地表漏斗顺着两种含水岩组呈珠状分布,其中离隧道最近的漏斗直径约120m,深约35m
4	潭峪沟隧道	3455	挤压破碎带和断层多,地下水较丰富
5	西山隧道	205	穿过一条倾角45°且与隧道轴线正交的断层,断层带为宽约4m的高岭土,断层下盘节理发育,地下水丰富,与地表连通,逢下雨水量增大
6	盘道岭隧洞	15720	极软围岩在地下水的作用下致使洞内衬砌围岩径向产生了较大位移,导致隧道混凝土衬砌多处出现了纵、横向裂缝
7	深圳龙岗东部引水隧洞	25000	砂岩、砂砾岩和页岩互层,并通过F38断层破碎带及影响带,隧洞掘进施工中,地下水难以堵截而引发的地下水两次大面积流失,造成$2.0 \times 10^5 m^2$地面塌陷
8	昆明西园输水隧洞	4787	濒临滇池,且较滇池水位低,隧洞穿过三条断层,地质变化复杂,地下水丰富,流量达10000t/d
9	新基古隧道	2533	洞身穿过当地主要排水渠道,最大流量达24000t/d
10	白石岩1号隧道	2319	白云质灰岩,岩层错动,节理裂隙发育,最大流量达13200t/d
11	白石岩2号隧道	2340	洞顶沟谷发育,洞身穿过白云岩、砂岩、灰岩,断层多,最大流量达38400t/d
12	沙木拉打隧道	6379	洞顶沟谷发育,断层多,节理裂隙发育,最大流量达19550t/d
13	毛家坡隧道	3496	沿河傍山,隧道穿越断层破碎带,断层多发育于白云岩、灰岩中,溶洞、溶穴发育,富含地下水,最大流量达4276t/d

续上表

序号	名称	长度(m)	水文地质条件概述
14	普洱渡隧道	3305	石灰岩、白云岩夹页岩,节理发育,距洞口330m有暗河,流水面宽13.8m,高1.3~9.6m,最大流量达1260t/d
15	歌乐山隧道	4050	岩溶水顺层面连通性较好,发育大型隐伏岩溶及暗河地层,接触面上涌水严重,最大流量达53000t/d
16	圆梁山隧道	11068	洞身穿越毛坝向斜和铜麻岭背斜及其次生结构,隧道基岩裂隙水、岩溶水、岩溶承压水丰富,与暗河相通,最大流量达145000t/d
17	梅花山隧道	3968	灰岩、岩溶裂隙水,最大流量达55000t/d
18	中梁山隧道	3984	灰岩、岩溶裂隙水,最大流量达54000t/d
19	大巴山隧道	5334	灰岩、白云岩岩溶裂隙水,最大流量达27000t/d
20	娄山关隧道	2147	灰岩岩溶水,流量达96000t/d~192000t/d
21	南岭隧道	6100	灰岩、砂页岩、岩溶水,最大流量达11143t/d
22	长梁山隧道	12780	洞身穿越30余处断层构造岩,节理发育,地下水发育。240m的F12大断层,全部采用全封闭帷幕注浆法,最大流量达2800t/d
23	冯家山隧道	460	节理、层理、断层发育,风化严重,洞顶淋水严重,淋水跟着掌子面走洞内最大积水深1m,最大流量达2700t/d
24	东秦岭隧道	12268	进口段隧道地质为碎裂岩,涌水地段长447m,最大流量达5127.8t/d
25	大瑶山隧道	14295	灰岩、石英砂岩断层裂隙水及岩溶,其中F9断层(涌水、流砂、流泥)465m,地下水丰富。平行排水隧洞长7989m,最大流量达28000t/d
26	军都山隧道	8460	隧道进口穿越700m长含水、浅埋黄土段,出口穿越长200m碎石堆积体,大小断层15条,具有较大规模的突水突泥,最大流量达28000t/d
27	通渝隧道	4279	隧道主体穿越石灰岩,岩溶发育,最大流量达100000t/d

国内外也有不少实例,从众多的工程实践来看,涌水问题是复杂地质条件下隧道建设面临的一个突出的重要问题,它不仅破坏围岩的稳定性,影响锚喷混凝土的施工质量,会给施工带来很多不良影响,特别是在大量高压涌水的情况下,往往酿成重大事故;而且若处治措施不当,还会导致严重的环境问题。

如襄渝铁路中梁山隧道于1971年1月动工,10月开始见水井干枯,水位下降。1972年4月地表130口水井中有48口被疏干,其余井泉水位下降;地面塌陷29处计2319m²,最深的塌陷坑深达13m,塌陷面积最大达400m²,影响范围3~315km,总面积14km²。1978年交付运营后,1979年9月又发现东槽谷洞顶钱家院子一带地面塌陷,如图1-1所示。

如渝怀铁路圆梁山隧道全长11068m,最大涌水量为1728000m³/d。承压水静水压力可达到4.46~4.9MPa,2002年9月10日10时,进口正洞超前下导坑施工至三号溶洞处进行出渣时,在已经开挖成型的下导坑岩石缝隙中,塑状黏性土如用转笔刀削铅笔时的铅笔屑一样被强大的压力挤了出来,并伴有来自地层深处沉闷的石块撞击声。员工们刚刚离开,就听一声山崩地裂的巨响,掌子面发生爆裂,溶洞中填充的塑状黏性土伴着巨大的石块瞬间喷出,排山倒海般吞噬着已经开挖好的隧道,推动着洞内的蓄电池车、矿车向洞外方向涌来。仅仅半分钟的时间,$17m^2$的隧道断面就被$4200m^3$泥石塞满244m长。9月11日和12日这里又先后两次发生突泥突水,最大涌水量达每小时$72000m^3$,已开挖隧道被塑状黏性土充填389m,二号溶洞的下导坑也被毁坏。这次突泥突水,竟使一个多月的掘进前功尽弃,而且还要用半年多时间去清理淤泥。隧道施工引起周边环境变化如图1-2~图1-4所示。

图1-1 隧道涌水图

图1-2 隧道高压涌突水

图1-3 隧道洞内地下水排放

图 1-4 隧道洞顶地表塌陷、水源干涸

京广线大瑶山铁路隧道，穿越 F9 断层带时，发生了规模极大的突水、突泥事故，曾遇到 $0.5m^3/s$ 的突水，射程达 $8\sim10m$。四川华蓥山皮家山一带，在 20 世纪 80 年代以前，泉眼不断，暗河常流，能满足当地村民农灌用水和人畜饮水的需要，但自从 20 世纪 80 年代初，天府矿务局各煤矿的开采向该地带延伸，大量抽排地下水。自 1981 年以来，泉水点、暗河水点涌水量逐年减少，1983 年开始发现地裂、地陷坑，地裂带绵延 $11km$，带宽 $0.8\sim1.2km$。地裂带中的民房、晒坝等建筑物普遍变形开裂，影响正常使用，与此同时，该地区地下水位下降，泉水消失，泉眼干涸，暗河断流。给当地人畜饮水和农灌用水造成极大困难，已到水桶排队、滴水如油的程度。山民甚至烧香拜神，求龙王显灵，让泉水重现。与此同时，还引发了华蓥山山脉主脊西麓峻坡带中的危岩崩塌、滑坡、泥石流等。

2003 年 7 月 1 日凌晨 4 时许，上海轨道交通 4 号线浦东南路至南浦大桥区间隧道，在用一种叫"冻结法"的工艺进行上、下行隧道的联络通道施工时，突然出现渗水，隧道内的施工人员不得不紧急撤离。瞬时，大量流沙涌入隧道，内外压力失衡导致隧道部分塌陷，地面也随之出现"漏斗形"沉降。不到半个小时，成块的水泥地仿佛被一双巨手硬生生地撕裂，紧挨着施工点的楼房开始出现不同程度的倾斜。突发的险情开始出现连锁反应：位于中山南路 847 号的一幢 8 层楼房裙房坍塌；董家渡外马路段长约 30m 的防汛墙受地面沉降影响，开始沉陷、开裂，最后倒塌。这是新中国成立以来，在上海市区第一次发生的江堤倒塌严重事故。靠近事故现场 20 多层的临江花园大楼也出现沉降，最紧张时，高楼 1 小时沉降量超过 $7mm$，最大累计沉降量达到 $15.6mm$。

日本青函隧道全长 $53.85km$，海底段长 $23.3km$，埋深最浅处距海底 $100m$（此处海水深 $140m$），共有 10 多条大断层和 1000 多条小断层，大断层的影响大，近断层处的破碎带海水易灌入，施工过程中曾遇到四次大的突水、涌泥。例如：1974 年 1 月 8 日，吉冈作业坑最大涌水达 $15840m^3/d$，采用注浆堵水法直接通过，处理时间为 362 天；1976 年 5 月 6 日，吉冈作业坑又发生 $100800m^3/d$ 涌水，采用迂回导坑法通过，处理时间为 162 天，给施工造成了很大损失。青函隧道完工时的漏水量为 $45m^3/s$，每年的排水费用高达 3000 万日元。日本的旧丹那隧道于 1918 年开工后曾发生 6 次大突水，最大的一次断层突水达 $3.3m^3/s$，水头压力高达 $1.4\sim4.2MPa$，贯通时总涌水量达 $1.68m^3/s$，致使该隧道历时 16 年建成。

总体上说，隧道涌水会产生以下危害：

(1) 工作面岩体崩溃,埋没隧道,作业危险:接近涌水的胶结差的砂岩泥岩等稳定性差的软弱围岩一遇涌水就崩溃。

(2) 隧道积水,设备被水淹没:隧道开挖揭开含水层或含水的破碎带或断层、大溶洞,发生较大的集中涌水,水量大流速快,隧道积水显著增大。

(3) 隧道被泥沙淤积或被泥石流淹没:地下水通过流砂层或胶结差的长石砂岩、断层破碎带、充填泥化黏土的大溶洞等时携带大量泥沙向隧道宣泄,造成淤积。

(4) 隧道施工环境恶化,支撑基础减弱:涌水量大,排水设备不足,长期积水,围岩稳定性差。

(5) 地表水干枯影响严重,滨海地带海水侵入隧道:隧道开挖揭开了与地表溶洞相通的隐伏溶洞或地表水和地下水相通的断层,使地表水渗涌入隧道切断了水源,降低了地下水的水位。

(6) 地面塌陷或产生地面陷穴、地面裂缝:大量携带泥沙的地表水、地下水向隧道宣泄,使地表水位迅速下降。在自重应力、真空吸蚀和冲蚀作用下,造成地面塌陷或产生地面陷穴、地面裂缝。

因此,涌水问题的处治,不仅应包括施工期和运营期的结构安全,还应包括对隧址周边生态环境的保护,而工程上往往容易忽视后者。

1.2 国内外研究现状

富水区隧道施工时涌突水灾害的发生具有突发、滞后、阵发等特性,给工程施工和运营带来极大危害。

1.2.1 隧道涌水量预测研究现状

隧道突涌水量的预测计算是水文地质学科中的一个重要理论问题,同时也是隧道防排水设计和施工中一个亟待解决的现实问题,迄今为止尚无成熟的理论和公认的准确计算方法。究其原因,主要是因为隧道突涌水的复杂性和多变性,以及对现场水文工程地质条件的认识不完善。要解决好这个问题,一方面应强调通过各种先进的勘察手段,尽可能多地获取突涌水系统的重要信息,另一方面应提倡科学思维,用新的观念和新的理论来完善和充实。

目前突涌水量的预测计算方法很多,归纳起来主要有以下几种。①近似方法。主要包括突涌水量曲线方程外推法和水文地质比拟法两种。预测时前者以勘探阶段抽(放)水试验的成果为依据,后者则应用类似的隧道水文地质资料来计算。两者共同的应用前提是水文地质资料的相似性,预测精度取决于试验段和施工段的相似性。因此一般建议此种方法在岩溶区少用,或最好不用。②专业理论方法。专业理论方法较多,也是目前国内外应用较多的方法,主要包括地下水动力学法、水均衡法和其他方法。地下水动力学法又称解析法,是根据地下水动力学原理用数学解析的方法对给定边界值和初值条件下的地下水运动建立解析式,而达到预测隧道突涌水量的目的。比较著名的经验公式有日本的佐藤邦明公式、落合敏郎公式,苏联的科斯嘉可夫、吉林斯基公式以及我国的经验公式。该方法在工程建设中受地形、人力、物力、经费等因素影响,使预测精度受到影响。水均衡法是根据水均衡原理,查明隧道施工期水均衡各收入、支出部分之间的关系,进而获得施工段的突涌水量。水均衡法能给出任意条件下进入施工地段总的可能突涌水量,而不能用来计算单独隧道的突涌水量。该法能查明有保证的根本补给来源的情况下,确定隧道的极限突涌水量。其他方法主要有地下径流模数法、降水入渗法、地下径流深度法和地球物理化学法。③数值法。数值法主要采用有限元法和有限差分法。数值法是一种具有前景的方法,如黄涛等使用渗流—应力—温度耦合情况下的水文地质数值法对某隧道涌水量进行预测验证,误差仅为0.54%。④随机数学方法。主要是根据灰色理论、模糊数学、数量化理论和虚拟变量多元回归方法等随机数学方法,选取突涌水灾害的影响因素,先进行关联度分析,然后按突涌水程度进行分类,最后进行突涌水量预测。⑤非线性理论方法。主要有神经元网络专家系统、系统辨识法等。该法是对常规预测方法的一个有益补充。

隧道突涌水量的预测计算方法很多,目前较为常用的主要是专业理论方法,但其预测精度远远不够。突涌水量的预测必须采用多种方法结合,多学科交叉的手段,以提高预测精度。

1.2.2 隧道突涌水地质超前预报技术研究现状

隧道施工期地质超前预报由来已久,国外如英、法、日、德等国将此列为隧道工程建设的重要研究内容。我国隧道施工期地质超前预报研究始于20世纪50年代末,真正用于隧道工程建设是在20世纪70年代,经过多年的发展,我国隧道施工期地质超前预报的研究和应用已取得很大的进步。

目前国内外隧道施工期地质超前预报技术主要有以下几种。①地质法。地质法主要包括地质素描法和超前平行导洞(坑)法。两种方法都以地质资料为基础,采用推测、对比等手段对隧道进行地质超前预报。它们的定量水平虽然不高,但其简单易行,且成本低廉,不占用施工时间,是目前隧道施工期地质超前预报的一种常用方法,尤其是平行导洞法。贵阳—遵义高速的凉风垭隧道主要是采用平行导洞法结合物探技术进行预测预报,效果较好。②钻探法。目前常用的钻探方法为水平钻速法,该法根据台车水平钻速的快慢和钻孔回水的颜色,来判断前方掌子面围岩的岩性、构造及岩石的破碎程度。该法简单可行,快速实用,不占施工时间,是一种较受欢迎的方法。但该法也受到一些因素的影响,诸如钻机钻压的不稳定,钻孔的不平行性,钻孔过程中卡钻现象等。③物探法。物探法是目前隧道地质超前预报较为先进的方法,主要有声波测井法、声波投射法和波反射法。声波法具有轻便简易、快速经济、测试精度易于控制和提高等优点,应用较广,但占用一定施工时间,有一定局限性。波反射法应用最广,也是目前隧道地质超前预报最先进的方法。同时,人们根据这些方法研究生产了许多先进的仪器设备,如声波探测仪、地震仪、红外线探测仪、地质雷达和先进的TSP系统,广泛地应用于隧道地质超前预报,提高了预报准确度。④综合方法。主要是根据隧道的水文地质环境、地形地貌特征、岩溶发育特征等因素采取多种方法结合对隧道进行地质超前预报的方法,在应用中讲究因地制宜,具体问题具体分析,所以需要做大量详尽的地质工作。

1.2.3 隧道限排水压荷载研究

目前,国内外关于隧道水荷载问题的解析研究已有不少成果,主要体现在隧道涌水量、围岩渗流力及衬砌水压力等方面。Shizhong Lei 根据叠加原理推导了稳定流状态下隧道涌水量解析解。Dimitrios Kolymbas 则根据保角变换推导了稳定流状态隧道涌水量,公式适用于不同埋深的隧道,并指出了作用在衬砌上的压力公式。Bouvard、Schleiss、Fernandez、Kyung-Ho Park 等对地下水位线下隧道围岩渗流力进行了较深入研究,但是所有研究结果均未考虑衬砌渗透性对渗流力的影响,其研究成果的适用性有限。I. W. Farmer 等对矿井支护的静水压力进行了研究,并提出注浆能有效控制地下水排放,在特定条件下能减小作用在衬砌上的水压力。王建宇则利用简化轴对称理论研究了衬砌水压力,并对衬砌水压力进行了相应的探讨。

研究围岩渗流与衬砌水荷载的方法主要有数值法与解析法。在复杂模型、地质条件下,数值方法比较适用,但是应用起来较为复杂;解析方法则把问题进行简化,然后经过理论推导得出解析公式,虽然推导很复杂,但应用起来相对简单。

1.2.4 隧道施工限量排放条件的排放量标准提出

在现有隧道规范中,对地下水的处理原则虽然有排有堵,但并无明显侧重。新中国成立以来的隧道对地下水的处理主要是"以排为主"。"以排为主"是从疏水、泄水着手,通过隧道防排水系统把地下水排出隧道。采用"以排为主"的设计方针,将会造成三方面的问题,一是由于"以排为主"的设计理论,在衬砌结构设计计算中往往不考虑水压力,衬砌设计较薄,尽管初期节约了一定资金,但在运营中衬砌破裂的事例屡有发生;二是地下水长期由隧道大量排走,地下水位降低,造成洞顶地表失水并发生沉降变形,引起隧址区地表居民生活用水缺失和房屋塌陷等问题;三是地下水从隧道大量流失,围岩中的地下水渗流通道(如岩层节理裂隙或岩溶管道)中的充填物被水冲走,贯通性愈来愈好,可能造成隧道洞内流量不断增大,各种病害如衬砌渗漏变形、路面翻浆冒泥、排水沟淤塞漫流等逐年严重,同时,衬砌背后渗水通道的扩大还会造成衬砌受力不均匀。若在高水位地区采用以堵为主的方案,将会招致数值很大的水压力,增大隧道结构的施工难度,提高建设成本。此外在后期的运营区间易出现由于衬砌承担水压力过大造成隧道渗漏水或衬砌开裂等病害,对隧道的运营环境和安全构成严重的威胁。

目前隧道的防排水设计原则是"防、排、截、堵结合,因地制宜、综合治理"。当隧道内渗漏水可能引起地表水减少、影响居民生产和生活用水时,应对围岩采取堵水措施,减少地下水渗漏"。随着人们环境意识的增强和隧道修建技术的提高,对隧址区生态环境的保护要求已日益严格。隧道设计时采取"限量排放"的做法已逐步增多。我国《中华人民共和国环境保护法》明确规定实行"三同时制度"。《中华人民共和国水法》第二十六条也规定"开采矿藏或者兴建隧道,因疏干排水导致地下水下降、枯竭或者地面塌陷,对其他单位或个人的生活和生产造成损失的,采矿单位或者建设单位应当采取堵水措施,减少地下水渗漏"。由此可见,如何经济、合理地处理好地下水问题,往往关系到隧道工程的成败。

鉴于此,富水地层的隧道建设已逐渐摈弃"以排为主"的理念,开始实施"以堵为主、防排结合"的控制型防排水原则。问题的关键是为何还要排水,主要是基于以下考虑:①隧道如果完全防水,将大大提高防水层的造价;②由于隧道水文地质条件的多变性,鉴于我国现有的施工水平,隧道完全防水在技术上难以实现;③排水是手段,它可以有效引导积聚在衬砌背后的地下水,减小或消除地下水对衬砌结构产生的静水压力,其目的是为了更好地防水;④如果按照完全防水进行隧道衬砌设计,衬砌就要承受相当大的外水压力,以至于把衬砌加大到不可思议的厚度;⑤若排水不畅,易导致衬砌裂损破坏,引发隧道运营后的渗漏水病害。

从另一方面讲,对于某一个具体的高水压隧道的建设场地来说,在隧道未施工时其地下水的补给量和排泄量是基本平衡的;而隧道施工造成的地下水渗漏可以是暂时的,也可能是永久的;如果隧道开挖引起地下水渗漏量小于外界对隧道施工影响范围内的地下水补充量,则由地下水的渗漏造成的水环境破坏只是暂时的;反之,则会造成地下水环境不可逆转的永久破坏。由此可见,如果在进行高压富水地层隧道设计时,根据隧道施工影响范围内地下水的补给量和渗漏量大小,在保证隧道施工引起的实际渗漏水量小于外界对地下水补充量的前提下,施工引起的渗漏量将是有限的,不会破坏地下水环境的平衡。当隧道施工引起的地下水渗漏量超出地下水补给量时,设计可根据地下水补给量与渗漏量的大小差值,采用"定量堵水"措施,从而保证地下水环境的平衡。

因此,控制型防排水原则,是在相关堵水技术的支持下,适量排放地下水,将作用在衬砌上的水压力减小到可以承受的水平,同时做到保持地下水位的基本稳定,尽量减少(避免)对地下水环境的恶化,从而实现隧道周围地下水环境的可持续发展。但是,一方面由于现行规范和技术标准均未明确说明如何贯彻"控制排放"原则,因此,其工程实施也出现了一些问题:采用何种方式来实施堵水?堵水后如何认识地下渗水所产生的衬砌外水荷载?衬砌承受外水压力后,其力学特性有何特点?另一方面,一些隧道对"控制排放"的工程实践又已进行并得以实现。这些问题和现象的存在,对推广实施"控制排放"造成了障碍,所以控制排放的隧道防排水技术有待深入研究。

综上,岩溶地区修建隧道极易引发地下水环境负效应问题,不仅危及施工安全、影响施工进度,而且极大地恶化当地生态环境。

1.2.5 地下水限量排放的方法

隧道工程中对地下水的处理方式有排导方式和全封堵方式两种。

全封堵式防水适用于对保护地下水环境、限制地层沉降要求高的工程,可以为隧道结构的耐久性提供极为重要的环境条件,为隧道安全运营提供极为重要的环境条件,但其直接造价较高。因此,全封堵方式由于衬砌要承受同地下水水头基本相当的水压力,一般适于埋深较浅、地下水位较低的隧道。根据国外的经验,通常情况下,当地下水水头小于60m时,宜采用全封堵方式,如地铁、过街地道、人防工程等市政隧道。众所周知,山岭隧道埋深和地下水位高度有别于地铁、过街地道、人防工程等市政隧道。对于市政隧道,由于埋深较浅、水位不高,有条件通过衬砌结构加强对地下水采用"全堵"方案,来避免地下水流失对城市环境产生的负面影响;而山岭隧道地下水位一般都较高,如果采用"全堵"方案,衬砌结构将承受较大的水压力,甚至难以实施。

对地下水水头大于60m的高水位隧道,宜采用排导方式,但需要坚持控制型防排水原则适量排放地下水,将作用在衬砌上的水压力减小到可以承受的水平,同时做到保持地下水位的基本稳定,尽量减少(避免)对地下水环境的恶化,从而实现隧道周围地下水环境的可持续发展。

控制排放型防排水,也称限量排放地下水,是近年来为降低全封堵式防水的成本,又要满足地下水环境保护,限制地层沉降而出现的一种新型的隧道防水措施。关于控制型防排水技术,其根本的特色在于:控制地下水的排放以达到安全上可靠,技术上可行,经济上合理的目标,而且将隧道运营的长期安全性放在首要的位置。当前,对于隧道中实现控制型排水的主要措施有两种:一种是在排水管上加闸阀,通过调节闸阀开关达到控制排放量的目的;另一种则是通过注浆堵水限制围岩渗流来达到减少地下水排放的目的。

下面就这两种限量排放方法分别进行介绍。

1) 阀门控制排水

至于控制排放的实施方案,具体做法是在排水孔处设置闸阀,当排水孔中的水压力低于闸阀的预设水压力时,闸阀处于关闭状态,当排水孔中的水压力高于闸阀的预设水压力时,闸阀处于开启状态进行排水减压,这种控制水压办法奏效的前提是闸阀必须正常工作。这种控制排水系统在南京地铁 1 号线鼓楼车站中曾经使用过。具体做法是以混凝土结构自防水为主,柔性防水层为辅,并在结构边墙、底板下布设透水管网形成排水系统以引排结构外围渗水;底板排水系统在排水泵房端口设闸阀可人为控制,达到限量排放的目的。其防排水结构示意图如图 1-5 所示。

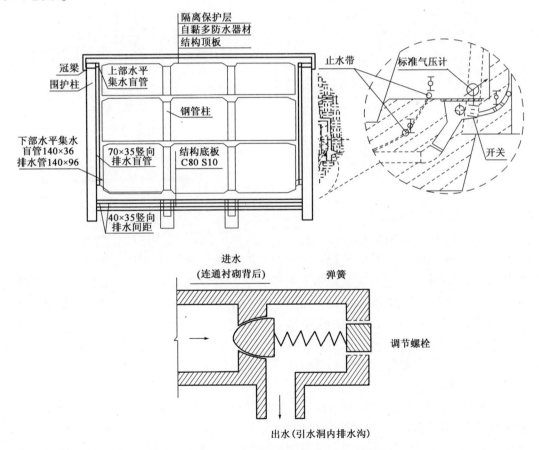

图 1-5　南京地铁鼓楼车站采用的阀门限量排水构造(单位:mm)

锦屏电站高外水压力条件下输水隧洞在检修状态时，衬砌结构如果是完全封闭的，则必须考虑其结构强度完全能够承受静外水压力（约10MPa）和主应力，但这样的结构太不经济，也不现实。必须减弱静水压力对衬砌结构的危害，可采取阀门限制排放措施。在隧洞衬砌结构内部设置具有单向导通性能（开启压力控制在与内水压力一致）的限压水阀，即隧洞内的水不会向外流，而隧洞外的围岩渗水积聚压力一旦超过隧洞内的水压力，就能够流入输水隧洞，这样，衬砌结构两侧的水压力将基本处于平衡状态，从而不会受到静水压力的危害（图1-6和图1-7）。为使阀门在电站发电运行期间始终处于稳定完好状态，阀门应采用高质量的定压开启防锈阀门，并采用特殊结构（弹簧尽可能不与水接触，或采用防锈弹簧），以方便日后检修。为防止外水压力在局部空间积聚形成过高压力，建议先采取喷素混凝土将岩面喷平圆顺，然后在隧洞围岩与衬砌结构间铺设塑料阻水隔板，将排水阀门与之相连，以便有效地排出地下水。阻水隔板固定在锚喷作业面上，可以实施接触灌浆以消除空隙，使阻水隔板紧贴锚喷混凝土面。为保证阀门安装定位准确牢固，排水阀门采用支架固定。为保证阀门外壁与衬砌混凝土紧密结合不漏水，建议在外壁设置一定数量的阻水翼板，并在表面和阴角处涂抹膨润土（或其他适合的膨胀性封堵胶液）配制的浆液。

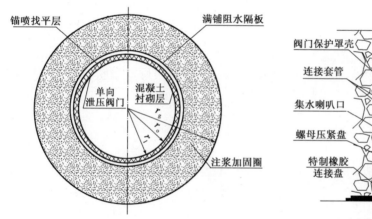

图1-6　止水阀门示意图　　　　　　图1-7　阀门结构安装示意图

然而无论是山岭隧道还是城市隧道，受恶劣环境的影响，保证闸阀长期正常的工作都是很困难的。如果闸阀出现了问题，可能会出现两种极端情况，要么是闸阀长期开启造成地下水大量流失，要么是闸阀长期关闭造成衬砌上水压力增加而导致衬砌破坏。虽然可以通过维修的方法解决这一问题，但一方面由于运营留给维修的时间很少，另一方面维修也必然造成人力和物力的浪费，因此这一方法存在着诸多弊端。因此，其主要用于地铁等对于地表沉降要求严格的市政工程，一般其地层中地下水量不大、水压不大，地层常为黏土与砂层，造价较高，后期运营过程还埋设专用仪表进行检测，必要时安排专人根据排放标准控制排放。

2）注浆堵水限排

由于闸阀控制的适用条件、耐久性、经济性、管理难度等因素，针对山区高水位隧道，在山区高水位地区如岩溶富水区（主要适用于隧道穿过填充型溶洞地区或溶隙地区），多采用注浆堵水的方式，并通过由外至内的围岩注浆固结堵水圈、初期支护、防排水网格系统和二次衬砌而组成复合防排水结构，依次形成多道防线，从而有效减小地下水的排放量，保护水资源。减少流向隧道衬砌背后的总渗流量,再在隧道衬砌背后设置排水措施排出剩余的水量来降低外水压力,这是目前采用最为广泛的限排方案。例如日本的青函海底隧道,海水深140m,埋深100m,水头总高度240m,采用限量排放的排导方案。

控制排放的方式如图1-8所示。"堵水限排"隧道衬砌结构体系主要由注浆圈、衬砌背后的排水系统和衬砌三部分组成,注浆圈起封堵地下水、控制隧道涌水量和保证施工期间洞室稳定的作用,排水系统则尽量将通过注浆圈渗透到衬砌背后的地下水排出,从而将作用在衬砌结构上的外水压力降低到可接受的水平。

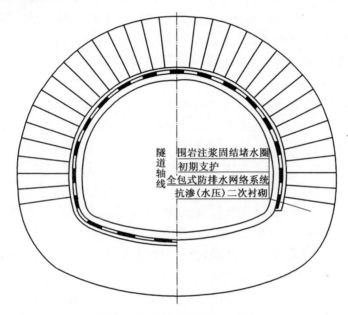

图1-8 控制型防排水体系示意图

采用"堵水限排"的隧道防排水系统,需要确定注浆圈的厚度及渗透系数等参数值,其结果不仅与地下水水头大小有关,还与地层渗透系数和地下水排放量控制标准有关,若达不到设计要求,注浆圈将无法有效地控制渗透到隧道衬砌背后的地下水量,当衬砌背后的地下水量超过衬砌的排水能力时,将导致衬砌外水压力上升,最终对隧道安全不利。为此,下面将对堵水注浆涉及的相关工艺及参数进行阐述。

1.2.6 注浆堵水技术的研究现状

我国的注浆技术经过几十年的快速发展,在注浆理论研究和工程运用等方面都取得很大的进步,尤其在注浆设计、注浆施工以及注浆材料的研制等方面均达到世界先进水平。

1) 注浆技术发展

注浆堵水是岩土工程中的经典技术,是将具有胶凝能力和一定强度的浆液压入岩土体中,将岩土体中的水与空气挤出并充满孔隙、裂隙等,经过注浆材料的胶结作用使松散破碎的岩土体胶结起来,以达到改善岩土体稳定性能,降低岩土体的渗透性。大量隧道工程实践表明,在软弱破碎、节理和裂隙发育、强度低、富水量大、自稳定能力差的围岩地段开挖时容易发生涌水突泥等灾害,注浆加固和堵水是保证施工防水安全和质量的重要手段,也是工程成败的关键。

注浆技术发展至今已有200多年的历史，按时间进程大致可分为四个阶段：①第一阶段（1802—1857年）称为原始黏土浆液注浆阶段；②第二阶段（1858—1919年）称为初级水泥浆液注浆阶段；③第三阶段（1920—1969年）称为中级化学浆液注浆阶段；④第四阶段（1969至今）称为现代注浆阶段。

就现代化的注浆技术而言，我国起步较晚，20世纪50年代后开始初步掌握注浆技术。我国20世纪70年代末在铁道行业开始进行高压喷射注浆法的研究和应用。特别在公路、铁路建设中，山岭隧道的施工广泛应用了注浆工法。如京广复线上的大瑶山隧道与京九线的山岭隧道的施工中既使用了帷幕注浆，也使用了工作面超前管棚预注浆的方法，顺利通过特大断层带涌水层，优质高速地完成了隧道修建工作。近20年来，我国的注浆技术在施工技术、设备器材、浆材品种、检测手段、自动控制以及注浆堵水等许多方面都取得了重大进步。

2）注浆理论研究

注浆技术，根据注浆在被灌注的载体作用机理，可分为充填注浆、压密注浆、渗透注浆、劈裂注浆和电动化学注浆几种。与注浆方式相对应而形成的注浆理论，主要包括：①渗透注浆理论；②压密注浆理论；③劈裂注浆理论；④振动注浆理论。对于用作堵水的注浆技术来说，它通常是在不破坏岩体内部颗粒排列及岩体裂隙体积的条件下，用一定的注浆压力把浆液充填于岩体裂隙空间内，并将岩体胶结成整体，起到堵水的作用，属于渗透注浆。

由于地质条件复杂和施工检测困难以及试验方法的局限等因素的影响，注浆理论的研究水平不能满足注浆技术的要求。目前，我国注浆工程中常用的注浆浆液主要为黏土类浆材、水泥类浆材和化学类浆材。按照浆液的流动特性，可以把浆液分为牛顿流体和非牛顿流体，但是现有的注浆理论大多是以牛顿流体为研究对象。总的来说，与注浆工艺、注浆设备、注浆材料的快速发展不同的是注浆理论（尤其是渗透注浆理论）的研究相对比较落后，其进展比较缓慢。在渗透注浆理论研究中，研究者多把浆液简化为牛顿流体而没考虑浆液的时变性，所以没有任何一个公式能够真正反映浆液在多孔介质中的渗透规律。这些公式均存在着某些缺陷，与实际情况相差很大，其结论多为指导性的。因此，大多数有关注浆工程的报道或论文中很少有人进行注浆理论的分析研究，仅仅介绍注浆工艺和注浆效果。因缺乏完善的注浆理论指导，影响了注浆效果，造成许多人力、物力的浪费。

在我国公路、铁路、水利、市政、人防工程等多个行业的施工中广泛应用了注浆工法，或采用帷幕注浆截断地下水，或对隧道开挖的工作面上进行超前管棚预注浆以加固围岩。迄今已形成如《公路隧道设计规范》《铁路隧道设计规范》和《隧道防水技术规范》等多部相关行业规范，对注浆参数设计与施工进行了相关规定。

1.3　主要研究内容关键技术问题分析

围绕大涌水量与复杂地质条件下富水隧道修筑关键技术的研究，本书围绕以下关键技术问题展开：

（1）隧道地下水排放的环境影响评价技术。

（2）富水隧道建设理念。

(3)富水隧道防排水技术。
(4)岩体隧道外水压力的折减机理。
(5)承水压支护结构设计理论与方法。
(6)隧道排放水的处治与利用。

2 隧道地下水排放的环境影响评价技术

2.1 隧道地下水排放的环境影响现状

2.1.1 隧道地下水排放的环境影响现状

通常认为,山区隧道建设除了有正效应外,也有一定的负效应,如施工中三废和振动对周围生态环境的影响,大量弃渣对土地和生态产生的影响,涌突水事故对地下水和生态环境的影响等。余璐璐等人(2010)即从隧道工程行为的生态效应,包括物理效应、化学效应、生物效应和社会效应,全面简要论述了隧道工程行为的内涵及其对生态系统的影响。

在隧道产生的环境影响当中,以地下水和生态环境影响为主,对这两方面的研究也是最集中的。许多对岩溶地区隧道的研究表明,隧道涌水将形成较大规模的降位漏斗,其平面范围(宽度)将达1km以上,造成漏斗范围内含水层疏干;隧道开挖后,由于其集水和汇水作用,岩溶地下水仍不断排入隧道中,大大增加了隧址区地下水的排泄量,使其左右侧一定范围内的含水空间趋于疏干,形成一定规模的降位漏斗。这将产生两种作用。一是打破地下水系统内部原有的水循环平衡;二是使地下水系统与外界的水循环平衡遭到破坏。韩美清等研究表明,疏干漏斗的形成和由此引起的其他水量交换,加剧了降水或地表水的流失,造成地表干旱缺水;其次,地表干旱缺水,易使岩土遭受风化侵蚀,导致地表土壤大量随水流失;再其次,由于缺水和少土,又将严重影响植被和农作物的生长发育。王石春等人认为,在新建铁路隧道工程及其他地下工程项目的整个过程中,要把隧道工程—环境水文地质—生态环境影响作为一个系统工程来考虑;余璐璐等认为,隧道建设对生物的影响一般是间接发生的,隧道工程的挖掘引起水文循环的破坏,水量对动植物的生长繁殖、空间分布有显著的制约作用。当其减少至超过某些生物的适应范围时,这些生物将因缺水表现出种种不适,严重的可能导致死亡甚至灭绝;崔涛认为隧道开挖不可避免地会破坏某些地下水的储存点和转移通道,造成地下水的重新分配,从而形成新的含水层和地下水转移通道,而原来某些含水层和转移通道中所含的地下水可能减少甚至枯竭,这会导致隧道区域局部地下水的水位降低、地表植物枯萎甚至死亡。

上述对隧道建设的生态环境影响分析,较多要求依赖详细的水文地质调查,且以定性分析为主,鲜有定量和确定的文献研究成果,尤其是对自然生态环境的影响研究更少。

2.1.2 隧道建设生态环境影响评价指标体系研究现状

程胜高、毛文永等学者对生态环境影响评价的方法进行了较系统的研究。综合起来,其常用的方法有:类比法、生态机理分析法、景观生态学方法、系统分析法、生产力评价法、数学评价法、指数与综合指数法、生态图法等。隧道工程生态环境影响评价涉及面广,牵涉因子多,具有多层次性和模糊性,适宜将多目标决策技术中的模糊数学与层次分析两种方法结合起来,建立指标体系进行综合评价。

国外对于生态环境评价指标体系的研究较多,如 Thomas M. Quigley 等对哥伦比亚河流域的生态安全性进行了评估,分别用不同的指标评价森林、草地、水域子系统的生态安全。Steven M. Bartell 等采用综合水生系统模型(CASM)在加拿大魁北克省对有毒化学品给河流、湖泊和水库造成的生态风险评价进行评估。但就公路工程生态环境评价指标体系和研究方法而言,国外则鲜见报道。近年来,我国在公路工程生态环境评价指标体系和研究方法方面也作了一些工作。如刘珊等采用综合评价方法评价了公路建设项目的生态环境影响。袁卫宁对高等级公路环境影响的综合评价指标体系、评价范围和评价方法进行了探讨。张媛提出了包括公路设计与工程的生态保护、土地资源保护、植被恢复和重建以及科学管理4个中类指标和14项单项基础指标,构建了一个可操作可适合于黄土高原地区高速公路建设的生态影响评价指标体系。陈雨人建立了由声环境、大气环境、生态环境和景观4个方面的指标构成的公路环境影响评价的指标体系。周剑建立了以土壤、水土流失状况、工程占地量、对农作物影响、景观生态影响和对林地的影响和对动物影响等高速公路建设生态环境影响评价指标体系。可见,国内有关指标体系和评价方法的研究也主要是针对整个公路工程而言的。就隧道而言,造成其生态环境破坏的首要因素是地下水流失;但对于整个公路工程而言,地下水因子的重要性则明显下降,故两者在生态环境影响的着重点方面有所区别。而在对隧道进行的评价指标体系研究中,有针对隧道涌水引起的生态环境制定指标体系,从气象因素、水文地质因素和地质地貌因素来分析,没有考虑地表生态环境自身特征,如土地利用情况、植被质量情况等;有针对铁路隧道产生生态环境影响制定的指标体系,但它指的是广义的生态环境,从生物系统影响和非生物系统影响因素来分析,不仅考虑生态,还有水、气、声、渣等影响,对狭义生态的考虑不足;以及对高速公路隧道建设对生态环境影响敏感性与安全性评价体系研究,但它也是针对隧道涌水产生的生态环境影响进行研究,对其他方面产生的生态环境影响考虑不足。因而不能完全照搬已有研究成果。

2.1.3 山区隧道建设环境影响防治现状

欧美等发达国家建设公路隧道一般需经过充分的社区参与和独立的第三方环境影响评估,设计方案采用尽量减少干扰地面和地下水的方式,施工方法采用先进的盾构和掘进机,以使隧道施工对周围环境的影响降到最低。同时施工过程中对地下水位及隧道区内的生态系统进行严格监控,并接受来自政府、新闻媒体、环保社团和普通民众的监督。

国内目前对于隧道的环境保护主要以勘察设计阶段进行环境影响评价和环境保护设计,施工阶段通过环境监理等管理手段加强"文明施工"为主。主要的环境保护技术有:确定隧道方案时以环境保护为前提,环保型洞门的设计及施工、隧道防排水的设计、隧道弃渣的综合利用、施工场地的生态恢复等方面。特别是我国的隧道规范中已明确强调"早进洞、晚出洞"的设计理念,即适当延长洞口和隧道的长度,尽量避免对山体的大挖大刷,提倡零开挖洞口。让隧道洞口周围的植被得到妥善保护,维护原有的生态地貌。

因此开展公路隧道生态环境影响综合评价及防治对策系统研究,提出适于山区隧道生态环境影响综合评价指标体系已迫在眉睫。

2.2 遥感影像动态分析

遥感技术因其能够进行大面积实时监测,具有时效性强、信息量大、信息客观、真实,数据综合性与可比性好等特点,在环境领域的应用越来越广。经过多年的实践,遥感技术现已成为环境动态监测中不可缺少的地理空间信息获取、更新与分析的手段和数据源。因此采用遥感技术对山区隧道生态环境的动态变化进行分析是可行性较高的一种选择。

2.2.1 研究思路和方法

对公路隧道建设产生的生态影响进行环境遥感监测时,需要考虑生态变化与各环境因子的关系,如隧道建设时的开挖、临时占地、地下水漏失、人工干扰等要素,同时还要考虑植被自然生长、降水、气温等因素。然而如此大面积地开展遥感监测,其因子过于庞大、复杂,工作量大。而植被条件的好坏与生态环境密切相关,同时植被又是遥感观测、记录的第一表层,它能在某种程度上反映某区域在地质、人为、气候等因素作用下的下垫面情况,因而利用对植被的分析能反映生态环境的变化情况。

作为一种重要的大空间尺度植被信息检测手段,归一化植被指数(Normalized Difference Vegetation Index,NDVI)以其快捷准确的特点已在农业估产、植被覆盖密度评价、森林面积估算等方面得到了较广泛的应用,它是植被生长状态和植被覆盖度的最佳指示因子。NDVI 既可以反映不同地类的信息,又可以判断同种地类具有不同密度和不同长势的植被特征差异,弥补单纯的遥感分类只能说明量的变化,无法说明质的变化的不足。

以典型隧道为研究对象,通过提取不同时期不同尺度的 NDVI 指数,来反映不同时期、不同尺度的隧道生境质量变化,并进行隧道建设驱动因子分析。尺度如下:

尺度一:对于整个区域的 NDVI 分析,主要集中在时间上(建设前、施工中、营运期)的对比,分析整体质量的变化。

尺度二:对于各地类类型的 NDVI 分析,旨在研究不同地类类型的 NDVI 特征及其变化,为寻求生境质量变化的驱动因子提供数据支持。仅对高分辨率卫片进行分析。

尺度三:对于不同水文地质类型区的 NDVI 分析,目的在于分析不同地下水影响情况下,生境质量随时间的变化。仅对出现了涌水的大学城隧道和中梁山隧道进行尺度三分析。

研究中统计了各 NDVI 值所对应的像元数在总像元数中的百分比,并将像元百分比与对应的 NDVI 值作图,得到各 NDVI 值上的像元百分比值分布曲线(以下简称 NDVI 频度曲线)。研究中分别统计了 3 个尺度的 NDVI 频度曲线。为对比分析 NDVI 频度曲线的差异,以像元百分比峰值(peak)所对应的 NDVI(NDVIp)和峰值区间(peak range)所对应的 NDVI 区间(NDVIpr)对各 NDVI 频度曲线的特征进行定量描述和分析。其中,NDVIp 反映了该 NDVI 曲线在坐标横轴上的位置特征,NDVIpr 反映了该 NDVI 曲线在坐标平面上的集中程度。

2.2.2 研究步骤

1）影像预处理

利用 ERDAS IMAGINE 9.2 遥感处理软件,对研究区 3 个时相 TM/ETM+影像在同一坐标系统下分别进行几何校正、定位登记,并针对各种典型植被覆盖类型进行增强处理和特征提取,内容包括光谱信息含量、波段相关性、波段优化组合的分析等基础工作。

2）土地利用类型的划分提取

裁剪出感兴趣的区域。裁剪沿着隧道走向的区域,根据前人研究成果,隧道修建可能造成山顶泉水和地表水的漏失,影响范围为线路中心线两侧各 3km 的范围,此处评价范围也以两侧 3km 为标准。对于高精度卫片,受影像大小的制约,范围略小于两侧 3km,同一隧道的三期图像中裁剪区域应当相同。对各卫星影像进行最大似然法监督分类。

3）水文地质类型的划分提取

对校正好的水文地质图,利用遥感处理软件 ArcView 进行处理,勾画出不同地质类型的区域范围。

4）NDVI 变化曲线提取

(1) 对各典型隧道,提取不同时序的归一化植被指数(NDVI),利用经过预处理的影像数据,提取其中的红光波段和近红外波段,利用 erdas 的建模功能得到 NDVI:

$$NDVI = NDVI = \frac{p(nir) - p(red)}{p(nir) + p(red)}$$

得到研究区域不同时段的 NDVI 影像,NDVI 计算结果在 -1~1 之间。一般情况下,NDVI 的值越大,表示植被的长势越好,密度越大;反之,则表示植被长势欠佳,较为稀疏。对含云及阴影区进行剔除,标示为无数据区。

(2) 利用 erdas 将已经提取好的各隧道不同时期的 NDVI 影像进行 gird 转换,然后利用 ArcView 软件进行矢量转换,并对转换为矢量的 NDVI 影像进行 NDVI 等级的重分类,本次分为 27 个等级。

(3) 提取各隧道不同影像不同尺度上的 NDVI 值的图斑数及面积。对地类尺度和水文地质类型尺度上数据的提取,先利用 ArcGis 进行 NDVI 矢量数据和生境类型图、水文地质类型图的叠加处理,再利用 ArcView 提取叠加处理后的矢量数据。

(4) 分别计算各 NDVI 值对应的图斑面积所占总面积的百分比,得到各个隧道各个时期的 NDVI 变化曲线。

2.2.3 调查对象选取

由于隧道区域一般面积不大,应尽量选择高分辨率卫星影像。但是高分辨率的卫星影像数据在 2000 年以后才陆续出现;此外,存档的卫星影像还存在质量不高的问题,这一点在重庆地区非常常见;此外,各隧道的三期影像拍摄月份要尽量一致,且尽量选择植被生长茂盛季节。种种因素制约下,通过对存档数据的查询,在进行了隧道现场调查的 19 座隧道中,能基本满足要求的只有三幅隧道,分别是:重庆的大学城隧道、中梁山隧道和云南昆明的碧鸡关隧道。各隧道的数据类型和成像时间见表2-1。

遥感数据类型及成像时间　　　　　　　　　　表2-1

隧道名称	中梁山隧道	大学城隧道	碧鸡关隧道
数据类型	TM(30×30m)	IKONOS,GEOY(2×2m)	Quick Bird(2×2m)
建设前	1987-3-5	2002-9-11	2003-1-18
建设期	1993-5-24(施工3年)	2004-10-20(施工1年)	2005-4-23(施工1年半)
营运期	1997-5-3(运营2年半)	2009-6-4(运营4年)	2009-12-6(运营4年)

2.2.4　结果与分析

1) 大学城隧道

(1) 整体尺度上的 NDVI 变化

图 2-1 是大学城隧道 3 个时期影像的 NDVI 格局变化图。

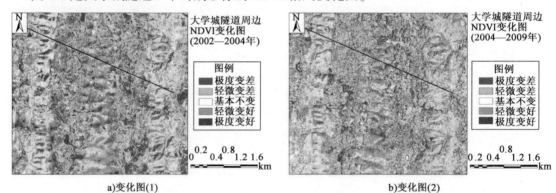

图 2-1　大学城隧道 3 个时相的 NDVI

图 2-2 为整个研究区域 3 个时相的 NDVI 频度曲线,为定量对比分析,表 2-2 给出了 3 个尺度上的 $NDVIp$。隧道建设前(2002 年 9 月)影像的 NDVI 值大多分布在 -0.035 左右,隧道施工 1

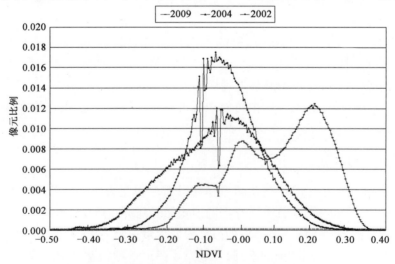

图 2-2　大学城隧道整个研究区域 NDVI 频度曲线

年后(2004年10月)NDVI值也是大多分布在-0.035左右,而隧道运营4年后(2009年6月)NDVI值大多分布0.257左右。3条频度曲线中,隧道建设前(2002年9月)和隧道施工1年后(2004年10月)的两条频度曲线的曲峰降低,频度减小约0.05;2004年到2009年2条频度曲线的曲峰变化不大,但是曲峰往NDVI大的方向偏移,NDVIp增大约0.29 NDVI值,NDVIpr变宽。

大学城隧道各尺度的NDVIp　　　　　　　　　　表2-2

研究尺度	尺度类型	NDVIp 2002	NDVIp 2004	NDVIp 2009
	总区域	-0.035	-0.035	0.257
生境类型	旱地	0.005	0.094	0.195
	针叶林	0.057	0.012	0.054
	杂木林	0.057	0.066	0.054
	灌草地	0.005	0.094	0.230
	水域	0.031	-0.262	-0.229
	建设用地	0.031	-0.125	-0.088
水文地质类型	裸露型岩溶中度发育	-0.014	0.051	0.157
	裸露型岩溶强烈发育	-0.048	0.007	0.157
	碎屑岩孔隙层间水	0.020	0.024	-0.001
	砂岩裂隙层间水兼风化裂隙水	-0.048	0.024	0.183

注:NDVIp为像元百分比的峰值所对应的NDVI值,下同。

各期NDVI频度曲线的NDVIp的变化,表明各期生境质量发生了变化,这种生境质量的变化可能包括植被在密度及长势上的变化。2002—2004年,NDVI频度曲线的峰值下降,说明主体生境类型比例减少;2004—2009年NDVI频度曲线的峰值变化不大,但峰值向NDVI值大的方向偏移,说明生境发生变化。

(2)地类尺度上的NDVI变化

结合该地区的气候和植被特征,将检测的隧道区进行土地分类。经过现场调查、原住民走访和重庆地区专家咨询,大学城隧道三期影像的土地类型均为以下6种:针叶林、阔叶林(许多为杂木林)、灌草地、旱地、建设用地和水域。图2-3是大学城隧道3个时期影像的土地类型图。

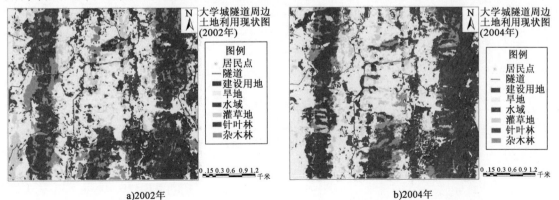

a)2002年　　　　　　　　　　b)2004年

图 2-3

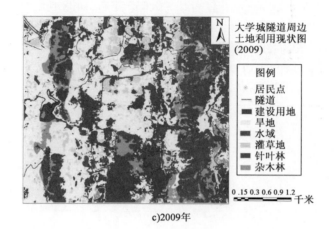

c) 2009年

图 2-3　大学城隧道 3 个时期影像土地类型图

对照 3 个时段 6 种土地类型的 NDVI 频度曲线（图 2-4），隧道建设前（2002 年 9 月）至隧道施工 1 年后（2004 年 10 月），旱地、针叶林、杂木林和灌草地的 $NDVI_p$ 变化为上升，针叶林、水域和建设用地 $NDVI_p$ 下降，其中，变化最显著的是水域（达 -0.293），分析其可能影响因素有：①两者成像季节差别不大，不会产生水域明显变化。②隧道建设产生的涌水使地表泉眼水位下降甚至疏干。这一点较符合原住民访问和专家咨询情况，同时众多对岩溶地区研究成果包括对渝襄线歌乐山隧道、中梁山隧道等的地下水研究都反映，地表泉眼很多因施工涌水而被疏干。③人为活动影响，这一点不符合原住民访问的结果。由此说明可能是隧道施工产生的涌水，对地表水域生境质量产生了影响。

从隧道施工 1 年后（2004 年 10 月）至隧道运营 4 年后（2009 年 6 月），除杂木林生境有轻微变差外，其余生境 $NDVI_p$ 变化都在上升，说明隧道运营期间所有地类的生境质量基本没有改变或变好，说明隧道运营并没有对地类尺度上的生境质量产生不良影响。

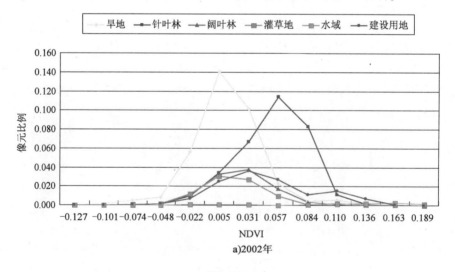

a) 2002年

图　2-4

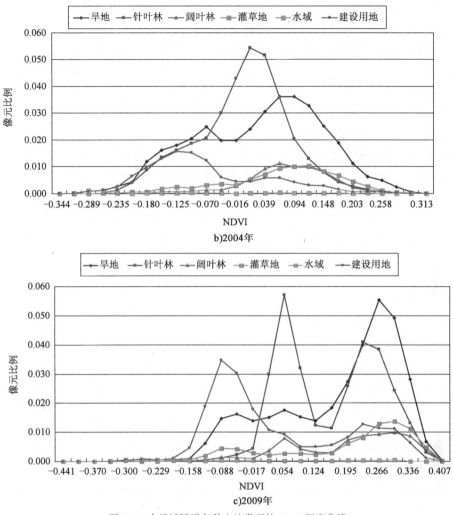

图 2-4 大学城隧道各种土地类型的 NDVI 频度曲线

(3) 水文地质尺度上的 NDVI 变化

大学城隧区属于沙坪坝区中梁山背斜山地区地貌,有着"一山三岭两槽"的地貌特征。根据重庆市 1:20 万综合水文地质图,隧区的含水岩组及地下水类型分四类,分别是:裸露型岩溶中度发育类型(中央山岭)、裸露型岩溶强烈发育类型(两槽)、碎屑岩孔隙裂隙层间水(两侧山岭)、砂岩裂隙层间水兼风化裂隙水(山脚区)。

它们的特征如下:

对于①裸露型岩溶中度发育类型,②裸露型岩溶强烈发育类型:

这两种类型均属于碳酸盐岩溶水($T_{1j}+T_{2l}$、T_{1f}、P_{2c})类型。它们是本区富水性最好的含水类型,背斜山地下水呈条带状分布于背斜轴部。所处地势较高。地下水一般顺构造线方向作纵向径流和排泄。多以泉、暗河等形式出露。裸露型岩溶中度发育类型的泉水流量为 0.5~5L/s、径流模数为 1~10L/(s·km²),水位埋深小于 50m。裸露型岩溶强烈发育类型的泉水流量大于 5L/s、径流模数大于 10L/(s·km²),水位埋深小于 50m。流量随季节变化显著。在雨季,泉水流量普遍增大,暗河暴涨,最高峰多出现在 6 月及 9 月份,在旱季,泉及暗河流量均显著减小,最小值多出现在4月份。

大学城隧址区的这两种水文地质类型的分布,与其"一山三岭两槽"地貌中的"两槽中岭"基本对应,裸露型岩溶中度发育类型对应中央山岭,裸露型岩溶强烈发育类型对应两槽。两槽区历来有集镇分布,是隧址区的主要生产生活区,中央山岭有联结两槽的通道,人为开垦现象也较重。根据水文地质图件和重庆师范大学的基础研究资料,大学城隧区的泉眼主要分布在这两个类型内,尤其是裸露型岩溶强烈发育类型区。

对于③碎屑岩孔隙裂隙层间水(T_{3xj}):

须家河组(T_{3xj})因厚层砂岩间夹有相对隔水的页岩或煤层裂隙含水,故具有层间水性质。含水性普遍较好,在六分区尤以第四段最佳(相当于四分区第二段)。须家河组岩层多分布于背斜两翼,部分披盖于背斜轴部。一般具有出露位置高之特点,因构造和地形条件配置得宜,在背斜翼部地区,常形成浅层自流斜地,尤以缓翼分布宽阔。单井(孔)涌水量100~1000m^3/昼夜,泉水流量小于0.5L/s。泉水流量随季节变化,波动幅度最大可达100倍左右;自流钻孔的变幅较小,最大与最小流量之差仅4倍左右。

大学城隧址区的碎屑岩孔隙裂隙层间水类型分布与其"一山三岭两槽"地貌中的两侧山岭基本对应,是自然植被最茂盛的地区。

对于④砂岩裂隙层间水兼风化裂隙水:

这种类型属于基岩(红层)裂隙水($J_3p,J_2sn,J_2s,J_{1-2}z$)类型。因岩性是一套以红色泥岩为主夹厚度不稳定的砂岩透镜体以及局部夹灰岩的内陆湖盆相碎屑沉积,故称"红层"。总厚2096~3330m。它广泛分布于向斜丘陵区和部分低山地带,含水性差,富水程度较低,泉水流量在0.08~0.5L/s。地下水不具大区域循环特征,但在一定范围内有水力联系。地下水的露头主要是民井和泉水。民井水位埋深随地形而异,一般在0.1~0.5m之间。由大气降水及稻田水补给,动态明显地随季节变化。一般夏秋、初冬季节降雨较充沛,民井水位埋藏浅,大部分可溢出井口,水量增大。

大学城隧区的砂岩裂隙层间水兼风化裂隙水类型分布于山体两侧山脚区,面积较小,且靠近城区。

图2-5显示了各种水文地质类型(尺度三)的NDVI频度曲线。首先,各期图像均是碎屑岩孔隙裂隙层间水类型的NDVI值最高,砂岩裂隙层间水兼风化裂隙水类型最低。数据符合实际情况;砂岩裂隙层间水兼风化裂隙水类型位于山脚区,由于坡度缓且靠近城区,多被开发利用为建设用地;碎屑岩孔隙裂隙层间水类型是两侧的山岭,是植被分布最茂密的地区,而且影像成像时间是9~10月,所以NDVI值高;裸露型岩溶强烈发育类型是两槽区,历来是人口密集区,也有一定旱地,裸露型岩溶中度发育类型山脊虽是中央山岭,但受到两槽居民开垦和建设活动影响大,因而这两类的NDVI值居中。

由表2-2中的NDVIp值可看出,从隧道建设前(2002年9月)到隧道施工1年后(2004年10月),四种水文地质类型中,除碎屑岩孔隙裂隙层间水类型有很小的上升外(仅0.004),另3种类型的NDVIp都有较大的上升,从大到小分别是:砂岩裂隙层间水兼风化裂隙水类型>裸露型岩溶中度发育类型>裸露型岩溶强烈发育类型。四种水文地质类型的NDVIp值上升区间上的差异,反映了越自然的地区生境质量越稳定,受人工干扰越强烈的地区生境质量变化越大;而四种水文地质类型的NDVIp值均上升,说明虽然大学城隧道施工中产生了大量涌水,地表有泉水漏失现象,但并没有对各类水文地质类型上的整体生境质量产生不良影响。

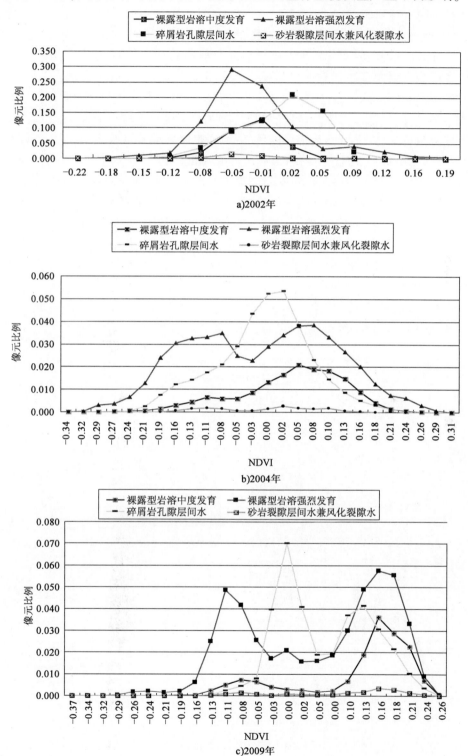

图 2-5　大学城隧道各种水文地质类型的 NDVI 频度曲线

从隧道施工1年后(2004年10月)至隧道运营4年后(2009年6月),除碎屑岩孔隙裂隙层间水类型 NDVIp 有很小的下降外(仅-0.025),其余类型都有较大的上升,从大到小分别是:砂岩裂隙层间水兼风化裂隙水类型＞裸露型岩溶强烈发育类型＞裸露型岩溶中度发育类型。由于不显著的、轻微的变化对象对项目研究而言意义不大,它的这种轻微变化应该是由成像季节因素影响。因而整体来看,大学城隧道营运期,并没有对各类水文地质类型上的整体生境质量产生不良影响。同时,各类型上升区间上的差异与施工中的差异相同,进一步反映了在水文地质类型尺度上,受人工干扰越强烈的地质类型,生境质量越不稳定,变化越大。

由上述分析可知,大学城隧道建设前后,隧道区整体生境质量发生了变化。从地类尺度上的 NDVI 来分析,隧道施工期产生的涌水对地表水域的生境质量产生了一定的影响,隧道营运期并没有对各类地类的生境质量产生不良影响。从较大一些范围的水文地质尺度上的 NDVI 来分析,虽然大学城隧道施工中产生了涌水,地表有泉水漏失现象,但无论是施工期,还是营运期,都没有因隧道建设使各类水文地质类型上的生境质量发生退化。而且,对各水文地质类型上的生境质量来说,受人工干扰越强烈的地质类型区域,生境质量越不稳定,变化越大,即人工干扰通常是各时相生境质量变化的主要趋动力。

2)中梁山隧道

(1)整体尺度上的 NDVI 变化

图 2-6 是中梁山隧道3个时期影像的 NDVI 格局变化图。

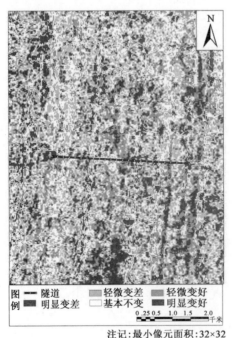
a)1987—1993年

b)1993—1997年

图 2-6　中梁山隧道3个时相的 NDVI 变化图

图 2-7 为整个研究区域3个时相的 NDVI 频度曲线,为定量对比分析,表 2-3 给出了2个尺度上的 NDVIp。

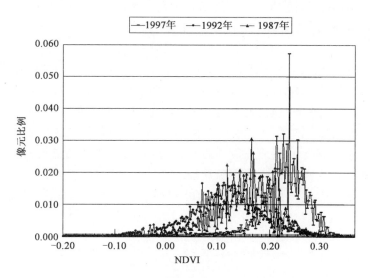

图 2-7 中梁山隧道整个研究区域 NDVI 频度曲线

中梁山隧道不同研究尺度下的 NDVIp 表 2-3

研究尺度	尺度类型	NDVIp 1987	NDVIp 1993	NDVIp 1997
	整个区域	0.17	0.12	0.25
水文地质类型	裸露型岩溶中等发育	0.234	0.242	0.238
	裸露型岩溶强烈发育	0.187	0.186	0.194
	碎屑岩孔隙裂隙层间水	0.164	0.186	0.194
	砂岩裂隙层间水兼风化裂隙水	0.14	0.242	0.194

1987 年影像的 NDVI 值大多分布在 0.17 左右，1992 年减少到 0.12 左右，1997 年则升高到 0.25 左右。3 条频度曲线中，1987 年和 1992 年的两条频度曲线的曲峰少量降低，NDVIp 减小约 0.1NDVI 值，NDVIpr 变窄，1992 年到 1997 年的两条频度曲线的曲峰显著升高，NDVIp 增大约 0.15NDVI 值，NDVIpr 变宽。表明各期的 NDVI 频度曲线的混合程度增强，生境质量发生了变化。

各期 NDVI 频度曲线的 NDVIp 的变化，表明各期生境质量发生了变化，这种生境质量的变化可能包括植被在密度及长势上的变化。而 1987—1992 年，NDVI 频度曲线的峰值下降，说明主体生境类型比例减少；1992—1997 年 NDVI 频度曲线的峰值上升，说明主体生境类型比例增加。

(2) 水文地质尺度上的 NDVI 变化

中梁山隧道隧区属于沙坪坝区中梁山背斜山地区地貌，有着"一山三岭两槽"的地貌特征。根据重庆市 1:20 万综合水文地质图，隧区的含水岩组及地下水类型分四类，分别是：裸露型岩溶中度发育类型（中央山岭）、裸露型岩溶强烈发育类型（两槽）、碎屑岩孔隙裂隙层间水（两侧山岭）、砂岩裂隙层间水兼风化裂隙水（山脚区）。

它们的水文特征基本上与大学城隧道相同。但在土地利用上，中梁山的裸露型岩溶中度发育类型所对应的中央山岭区,通过调查访问,一直少有居民居住,且由于其山岭较大学城的中央山岭陡峭,鲜有居民活动,仅有小道而没有联结两槽的公路,植被仍以自然植被为主。

图 2-8 显示了各种水文地质类型(尺度三)的 NDVI 频度曲线。首先,各期图像均是裸露型岩溶强烈发育水类型的 NDVI 值最高,砂岩裂隙层间水兼风化裂隙水类型最低。数据符合实际情况;砂岩裂隙层间水兼风化裂隙水类型位于山脚区,由于坡度缓且靠近城区,多被开发利用为建设用地;裸露型岩溶强烈发育类型是两槽区,旱地分布较多,影像成像时间为 3～5 月,对重庆地区来说,这两个月份农作物盖度高,经验表明农作物覆盖度在旺季时往往高于自然植被,所以 NDVI 值高;碎屑岩孔隙裂隙层间水类型是两侧的山岭,主要是自然植被分布区,裸露型岩溶中度发育类型山脊是中央山岭,自然植被分布也较多,因而这两类的 NDVI 值居中。

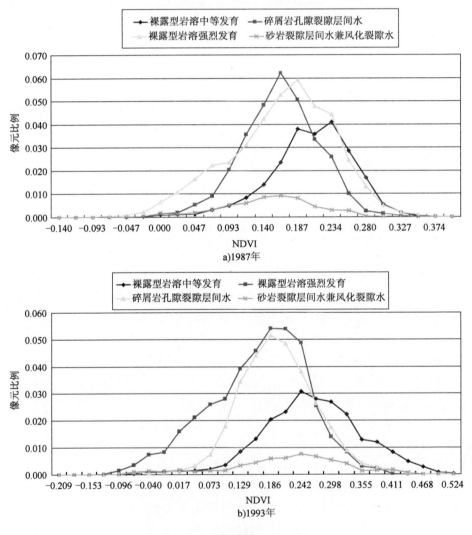

图 2-8

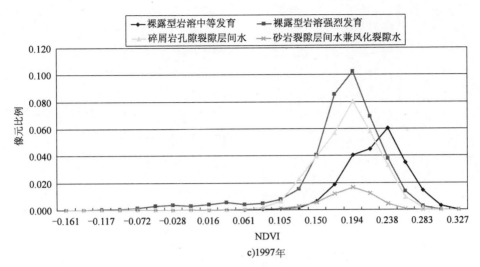

图 2-8　中梁山隧道各种水文地质类型的 NDVI 频度曲线

由表 2-3 中的 $NDVI_p$ 值可看出,从隧道建设前(1987 年 3 月)至隧道施工第 3 年(1993 年 5 月),四种水文地质类型中,除裸露型岩溶强烈发育类型有很小的下降外(仅 -0.001),另 3 种类型的 $NDVI_p$ 都有一定的上升,上升区间从大到小分别是:砂岩裂隙层间水兼风化裂隙水类型 > 碎屑岩孔隙裂隙层间水类型 > 裸露型岩溶中度发育类型。由于不显著的、轻微的变化对象对项目研究而言意义不大,裸露型岩溶强烈发育类型的这种轻微变化应该是由成像季节因素影响。因而整体来看,中梁山隧道施工期产生的大量涌水,并没有对各类水文地质类型上的整体生境质量产生不良影响。而且各类型的上升区间差异,与大学城隧道一样,也反映了在水文地质类型尺度上,受人工干扰越强烈的地质类型,生境质量越不稳定,变化越大。

从隧道施工第 3 年(1993 年 5 月)至隧道运营 3 年后(1997 年 5 月),裸露型岩溶中等发育类型的 $NDVI_p$ 轻微下降(仅 0.004),砂岩裂隙层间水兼风化裂隙水类型 $NDVI_p$ 则下降了 -0.048,抛去不显著的变化分析,分析砂岩裂隙层间水兼风化裂隙水类型的下降动因,砂岩裂隙层间水兼风化裂隙水类型对应的是山脚洞口区域的条带状土地,靠近城区,其下降动因不会来源于隧道运营产生的地下水漏斗,可能是由于隧道建设带来的二次开发,以及主城的扩张运动。其余两种类型裸露型岩溶强烈发育、碎屑岩孔隙裂隙层间水类型则上升,说明中梁山隧道营运期间,并没有对各类水文地质类型上的整体生境质量产生不良影响。

由上述分析可知,中梁山隧道建设前后,隧道区整体生境发生了变化。从较大一些范围的水文地质尺度上的 NDVI 来分析,虽然中梁山隧道施工中产生了大量涌水,地表有泉水漏失现象,但无论是施工期,还是营运期,都没有因隧道建设使各类水文地质类型上的整体生境质量发生退化。而且,中梁山隧道也反映了人工干扰通常是各时相生境质量变化的主要趋动力。

3) 碧鸡关隧道

(1) 整体尺度上的 NDVI 变化

图 2-9 是碧鸡关隧道 3 个时期影像的 NDVI 格局变化图。

图 2-10 为整体尺度上的 NDVI 频度曲线。表 2-4 给出了各尺度上的 $NDVI_p$。

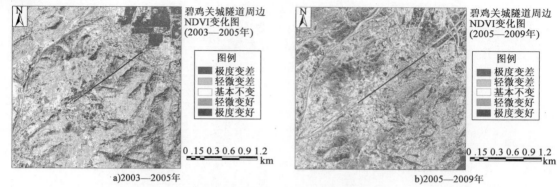

a) 2003—2005年 b) 2005—2009年

图 2-9　碧鸡关隧道 3 个时相的 NDVI 变化图

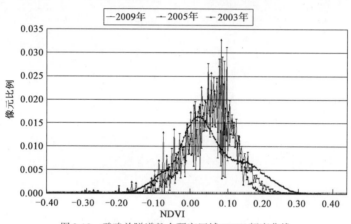

图 2-10　碧鸡关隧道整个研究区域 NDVI 频度曲线

碧鸡关隧道各尺度的 NDVIp　　　　　　　　　　表 2-4

研究尺度	尺度类型	NDVIp 2003 年	NDVIp 2005 年	NDVIp 2009 年
	总区域	0.089	0.034	0.125
生境类型	旱地	0.133	0.105	0.075
	水田	0.090	0.063	0.143
	针叶林	0.177	0.147	0.175
	阔叶林	0.177	0.147	0.175
	灌草地	0.133	0.093	0.105
	水域	-0.127	0.019	-0.232
	建设用地	-0.040	-0.029	-0.021

由图 2-10 可知，隧道建设前的 2003 年影像的 NDVI 值大多分布 0.089 左右，隧道建设期的 2005 年 NDVI 值大多分布在 0.034 左右，而隧道建设后的 2009 年 NDVI 值大多分布在 0.125 左右。

3 条频度曲线中，2003—2005 年的 NDVI 频度曲线的曲峰降低，频度减小约 0.15，同时 NDVIp 值降低 0.055 NDVI 值；2005—2009 年 NDVI 频度曲线的曲峰增大，频度增加约 0.15，同时 NDVIp 值增加 0.055，NDVIp 增大约 0.091 NDVI 值。

各期 NDVI 频度曲线的 NDVIp 的变化，表明各期生境质量发生了变化，这种生境质量的变化可能包括植被在密度及长势上的变化。而 2003—2005 年，NDVI 频度曲线的峰值下降，

NDVIp降低,说明主体生境类型比例减小,植被密度及长势降低。2005—2009年曲线的峰值上升,NDVIp增加,说明生境发生变化,植被密度及长势增加。

(2)地类尺度上的NDVI变化

结合该地区的气候和植被特征,将检测的隧道区进行生境分类。经过现场调查、原住民走访和昆明地区专家咨询,碧鸡关隧道三期影像的土地类型(图2-11)均为以下7种:针叶林、阔叶林、灌草丛、水田、旱地和建设用地、水域。

a) 2003年

b) 2005年

c) 2009年

图2-11　碧鸡关隧道3个时期影像土地利用类型图

图2-12显示了各种土地类型(尺度二)的NDVI频度曲线,首先,说明各期图像针叶林、旱地和阔叶林的NDVI值均比较高,水田、灌草地、水域和建设用地的NDVI值较低。其中,2003年,各种土地类型分布规律明显,有较好的分离度,频度曲线除阔叶林与旱地、建设用地重叠外,其余基本不重叠,说明阔叶林与旱地、建设用地的区分能力下降,三者因受干扰而混合;而2005年影像中,土地类型的特征变得不太明显,建设用地、针叶林、阔叶林和旱地的NDVI有一定重叠,重叠较2003年多,说明建设用地、针叶林、阔叶林和旱地边界受干扰而混合,混合较2003年更明显。2009年影像中,建设用地、针叶林、阔叶林和旱地重叠较2005年更多,说明到2009年,建设用地、针叶林、阔叶林和旱地边界受干扰而混合的程度更大。

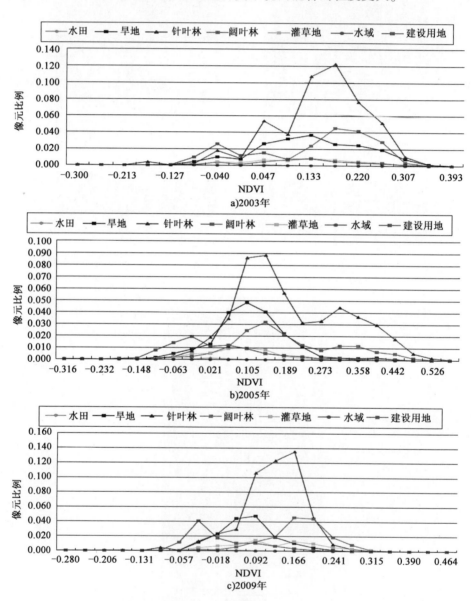

图2-12 碧鸡关隧道各种土地类型的NDVI频度曲线

对照 3 个时段 7 种土地类型的 NDVI 频度曲线,隧道建设前(2003 年 1 月)至隧道施工 1 年半后(2005 年 5 月),水域和建设用地 NDVIp 的变化为上升,旱地、水田、针叶林、阔叶林和灌草地均下降,对于下降的各类土地来说,相对显著的是灌草地,其次是针叶林、阔叶林。碧鸡关隧道山体起伏不大,山上有碧鸡关村的建设用地和耕地,下降相对显著的均是非利用地,隧道建设又基本没有漏水,可见影响主要来自山顶民的活动,也可能来自安宁端洞口区的建设施工活动,对六盘山隧道和象鼻岭隧道的调查结论已有反映。即隧道施工对洞口周边及上方的灌草地、针叶林、阔叶林等非利用地生境质量产生了一定的影响。

隧道施工 1 年半后(2005 年 5 月)至隧道运营 4 年后(2009 年 12 月),各生境 NDVIp 变化基本以上升为主,如水田、针叶林、阔叶林、灌草地和建设用地,旱地有轻微下降,水域有显著下降,考虑到隧道建设并未产生涌水,对水域不会有影响。因而,总体来看,说明隧道运营并没有对各类土地尺度上的生境质量产生不良影响。

由上述分析可知,碧鸡关隧道建设前后,隧道区整体生境发生了变化。从地类尺度上的 NDVI 来分析,隧道施工期,安宁端洞口的施工活动可能对灌草地、针叶林、阔叶林等非利用地的生境质量产生了一定的影响,隧道运营并没有对各类地类尺度上的生境质量产生不良影响。

2.3 环境影响综合评价技术

隧道建设会产生各种形式各种程度的生态影响,有些影响还可能很严重,那么如何防患于未然,避免建设将对生态环境产生显著影响的隧道,或找到其主要影响因子采取措施,是从源头减轻隧道生态影响的最有效方法。

2.3.1 综合评价指标体系的制定原则

进行生态环境影响综合评价首先遇到的问题是指标的选取,要在众多的生态因子中选取普遍存在、对生态环境有重大影响和能够量化的指标参与评价。对于该问题,有部分学者已经进行过探索,但由于评价目标、适用范围、隧道类型等方面的差异,不能照搬原有成果,在确定评价指标体系时还应避免两种趋势:一是指标体系信息覆盖不全,指标间信息重叠,没有一致认同的定量筛选方法;二是指标种类过多,数目过大,在实际操作中存在一定的困难。

山区公路隧道生态环境影响综合评价指标体系的制定必须遵循科学性与实用性、完整性与可操作性、不相容性与系统性、定量指标与定性指标结合、静态指标与动态指标相统一的原则。概括起来有以下几个方面:

(1) 全面系统原则:既要考虑隧道建设的施工期生态影响,又要考虑营运期的影响。

(2) 科学合理性原则:设立的指标要有合理性,在数据提取时要保证可靠性,对不同地域的隧道工程评判时要体现出客观公正性。

(3) 实用可行性原则:该指标体系的建立是为公路建设项目宏观决策、优选路线服务的,因此必须有很强的实用性。其本质也就是操作性,即各指标的获取必须操作简便,能够应用。

(4) 定性定量结合原则:在评价中,既要把握被评对象"质"的一面,对其进行定性分析,又要把握被评对象"量"的一面,对其进行定量分析。即评价指标尽可能量化。但对某些指标量化难度较大,此时也可采用定性指标来描述,从质和量的角度,对评价对象得出科学的评价结论。

(5)独立与可比性原则:各指标层之间、指标之间要保持相对独立性,减少数据间联系对评价结果的影响。

2.3.2 山区公路隧道生态环境影响综合评价指标体系

1)指标体系建立

山区公路隧道建设引起生态影响的影响因子多,影响对象多,各影响因子的影响程度不一致,因而,山区隧道建设引起生态影响综合评价指标体系的制定是一个复杂和困难的问题。

在构造生态环境影响综合评价指标体系时,采用以分析法为主、综合法为辅的指标构建方法。首先粗选评价指标,然后对初选指标进行比较分析,并综合采用合并、剔除、替换等手段进行优化设计,舍弃重复或交叉的指标,仅保留少数重要的指标。并征求专家意见。根据上述方法,按属性对整个系统逐层分解。第一层是整个生态环境影响,第二层是把这个系统分为对生态环境产生影响的影响因子指标(工程指标)和被影响对象自身状态的影响对象状态指标(施工区对象状态指标和洞身地表区对象状态指标),第三层则是对各子系统分解到底层的要素。各个层次的环境要素构成了一个简单明了、内涵丰富的层次结构表(表2-5),这样就得到多层次、多因素的山区公路隧道建设指标体系。整个指标体系分为5层,包括目标层 A、准则层 B、分准则层 C、指标层 D、分指标层 E。

山区公路隧道生态环境影响评价指标体系　　表2-5

目标层 A	准则层 B	分准则层 C	指 标 层 D	分指标层 E
山区公路隧道生态环境影响	B_1 工程指标		D_1 隧道最大涌水量	
			D_2 不可利用的弃渣工程量	
			D_3 隧道长度	
	B_2 施工区指标	C_1 洞口区	D_4 水土流失强度	
			D_5 植被质量	E_1 植被覆盖率
				E_2 植被生物量
				E_3 植物群落多样性指数
			D_6 生态敏感性	E_4 占用特殊保护区域面积的比例
				E_5 占用特殊保护区域的功能区
				E_6 珍稀动物
				E_7 珍稀植物
		C_2 弃渣场及其他临时占地区	D_7 水土流失强度	
			D_8 土地利用程度	
			D_9 自然植被质量	E_8 植被覆盖率
				E_9 植被生物量
				E_{10} 植物群落多样性指数

续上表

目标层 A	准则层 B	分准则层 C	指标层 D	分指标层 E
山区公路隧道生态环境影响	B_2 施工区指标	C_2 弃渣场及其他临时占地区	D_{10} 生态敏感性	E_{11} 珍稀动物
				E_{12} 珍稀植物
	B_3 洞身地表区指标		D_{11} 植物对地下水的利用度	E_{13} 区域年降水量
				E_{14} 地下水位埋深
				E_{15} 自然植被优势种的旱生性质
			D_{12} 地表存水体积占地表面积比例	
			D_{13} 需灌溉土地面积所占比例	
			D_{14} 自然植被质量	E_{16} 植被覆盖率
				E_{17} 植被生物量
				E_{18} 植物群落多样性指数
			D_{15} 生态敏感性	E_{19} 占用特殊保护区域面积比例
				E_{20} 占用特殊保护区域的功能区
				E_{21} 珍稀动物
				E_{22} 珍稀植物

2) 各指标概述

(1) 工程指标

该准则层从工程的角度,即从产生生态影响的因子角度来评判影响程度。

① 隧道总最大涌水量。

隧道施工时发生的涌水会给施工带来很多不良影响,特别是在有大量高压涌水的情况下,常常造成事故被迫停工,更严重的是疏干附近储存的地下水和地表水,对当地的生态环境造成重大影响。

隧道总最大涌水量是隧道工程影响生态环境的主要因子之一,但隧道总最大涌水量与诸多因素相关,准确预测的难度较大。在公路环境影响评价阶段,由于没有隧道排水量的实际观测资料,一般只能采用解析法、经验解析法、数值试算流量法和工程类比法等进行预测。目前较常用的预测初期最大涌水量公式为大洋岛志公式:

$$q_0 = \frac{2\pi K m(H - r_0)}{\ln 4(H - r_0)/d} \tag{2-1}$$

现行《铁路工程水文地质勘测规范》中经验公式为:

$$q_0 = 0.0225 + 1.9224KH \tag{2-2}$$

式中,q_0 为隧道单位长度可能最大涌水量(m^2/d);K 为岩体的渗透系数(m/d);H 为含水层中原始静水位至隧道底板的距离(m);r_0 为隧道洞身横断面的等价圆半径(m);d 为隧道洞身横断面的等价圆直径(m);m 为转换系数,一般取 0.86。

通过向专家咨询,其获取方法有以下几种:a. 实测各系数(K 为岩体渗透系数,H 为含水层中原始静水位至隧道底板的距离)再计算,一般地勘报告是采取实测的方法计算。即采用地勘报告中的值。b. 根据经验判断或从他人研究中选取各系数(K、H)的值,然后计算。K 可参考原铁道部与水利水电部总结的经验值以及其他经验值,H 值可参考大范围内的地下水位值再计算。c. 利用类比工程的实测值或各系数再计算。

②不可利用的弃渣工程量。

隧道开挖都会产生大量弃渣,其中不可利用的弃渣堆放将占用一定面积的土地,进而对生态环境带来破坏。该值可从工程资料中获得。

③隧道长度。

隧道越长,涉及的洞身地表区面积越大,带来的负效应也会越大。该值可从工程资料中获得。

(2)施工区指标

该准则层考虑的是施工区受影响的生态环境特征,其所受影响来自施工期的开挖、废渣堆放占用植被和生态敏感区,以及由此产生的水土流失进一步破坏生态。施工区指:洞口区、弃渣场及施工便道、施工营地、施工场地等。该准则层又分洞口区和弃渣场及其他临时占地区两个分准则层。

洞口区指标:

①水土流失强度。

水土流失强度越大,因隧道开挖产生水土流失进而破坏生态的程度会越大。水土流失值可参考水保报告或国家与地方的水土流失强度分级划分获得。

②植被质量。

植被质量越好,受施工的影响将越大。该指标由三个分指标层综合得出:植被覆盖率(数量)、植被生物量(功能)、植物群落多样性指数(结构)。这些值可由卫片解译、野外样方调查、查阅资料获得。

其中,生物量数据的获取,大部分专家不建议采用收获法,建议通过资料查询获得。如方精云等1996年的研究成果。

③生态敏感性。

生态敏感性越高的地区,受隧道施工影响将越大。该指标由四个分指标层综合得出:即占用特殊保护区域的面积、占用特殊保护区域的功能区、珍稀动物、珍稀植物。这些指标可通过查阅资料与现场调查获得。

我们将特殊保护区域界定为:①自然保护区;②风景名胜区;③森林公园;④珍稀濒危野生动植物天然集中分布区;⑤地质公园。

弃渣场及其他临时占地区指标:

①水土流失强度。

水土流失强度越大,因弃渣场及其他临时占地区产生水土流失进而破坏生态的程度会越大。水土流失值可参考水保报告或国家与地方的水土流失强度分级划分获得。

②土地利用程度。

弃渣场及其他临时占地区的土地利用程度,表明该地区的生态环境受人类干扰的程度,对于占地等影响来说,利用程度越大,生态环境所受影响也较大。这里用农田与经济林地这两类用地代表被利用的土地,即土地利用程度=(弃渣场及其他临时占地区农田面积+经济林地)/总面积。

③自然植被质量。

植被质量越好,受施工和营运期的影响相对越大。该指标由三个分指标层综合得出:即植被覆盖率(数量)、植被生物量(功能)、植物群落多样性指数(结构)。这些值可由卫片解译、野外样方调查、查阅资料获得。此处自然植被指的是除农田、经济林以外的林、草、灌植被。

④珍稀动植物。

珍稀动植物的存在,将使影响程度增大。该指标由实地调查获得。

(3) 洞身地表区指标

该准则层考虑的是洞身地表区受影响的生态环境特征。其所受影响既包括施工期涌水事故对地表水体、植被、敏感目标的影响,也包括营运期地下水漏斗形成对地表水体、植被、敏感目标的影响和运营的灯光、噪声对动物的影响。

根据我国若干隧道因开挖改变地下水环境,并影响地表生态环境的实例,隧道两侧的影响宽度为400~2600m或更大,因此,隧道环境水文地质勘察和环境影响评估的范围以隧道两侧各1000~5000m为宜。多数研究者选用3000m范围,此处推荐3000m。

(1) 植物对地下水的利用度

植物对地下水利用度越高的地区,植物将受隧道工程影响越大。在干旱半干旱地区,由于降水少,地下水是植物生长发育所需水的主要来源,但当地下水较深时,植物也会难以利用地下水。也就是说,植物对地下水的利用度与气象条件(主要是年降水量)、地下水位埋深、植物的生理特性相关。因而选取区域年降水量、地下水位埋深、自然植被优势中的旱生性质这三个分指标描述利用度。这些指标可参考全国气象监测资料、地勘报告和现场调查获得。

其中,地下水位埋深的数值,可采取以下方法获得:①实测,一般地勘报告是采取这种方式获得地下水位埋深。即采用地勘报告中的值。但有可能环评阶段地勘报告未完成。②查找著作或权威论文(核心及以上)中关于该地区的地下水位埋深。③借用类比工程的实测值。

(2) 地表存水体积占地表面积比例

这一指标说明隧道洞身地表区的地表河流库塘、溪流等存在情况,若有地表水分布,则受隧道涌水事故以及营运期的地下水漏斗区影响较大。地表水分布情况=地表区存水体积/地表区总面积。

(3) 需灌溉土地面积所占比例

隧道洞身地表区的土地利用程度,表明该地区的生态环境受人类干扰的程度,对于因地下水疏干而影响植被生长的情况来说,越是需灌溉土地,受影响越大。这里用建筑物与农田、经济林地这两类典型用地的类型代表需灌溉土地,即土地利用程度=(农田面积+经济林地面积)/地表区总面积。

(4) 自然植被质量

植被质量越好,受隧道的影响相对越小。该指标由三个分指标层综合得出:即植被覆盖率(数量)、植被生物量(功能)、植物群落多样性指数(结构)。这些值可由卫片解译、野外样方调查、查阅资料获得。此处自然植被指的是除建筑、农田、经济林以外的林、草、灌植被。

(5) 生态敏感性

生态敏感性越高,受隧道的影响相对越大。该指标由四个分指标层综合得出:即占用特殊保护区域的面积、占用特殊保护区域的功能区、珍稀动物、珍稀植物。这些指标可通过查阅资料与现场调查获得。

3）指标权重

项目组邀请了国内知名的相关专业专家，通过层次分析法、Delphi 专家评判法，来确定指标体系中具体指标的权重（表 2-6）。

经过 48 位专家的 2 轮意见征询，确定了指标体系中具体指标的权重，见表 2-7。

山区公路隧道生态环境影响评价的指标权重 表 2-6

目标层 A		准则层 B		分准则层 C		指标层 D		分指标层 E	
指标	权重	指标	权重	指标	权重	指标	权重	指标	权重
公路隧道生态环境影响	1.0	B_1	0.50			D_1	0.30		
						D_2	0.30		
						D_3	0.400		
		B_2	0.300	C_1	0.670	D_4	0.400		
						D_5	0.250	E_1	0.500
								E_2	0.300
								E_3	0.200
						D_6	0.350	E_4	0.286
								E_5	0.286
								E_6	0.214
								E_7	0.214
				C_2	0.33	D_7	0.300		
						D_8	0.200		
						D_9	0.300	E_8	0.330
								E_9	0.330
								E_{10}	0.330
						D_{10}	0.200	E_{11}	0.500
								E_{12}	0.500
		B_3	0.20			D_{11}	0.250	E_{13}	0.400
								E_{14}	0.200
								E_{15}	0.400
						D_{12}	0.200		
						D_{13}	0.150		
						D_{14}	0.150	E_{16}	0.333
								E_{17}	0.333
								E_{18}	0.333
						D_{15}	0.250	E_{19}	0.300
								E_{20}	0.300
								E_{21}	0.200
								E_{22}	0.200

返回意见的专家情况一览表　　　　　　　　　　　　　　　表 2-7

编　号	专　业	人　数
1	环境生态、环境工程	13
2	植物学、森林培育、动物学、自然保护区建设管理	5
3	生态学	9
4	交通环保	4
5	隧道、水文地质、岩土与地下工程	17
合计		48

2.3.3　评价因子分级

生态环境影响评价标准的基本要求是：能反映生态环境质量的优劣，特别是能衡量生态环境功能的变化；能反映生态环境受影响的程度，并尽可能定量化；能用于规定开发建设活动的行为方式，即具有可操作性。到目前为止，国内外对于隧道建设对生态环境影响评价尚无统一的标准，本项目标准的来源主要是以下方面：国家、地方与行业规定的标准；背景标准与本地标准；类比评价标准；科学研究已经判定的生态效应。

具体到山区公路隧道，由于国内缺乏相应的标准，在此整合以往研究资料、工程设计经验，并征求专家意见，确定山区公路隧道生态环境影响评价分级标准（表 2-8）。

山区公路隧道生态环境影响评价分级标准　　　　　　　　表 2-8

指　标		很弱（Ⅰ）	较弱（Ⅱ）	中等（Ⅲ）	较　强	很　强
D_1 (m³/d)		<100	100~1000	1000~10000	10000~100000	>100000
D_2 (万 m³)		2.5	2.5~5	5~15	15~50	>50
D_3 (km)		<0.5	0.5~1	1~3	3~10	>10
D_4 [m³/(hm²·a)]		微、轻度	中度	强烈	极强烈	剧烈
D_5	E_1 (%)	<30	30~50	50~70	70~90	>90
	E_2 (t/hm²)	<10	10~49	49~90	90~140	>140
	E_3	<0.5	0.5~1.5	1.5~2.5	2.5~3.5	>3.5
D_6	E_4 (%)	0	1~5	5~10	10~15	>15
	E_5	无	实验区	实验区	缓冲区	缓冲区
	E_6	无	1 种	①2 种②1 种，且数量大于 3	①3 种②2 种，且数量大于 6	①3 种以上②3 种，且数量大于 9
	E_7	无	1 种	①2 种②1 种，且数量大于 3	①3 种②2 种，且数量大于 6	①3 种以上②3 种，且数量大于 9
D_7		微轻度	中度	强烈	极强烈	剧烈
D_8 (%)		>45	35~45	25~35	15~25	<15
D_9	E_8 (%)	<30	30~50	50~70	70~90	>90
	E_9 (t/hm²)	<10	10~49	49~90	90~140	>140
	E_{10}	<0.5	0.5~1.5	1.5~2.5	2.5~3.5	>3.5

续上表

指标		很弱（Ⅰ）	较弱（Ⅱ）	中等（Ⅲ）	较强	很强
D_{10}	E_{11}	无	1种	①2种②1种，且数量大于3	①3种 ②2种，且数量大于6	①3种以上②3种，且数量大于9
	E_{12}	无	1种	①2种②1种，且数量大于3	①3种 ②2种，且数量大于6	①3种以上②3种，且数量大于9
	E_{13}(mm)	>1600	800~1600	400~800	200~400	<200
D_{11}	E_{14}(m)	很弱（当年降雨量为400mm以上时，地下水位埋深的权重可视为最轻微等级）			<3.5	很强
					3.5~4.5	较强
					4.5~6.0	中等
					6.0~10.0	较弱
					>10.0	很弱
	E_{15}	旱生	介于旱生中生之间	中生	介于中生湿生之间	湿生
D_{12}(%)		<1	1~5	5~10	10~15	>15
D_{13}(%)		<5	5~10	10~15	15~20	>20
D_{14}	E_{16}(%)	<30	30~50	50~70	70~90	>90
	E_{17}(t/hm²)	<10	10~49	49~90	90~140	>140
	E_{18}	<0.5	0.5~1.5	1.5~2.5	2.5~3.5	>3.5
	E_{19}(%)	0	1~5	5~10	10~15	>15
D_{15}	E_{20}	无	实验区	缓冲区	缓冲区	核心区
	E_{21}	无	3种以下	3~6种	6~9种	9种以上
	E_{22}	无	3种以下	3~6种	6~9种	9种以上

注：在进行综合评价时，对表中定性描述的指标（E_5、E_6、E_7、E_{11}、E_{12}、E_{15}、E_{20}、E_{21}、E_{22}），采用1、3、5、7、9五级数据定量化"很弱、较弱、中等、较强、很强"五级标准。

主要标准来源如下：

D_1 隧道最大涌水量：通过竣工隧道工程并查阅有关技术资料，国内部分公路、铁路、市政、矿井行业的隧道均出现了不同程度的涌突水，其涌水量最大的有大阪山隧道防寒泄水洞排出水量暖季达20t/h,寒季达10t/h,白石岩1号隧道最大流量达132000t/d,白石岩2号隧道最大流量达38400t/d,沙木拉达隧道最大流量达19550t/d,中梁山隧道达53000t/d,大巴山隧道达27000t/d,长梁山隧道达2800t/d,麻地箐隧道250t/d。在这些本地数据库基础上，划分其标准，如表2-8所示。

D_2 不可利用的弃渣工程量：该指标分级来源于D_3。

D_3 隧道长度：分级来源于工程上对隧道长度等级的划分。

D_4 水土流失强度：分级来源于水利部土壤侵蚀分级标准 SL 190—2007 中水力侵蚀强度分级。

E_2 植被生物量：分级来源于方精云等1996年对我国森林生物量研究以及 Whittaker 1975年对世界植被生物量的研究。经研究，我国森林生物量的平均值变动在49~324t/hm²之间,热带林 324,温带落叶阔叶林(栎类)和针阔混交林在 90 左右,亚寒带或亚高山针叶林(云、冷杉和落叶阔叶林)在 135~140 之间,我国分布面积广阔的松林(马尾松、云南松、油松、华山松等)大多在 70~90 之间。樟子松由于大多生长在沙地,生物量最小仅 49。世界范围内,疏林及灌丛为 60,草地为 40~16,矮灌丛在 10 以下。由于比热带林更好的植被少,而灌丛、草地等植被多,因而下限较细,上限较粗。

E_3 植物群落多样性指数:分级来源于香农指数 Shannon-Wiener 多样性指数(H')的数值区间。

$$H' = -\sum_{i=1}^{s} P_i \ln P_i \tag{2-3}$$

该数值变动于 0(当群落中只含有一个种时)到最大数值(群落中饮食许多种,而每个种只有少数个体),但是一般在 1.5~3.5 之间,很少超过 4.5。

E_5 占用特殊保护区域的功能区:因为现行各类生态敏感区的区划划分方式不同,对自然保护区、风景名胜区而言,法律仅允许在实验区或外围保护区域建设公路,对森林公园和天然林而言,法律并无明文规定,考虑到这些区域的生物多样性价值与功能,凡涉及外围区域或实验区均为较强影响。若有一个以上非质同名不同的敏感区,在影响程度高的敏感区级别上上升一级,若是质同名不同的几个敏感区,则不上升级别。

D_8 土地利用程度:分级来源于经验判断。由于弃渣场在选址时,原则为少占耕地,因而该分级中各级比例普遍偏小。

E_{11} 区域年降水量:分级来源于全国的降水量划分。一般 <200 为干旱区,200~400 为半干旱区。

E_{12} 地下水位埋深:分级来源于郑丹等《干旱区地下水与天然植被关系研究综述》,《资源科学》2005(7),杨泽元等《干旱半干旱区地下水引起的表生生态效应及其评价指标体系研究》,《干旱区资源与环境》2006(3)。经研究,在干旱半干旱区,地下水位埋深在 4.5m 以上,土壤水分就能基本满足乔、灌木生长需水,不会发生荒漠化;4.5~6.0m,土壤水分亏缺,植被开始退化,受沙漠化潜在威胁,是警戒水位;6.0~10.0m,土壤含水量小于凋萎含水量,植被枯衰,是沙漠化普遍出现的水位。在其他降雨量充沛地区,天然降水对土壤水的补给基本足够。

2.3.4 山区公路隧道生态环境影响综合评价方法

1)生态环境影响评价方法

生态环境影响评价方法很多,比较常见的为层次分析法、综合指数法、灰色关联法、物元分析法、矢量算子法、模糊综合评价法和集对分析法等。山区公路隧道的生态环境影响评价涉及面广,牵涉因子多,但均具有下述特点:

(1)多指标性:评价铁路隧道生态环境影响不能简单地用一两个或少量几个指标来描述,因为影响生态环境的因素很多,且既有定量的又有定性的。

(2)多层次性:所有指标均可以按照某种属性,划分为几个大的方面。

(3)模糊性:指被评价对象的优劣之间不存在明确的界限,是中间过渡。

根据上述特点,项目选择模糊综合评价法对隧道生态环境影响进行评价。

(1)模糊综合评价法

山区公路隧道生态环境是一个多介质组成的大系统,具有高度的复杂性与综合性。尽管人们能够给出一些定量的描述,但是这些描述都是用确切的数学概念去描述本质上具有不确切的对象。把精确的数学应用到本就存在着不确切的复杂系统上,在一定程度上,精确这个长处反而变成了短处。在评价山区公路隧道生态环境影响时,要想绝对精确是不可能的,也是不必要的,在更多的情况下,使用一定程度的模糊是不可避免的,因此就推荐了山区公路隧道生态环境影响评价的模糊综合评价法。

此外,根据大纲评审专家组要求,选取不同的综合评价方法进行比选再确定综合评价方法,项目组根据山区隧道生态环境影响的特点,又选取了集对分析法。

(2)集对分析法

山区公路隧道生态环境存在着不确定性与确定性这对矛盾综合体,而粗糙集是用于处理不精确、不确定与不完全数据的一种新理论。建立在粗糙集理论上的集对分析是一种用于统一处理模糊、随机、中介和信息不完全所致的不确定性系统的理论与方法。其特点是把不确定性与确定性作为一个既确定又不确定的同异反系统进行分析和数学处理,因而具有全面性、定性定量相结合、确定性不确定性相结合等特点。集对分析处理不确定性的思路是"客观承认、系统描述、定量刻画、具体分析"。

2)模糊综合评价法

(1)模糊评价中的几个概念

根据集合论概念,讨论一个问题时,总有一定范围,称为论域。论域 M 上的一个普通子集 A,可以这样表示:建立一个函数关系,对于 M 中的任一元素,规定一个数 $A(x)$ 如果 $x \in A$,则 $A(x) = 1$;如果 $x \notin A$,则 $A(x) = 0$,$A(x)$ 称为子集 A 的特征函数(也称隶属函数);普通子集 A 的隶属函数值,称为隶属度,在普通子集中,隶属度不取 1 就取 0,而不能取其他值。即

$$A(x) = \begin{cases} 1 & (x \in A) \\ 0 & (x \notin A) \end{cases} \tag{2-4}$$

新的模糊集理论,则是将隶属度的概念灵活化,$A(x)$ 可以取 0～1 间的任何数,例如 $A(x) = 0.75$,意味着 x 即不是绝对隶属于 A,也不是绝对不隶属于 A,而是隶属于 A 的程度只有 0.75,不隶属于 A 的程度为 0.25。

模糊子集没有确定的边界,它的几何形象是模糊的,但它有确定的隶属函数供以刻划。为了进行模糊运算,需要确定隶属函数。隶属函数是模糊评价中最为重要的内容,其确定过程,本质上是客观的,但又有一定的人为技巧。关于隶属函数的确定方法很多。在山区公路隧道生态环境影响评价中,大多数指标的隶属函数服从于"降半梯形分布"(图2-13),即

$$A(x) = \begin{cases} 1 & (x \leq a_1) \\ \dfrac{a_2 - x}{a_2 - a_1} & (a_1 < x \leq a_2) \\ 0 & (x > a_2) \end{cases} \tag{2-5}$$

(a_1, a_2) 为相邻两个等级的界限值。

但土地利用程度(D_8)、区域年降水量(E_{13})、地下水位埋深(E_{14})指标服从"升半梯形分布"(图2-14),即

$$A(x) = \begin{cases} 0 & (x \leqslant a_1) \\ \dfrac{x-a_1}{a_2-a_1} & (a_1 < x \leqslant a_2) \\ 1 & (x < a_2) \end{cases} \qquad (2-6)$$

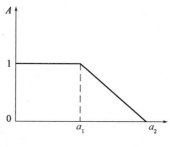
图2-13　降半梯形函数

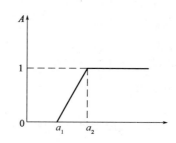
图2-14　升半梯形函数

(2)模糊综合评价过程

①建立因素集。

设有 n 个评价因子,因素集是影响评价对象的各种要素所组成的一个集中集合,即

$$U = \{u_1, u_2, \cdots, u_n\} \qquad (2-7)$$

②建立评价集。

评价集是评价者对评价对象可能作出的各种总的评价结果所组成的集合,一般以程度语言或评定取值区间作为评价目标,规定 m 个判别级别(评价标准等级),并由此组成判别集 V,即

$$V = \{v_1, v_2, \cdots, v_m\} \qquad (2-8)$$

③确定隶属度,建立等级评价矩阵。

在模糊集理论中模糊语言用[0,1]间取值的模糊隶属度函数量化,并让 n 个因子对 m 个判别级别的隶属度构成模糊转换矩阵(隶属度矩阵),即

$$\underset{\sim}{B} = (r_{ij})_{n \times m} \qquad (2-9)$$

④建立因素权重集。

通过 AHP、Deliph 法确定 n 个因子权重,组成权重集 A,即

$$A = \{a_1, a_2, \cdots, a_n\} \quad (\sum a_i = 1) \qquad (2-10)$$

⑤一级模糊综合评价。

通过综合一个要素的各个等级,对评价对象取值的贡献,做单要素的评价,即

$$\underset{\sim}{B} = \underset{\sim}{A} \cdot \underset{\sim}{R} \qquad (2-11)$$

式中,B 为综合判别结果,即判别集 V 上的模糊子集;A 为因子权重集,即因子集 U 上的模糊子集。

⑥多级模糊综合评价。

一级模糊综合评价反映单要素不同等级对评价对象的影响。由于涉及要素较多,为了综合考虑各要素对评价结果的总体影响,必须进行多级模糊综合评价。多级模糊综合评价为应

用模糊变换原理和最大隶属度原则,对于评价对象相关各要素所做的综合评价。对所有要素进行评价时,可以得到模糊综合评价集。

⑦模糊评价结果表示。

a. 最大隶属度法。

考虑最大评判指标的贡献,舍去了其他指标所提供的信息。

$$a = \frac{n\beta - 1}{2r(n-1)} \tag{2-12}$$

式中:a——最大隶属度;

n——评语个数;

β——评语集中第一大分量比重;

r——评语集中第二大分量比重。

b. 加权平均法。

采用$(+,\cdot)$算法,不仅考虑所有因素的影响,而且保留单因素的评判信息,在研究工程问题时应用较多。

$$U = \frac{\sum_{j=1}^{n} a_j b_j}{\sum_{j=1}^{n} b_j} \tag{2-13}$$

$a = (1,2,3,4,5) = ($很弱,较弱,中等,较强,很强$), b = (b_1, b_2, b_3, b_4, b_5)$。

c. 模糊分步法。

直接把评判指标作为评判结果,或把评判指标归一化,用归一化的评判指标作为评判结果。各个评判指标具体反映了评判对象在所评判的特性方面的分布状态,使评判者对评判对象有更深刻的了解,并能做出灵活处理。

3)集对分析方法

(1)集对分析中的几个概念

集对分析的基本概念是集对及其联系度。所谓集对,就是具有一定联系的两个集合所组成的对子。按照集对的某一特性展开分析,对集对在该特性上的联系进行分类定量刻画,得到集对在某一问题背景下的联系度表达式:

$$\mu = a + bi + cj = \frac{S}{N} + \frac{F}{N}i + \frac{P}{N}j \tag{2-14}$$

其中,a、b、c满足归一化条件,即

$$a + b + c = 1 \tag{2-15}$$

式中:N——集对所具有的特性总数;

S——集对中两个集合共同具有的特性数;

P——集对中两个集合相互对立的特性数;

F——集对中两个集合既不共有也不对立的特性数。

$$N = S + P + F \tag{2-16}$$

因而,a表示两个集合的同一程度,称为同一度;b表示两个集合的差异不确定程度,称为差异度;c表示两个集合的对立程度,称为对立度。它们从不同侧面刻画两个集合的联系状

况。i 为差异标记符号或相应系数,取值范围为$[-1,1]$;j 为对立标记符号或相应系数,规定取值为 -1;而联系度 μ 一般情况下等于右边的式子,特殊情况下才是一个数值,此时称为联系数。

由于 a、b、c 满足式(2-15),故式(2-14)可进一步写成:

$$\mu = a + bi \quad (\text{同异式}) \tag{2-17}$$

或

$$\mu = a + cj \quad (\text{同反式}) \tag{2-18}$$

或

$$\mu = bi + cj \quad (\text{异反式}) \tag{2-19}$$

将集对分析思想用于公路隧道生态环境影响评价研究,可视评价隧道的具体指标值和其相应的指标分级标准分别为两个集合,将这两个集合构成一个集对,若该指标值处于评价级别中,则认为是同一;若处于相隔的评价级别中,则认为是对立;若指标值在相邻的评价级别中,则认为是异;取差异系数 i 在$[-1,1]$之间变化,越接近所要评价的级别,i 越接近于 1;越接近相隔的评价级别,i 越接近于 -1。评价中的核心是差异系数和联系度的确定。

(2)集对分析联系度的确定

确定准确的联系度是决策可信的关键。集对分析有别于模糊隶属度法,它是一种"宽域式"的函数结构,跨越区间大,能延伸至$[-1,1]$,可以弥补模糊综合评判法和灰色聚类法计算结果离散、无法进一步描述等级之间的过渡性和评价结果精度较粗的缺陷,而且集对分析法重视信息处理中的相对性、模糊性,可以保证综合评价结果的可靠性。

具体的构造方法是:当指标值处于级别范围时,则认为是同一,联系度为 1;若指标值处于相隔的级别中,则认为是对立,联系度为 -1;若指标值处于相邻的评价级别中,其确定方法如下:

a. 指标值 i 针对"很弱型Ⅰ"的联系度:

$$\mu_{i1} = \begin{cases} 1 & x \in [0, S_{i(1)}] \text{ 或 } x \in (S_{i(1)}, S_{i(2)}] \text{ 且 } S_{i(1)} = S_{i(2)} \\ 1 - \dfrac{2(x - S_{i(1)})}{S_{i(2)} - S_{i(1)}} & x \in (S_{i(1)}, S_{i(2)}] \text{ 且 } S_{i(1)} \neq S_{i(2)} \\ -1 & x \in (S_{i(2)}, +\infty) \end{cases} \tag{2-20}$$

b. 指标值 i 针对"较弱型Ⅱ"的联系度:

$$\mu_{i2} = \begin{cases} -1 + \dfrac{2x}{S_{i(1)}} & x \in [0, S_{i(1)}] \\ 1 & x \in (S_{i(1)}, S_{i(2)}] \text{ 或 } x \in (S_{i(2)}, S_{i(3)}] \text{ 且 } S_{i(2)} = S_{i(3)} \\ 1 - \dfrac{2(x - S_{i(2)})}{S_{i(3)} - S_{i(2)}} & x \in (S_{i(2)}, S_{i(3)}] \text{ 且 } S_{i(2)} \neq S_{i(3)} \\ -1 & x \in (S_{i(3)}, +\infty) \end{cases} \tag{2-21}$$

c. 指标值 i 针对"中等型Ⅲ"的联系度:

$$\mu_{i3} = \begin{cases} -1 & x \in [0, S_{i(1)}] \text{ 或 } \in (S_{i(1)}, S_{i(2)}] \text{ 且 } S_{i(1)} = S_{i(2)} \\ -1 + \dfrac{2(x - S_{i(1)})}{S_{i(2)} - S_{i(1)}} & x \in (S_{i(1)}, S_{i(2)}] \text{ 且 } S_{i(1)} \neq S_{i(2)} \\ 1 & x \in (S_{i(2)}, S_{i(3)}] \text{ 或 } \in (S_{i(3)}, S_{i(4)}] \text{ 且 } S_{i(3)} = S_{i(4)} \\ 1 - \dfrac{2(x - S_{i(3)})}{S_{i(4)} - S_{i(3)}} & x \in (S_{i(3)}, S_{i(4)}] \text{ 且 } S_{i(3)} \neq S_{i(4)} \\ -1 & x \in (S_{i(4)}, +\infty) \end{cases} \tag{2-22}$$

d. 指标值 i 针对"较强型Ⅳ"的联系度：

$$\mu_{i4} = \begin{cases} -1 & x \in [0, S_{i(2)}] \text{ 或 } \in (S_{i(2)}, S_{i(3)}] \text{ 且 } S_{i(2)} = S_{i(3)} \\ -1 + \dfrac{2(x - S_{i(2)})}{S_{i(3)} - S_{i(2)}} & x \in (S_{i(2)}, S_{i(3)}] \text{ 且 } S_{i(2)} \neq S_{i(3)} \\ 1 & x \in (S_{i(3)}, S_{i(4)}] \text{ 或 } \in (S_{i(4)}, S_{i(5)}] \text{ 且 } S_{i(4)} = S_{i(5)} \\ 1 - \dfrac{2(x - S_{i(4)})}{S_{i(5)} - S_{i(4)}} & x \in (S_{i(4)}, S_{i(5)}] \text{ 且 } S_{i(4)} \neq S_{i(5)} \\ -1 & x \in (S_{i(5)}, +\infty) \end{cases} \quad (2\text{-}23)$$

e. 指标值 i 针对"很强型Ⅴ"的联系度：

$$\mu_{i5} = \begin{cases} -1 & x \in [0, S_{i(3)}] \text{ 或 } \in (S_{i(3)}, S_{i(4)}] \text{ 且 } S_{i(3)} = S_{i(4)} \\ -1 + \dfrac{2(x - S_{i(3)})}{S_{i(4)} - S_{i(3)}} & x \in (S_{i(3)}, S_{i(4)}] \text{ 且 } S_{i(3)} \neq S_{i(4)} \\ 1 & x \in (S_{i(4)}, +\infty) \end{cases} \quad (2\text{-}24)$$

式中，$S_{i(0)}$ 为指标值的"很弱型"的下限，一般定为 0；$S_{i(1)}$、$S_{i(2)}$、$S_{i(3)}$、$S_{i(4)}$、$S_{i(5)}$ 为各指标值所属类型的限值；x 为具体被评价指标的数值；$\mu_{i(1)}$、$\mu_{i(2)}$、$\mu_{i(3)}$、$\mu_{i(4)}$、$\mu_{i(5)}$ 为公路隧道生态环境影响评价指标值对评价各级标准的联系度。

（3）集对评价级别的确定

根据式（2-20）~式（2-24）求得各指标的联系度后，根据下式计算平均联系度：

$$\mu_j = \sum_i^n \frac{\mu_{ij}}{n} \quad (2\text{-}25)$$

式中，μ_j 为 n 项指标值对第 i 级标准的平均联系度。

若

$$\mu_p = \max_{j=1}^{5}(\mu_j) \quad (2\text{-}26)$$

$1 \leqslant j \leqslant m, p \in [1, 2, \cdots, m]$，则公路隧道生态环境影响评价结果判为 p 级。

2.3.5　山区公路隧道生态环境影响综合评价指标体系验证

评价样本为大学城隧道（已建）、中梁山隧道（已建）、碧鸡关隧道（已建）、麻地箐隧道（已建）、象鼻岭隧道（已建）五座隧道。大学城隧道上方涉及歌乐山森林公园，中梁山隧道上方涉及尖刀山森林公园，碧鸡关隧道上方涉及滇池国家级风景名胜区。

1）山区公路隧道生态环境影响评价信息

根据 2.3.2 节中各指标定义及获取方法，对大学城隧道、中梁山隧道、碧鸡关隧道、麻地箐隧道、象鼻岭隧道五座隧道进行相应调查和分析，获得的基础数据如表 2-9 所示。

五座隧道生态环境影响评价基础数据 表2-9

目标层A	准则层B	分准则层C	指标层D	分指标层E	大学城隧道	中梁山隧道	碧鸡关隧道	麻地菁隧道	象鼻岭隧道
山区公路隧道生态环境影响	B_1 工程指标		D_1 隧道最大涌水量(m^3/d)		25000.00	57000.00	20.00	250.00	20.00
			D_2 不可利用的弃渣工程量(万m^3)		41.00	39.00	46.00	33.00	17.00
			D_3 隧道长度(km)		3.80	3.50	3.20	3.08	1.57
	B_2 施工区指标	C_1 洞口区		D_4 水土流失强度[$t/(hm^2 \cdot a)$]	500.00	500.00	500.00	500.00	500.00
			D_5 植被质量	E_1 植被覆盖率(%)	52	78	63	58	82
				E_2 植被生物量(t/hm^2)	69.50	69.50	69.50	69.50	69.50
				E_3 植物群落多样性指数	3.51	2.88	0.17	3.21	2.38
			D_6 生态敏感性	E_4 占用特殊保护区域面积的比例(%)	0	0	0	0	0
				E_5 占用特殊保护区域的功能区	1.00	1.00	1.00	1.00	1.00
				E_6 珍稀动物	1.00	1.00	1.00	1.00	1.00
				E_7 珍稀植物	1.00	1.00	1.00	1.00	1.00
		C_2 弃渣场及其他临时占地区		D_7 水土流失强度[$t/(hm^2 \cdot a)$]	3750.00	3750.00	3750.00	3750.00	3750.00
				D_8 土地利用程度(%)	15	15	15	15	15
			D_9 自然植被质量	E_8 植被覆盖率(%)	40	40	40	40	40
				E_9 植被生物量(t/hm^2)	29.50	29.50	29.50	29.50	29.50
				E_{10} 植物群落多样性指数	3.512	2.881	0.167	3.206	2.379
			D_{10} 生态敏感性	E_{11} 珍稀动物	1.00	1.00	1.00	1.00	1.00
				E_{12} 珍稀植物	1.00	1.00	1.00	1.00	1.00
	B_3 洞身地表区指标		D_{11} 植物对地下水的利用度	E_{13} 区域年降水量(mm)	1112.00	1079.40	991.70	991.70	991.70
				E_{14} 地下水位埋深(m)	10.00	10.00	10.00	10.00	10.00
				E_{15} 自然植被优势种的旱生性质	3.00	3.00	3.00	3.00	3.00
			D_{12} 地表存水体积占地表面积比例(%)		2.2	0.45	0.22	0.7	0.1
			D_{13} 需灌溉土地面积所占比例(%)		28	5.7	18	11	1
			D_{14} 自然植被质量	E_{16} 植被覆盖率(%)	52	78	63	58	82
				E_{17} 植被生物量(t/hm^2)	69.50	69.50	69.50	69.50	69.50
				E_{18} 植物群落多样性指数	3.51	2.88	0.17	3.21	2.38
			D_{15} 生态敏感性	E_{19} 占用特殊保护区域面积的比例(%)	3	3	3	0	0
				E_{20} 占用特殊保护区域的功能区	3.00	3.00	3.00	1.00	1.00
				E_{21} 珍稀动物	3.00	3.00	3.00	1.00	1.00
				E_{22} 珍稀植物	1.00	1.00	1.00	1.00	1.00

2)山区公路隧道生态环境影响的$M(\wedge,\vee)$评价

(1)大学城隧道的$M(\wedge,\vee)$评价

大学城隧道"工程指标"评价数据见表2-10。

大学城隧道"工程指标"评价数据 表2-10

因素集 U_1	赋值	评判集 V_1				
		v_1	v_2	v_3	v_4	v_5
隧道最大涌水量 U_{111}	25000	0	0	0.556	0.444	0
不可利用的弃渣工程量 U_{112}	41	0	0	0	0.514	0.486
隧道长度 U_{113}	3.8	0	0	0.6	0.4	0

即 U_1 的单因素评判矩阵 R_1 为：

$$R_1 = \begin{bmatrix} 0 & 0 & 0.556 & 0.444 & 0 \\ 0 & 0 & 0 & 0.514 & 0.486 \\ 0 & 0 & 0.6 & 0.4 & 0 \end{bmatrix}$$

用 $M(\wedge,\vee)$ 模型进行评价，结果为：

$$B_1 = A_1 \cdot R_1 = (0.3 \quad 0.3 \quad 0.4) \cdot \begin{bmatrix} 0 & 0 & 0.556 & 0.444 & 0 \\ 0 & 0 & 0 & 0.514 & 0.486 \\ 0 & 0 & 0.6 & 0.4 & 0 \end{bmatrix}$$

$$= (0 \quad 0 \quad 0.4 \quad 0.4 \quad 0.3)$$

归一化后得，$B_1^* = (0 \quad 0 \quad 0.36 \quad 0.36 \quad 0.27)$

(2) 隧道施工区洞口指标的 $M(\wedge,\vee)$ 评价

① 植被质量（U_{212}）（表2-11）。

大学城隧道施工区洞口"植被质量"评价数据 表2-11

因素集 U_{212}	赋值	评判集 V_{212}				
		v_1	v_2	v_3	v_4	v_5
植被覆盖率 U_{2121}	52	0	0	0.4	0.6	0
植被生物量 U_{2122}	69.50	0	0	1	0	0
植物群落多样性指数 U_{2123}	3.51	0	0	0	0	1

即 U_{212} 的单因素评判矩阵 R_{212} 为：

$$R_{212} = \begin{bmatrix} 0 & 0 & 0.4 & 0.6 & 0 \\ 0 & 0 & 1 & 0 & 0 \\ 0 & 0 & 0 & 0 & 1 \end{bmatrix}$$

评价结果为：

$$B_{212} = A_{212} \cdot R_{212} = (0.5 \quad 0.3 \quad 0.2) \cdot \begin{bmatrix} 0 & 0 & 0.4 & 0.6 & 0 \\ 0 & 0 & 1 & 0 & 0 \\ 0 & 0 & 0 & 0 & 1 \end{bmatrix}$$

$$= (0 \quad 0 \quad 0.4 \quad 0.5 \quad 0.2)$$

归一化后得，$B_{212}^* = (0 \quad 0 \quad 0.36 \quad 0.45 \quad 0.18)$

② 生态敏感性(U_{213})（表 2-12）。

表 2-12 大学城隧道施工区洞口"生态敏感性"指标的数据

因素集 U_{213}	赋值	评判集 V_{213}				
		v_1	v_2	v_3	v_4	v_5
占用特殊保护区域面积的比例 U_{2131}	0	1	0	0	0	0
占用特殊保护区域的功能区 U_{2132}	1	1	0	0	0	0
珍稀动物 U_{2133}	1	1	0	0	0	0
珍稀植物 U_{2134}	1	1	0	0	0	0

即 U_{213} 的单因素评判矩阵 R_{213} 为：

$$R_{213} = \begin{bmatrix} 1 & 0 & 0 & 0 & 0 \\ 1 & 0 & 0 & 0 & 0 \\ 1 & 0 & 0 & 0 & 0 \\ 1 & 0 & 0 & 0 & 0 \end{bmatrix}$$

评价结果为：

$$B_{213} = A_{213} \cdot R_{213} = (0.286 \ \ 0.286 \ \ 0.214 \ \ 0.214) \cdot \begin{bmatrix} 1 & 0 & 0 & 0 & 0 \\ 1 & 0 & 0 & 0 & 0 \\ 1 & 0 & 0 & 0 & 0 \\ 1 & 0 & 0 & 0 & 0 \end{bmatrix}$$

$$= (0.286 \ \ 0 \ \ 0 \ \ 0 \ \ 0)$$

归一化后得，$B_{213}^* = (1 \ \ 0 \ \ 0 \ \ 0 \ \ 0)$。

③ 洞口指标(U_{21})（表 2-13）。

表 2-13 大学城隧道施工区"洞口指标"评价数据

因素集 U_{21}	赋值	评判集 V_{21}				
		v_1	v_2	v_3	v_4	v_5
水土流失强度 U_{211}	500	1	0	0	0	0
植被质量 U_{212}	—	0	0	0.364	0.455	0.182
生态敏感性 U_{213}	—	1	0	0	0	0

即 U_{21} 的单因素评判矩阵 R_{21} 为：

$$R_{21} = \begin{bmatrix} 1 & 0 & 0 & 0 & 0 \\ 0 & 0 & 0.364 & 0.455 & 0.182 \\ 1 & 0 & 0 & 0 & 0 \end{bmatrix}$$

评价结果为：

$$B_{21} = A_{21} \cdot R_{21} = (0.4 \ \ 0.25 \ \ 0.35) \cdot \begin{bmatrix} 1 & 0 & 0 & 0 & 0 \\ 0 & 0 & 0.364 & 0.455 & 0.182 \\ 1 & 0 & 0 & 0 & 0 \end{bmatrix}$$

$$= (0.4 \ \ 0 \ \ 0.25 \ \ 0.25 \ \ 0.182)$$

归一化后得，$B_{21}^* = (0.37 \quad 0 \quad 0.23 \quad 0.23 \quad 0.17)$

（3）施工区弃渣场及其他临时占地区指标的 $M(\wedge,\vee)$ 评价

①自然植被质量（U_{223}）（表 2-14）。

大学城隧道弃渣场及其他临时占地区"自然植被质量"评价数据　　表 2-14

因素集 U_{223}	赋值	评判集 V_{223}				
		v_1	v_2	v_3	v_4	v_5
植被覆盖率 U_{2231}	40	0	1	0	0	0
植被生物量 U_{2232}	29.50	0	1	0	0	0
植物群落多样性指数 U_{2233}	3.512	0	0	0	0	1

即 U_{223} 的单因素评判矩阵 R_{223} 为：

$$R_{223} = \begin{bmatrix} 0 & 1 & 0 & 0 & 0 \\ 0 & 1 & 0 & 0 & 0 \\ 0 & 0 & 0 & 0 & 1 \end{bmatrix}$$

评价结果为：

$$B_{223} = A_{223} \cdot R_{223} = (1/3 \quad 1/3 \quad 1/3) \cdot \begin{bmatrix} 0 & 1 & 0 & 0 & 0 \\ 0 & 1 & 0 & 0 & 0 \\ 0 & 0 & 0 & 0 & 1 \end{bmatrix} = (0 \quad 1/3 \quad 0 \quad 0 \quad 1/3)$$

归一化后得，$B_{223}^* = (0 \quad 0.5 \quad 0 \quad 0 \quad 0.5)$

②生态敏感性（U_{224}）（表 2-15）。

大学城隧道弃渣场及其他临时占地区"生态敏感性"评价数据　　表 2-15

因素集 U_{224}	赋值	评判集 V_{224}				
		v_1	v_2	v_3	v_4	v_5
珍稀动物 U_{2241}	1	1	0	0	0	0
珍稀植物 U_{2242}	1	1	0	0	0	0

即 U_{224} 的单因素评判矩阵 R_{224} 为：

$$R_{224} = \begin{bmatrix} 1 & 0 & 0 & 0 & 0 \\ 1 & 0 & 0 & 0 & 0 \end{bmatrix}$$

评价结果为：

$$B_{224} = A_{224} \cdot R_{224} = (0.5 \quad 0.5) \cdot \begin{bmatrix} 1 & 0 & 0 & 0 & 0 \\ 1 & 0 & 0 & 0 & 0 \end{bmatrix} = (0.5 \quad 0 \quad 0 \quad 0 \quad 0)$$

归一化后得，$B_{224}^* = (1\ 0\ 0\ 0\ 0)$

③弃渣场及其他临时占地区(U_{22})(表2-16)。

大学城隧道"弃渣场及其他临时占地区指标"评价数据 表2-16

因素集 U_{22}	赋值	评判集 V_{22}				
		v_1	v_2	v_3	v_4	v_5
水土流失强度 U_{221}	3750	0	1	0	0	0
土地利用程度 U_{222}	15	0	0	0	0	1
自然植被质量 U_{223}	—	0	0.5	0	0	0.5
生态敏感性 U_{224}	—	1	0	0	0	0

即 U_{22} 的单因素评判矩阵 R_{22} 为：

$$R_{22} = \begin{bmatrix} 0 & 0 & 1 & 0 & 0 \\ 0 & 0 & 0 & 0 & 1 \\ 0 & 0.5 & 0 & 0 & 0.5 \\ 1 & 0 & 0 & 0 & 0 \end{bmatrix}$$

评价结果为：

$$B_{22} = A_{22} \cdot R_{22} = (0.3\ 0.2\ 0.3\ 0.2) \cdot \begin{bmatrix} 0 & 0 & 1 & 0 & 0 \\ 0 & 0 & 0 & 0 & 1 \\ 0 & 0.5 & 0 & 0 & 0.5 \\ 1 & 0 & 0 & 0 & 0 \end{bmatrix}$$

$$= (0.2\ 0.3\ 0\ 0\ 0.3)$$

归一化后得，$B_{22}^* = (0.25\ 0.38\ 0\ 0\ 0.38)$

(4)施工区指标的 $M(\wedge, \vee)$ 评价(U_2)

大学城隧道"施工区指标"评价数据见表2-17。

大学城隧道"施工区指标"评价数据 表2-17

因素集 U_2	赋值	评判集 V_2				
		v_1	v_2	v_3	v_4	v_5
洞口区 U_{21}	—	0.37	0	0.231	0.231	0.168
弃渣场及其他临时占地区 U_{22}	—	0.25	0.375	0	0	0.375

即 U_2 的单因素评判矩阵 R_2 为：

$$R_2 = \begin{bmatrix} 0.37 & 0 & 0.231 & 0.231 & 0.168 \\ 0.25 & 0.375 & 0 & 0 & 0.375 \end{bmatrix}$$

评价结果为：

$$B_2 = A_2 \cdot R_2 = (2/3\ 1/3) \cdot \begin{bmatrix} 0.37 & 0 & 0.231 & 0.231 & 0.168 \\ 0.25 & 0.375 & 0 & 0 & 0.375 \end{bmatrix}$$

$$= (0.370\ 0.333\ 0.231\ 0.231\ 0.333)$$

归一化后得，$B_2^* = (0.25 \quad 0.22 \quad 0.15 \quad 0.15 \quad 0.22)$

(5)洞身地表区指标的 M(∧，∨)评价(U_3)

①植物对地下水的利用度(U_{311})(表2-18)。

大学城隧道洞身地表区"植物对地下水的利用度"评价数据　　　　表2-18

因素集 U_{311}	赋值	评判集 V_{311}				
		v_1	v_2	v_3	v_4	v_5
区域年降水量 U_{3111}	1112	0	0.853	0.147	0	0
地下水位埋深 U_{3112}	10	1	0	0	0	0
自然植被优势种的旱生性质 U_{3113}	3	0	1	0	0	0

即 U_{311} 的单因素评判矩阵 R_{311} 为：

$$R_{311} = \begin{bmatrix} 0 & 0.853 & 0.147 & 0 & 0 \\ 1 & 0 & 0 & 0 & 0 \\ 0 & 1 & 0 & 0 & 0 \end{bmatrix}$$

评价结果为：

$$B_{311} = A_{311} \cdot R_{311} = (0.4 \quad 0.2 \quad 0.4) \cdot \begin{bmatrix} 0 & 0.853 & 0.147 & 0 & 0 \\ 1 & 0 & 0 & 0 & 0 \\ 0 & 1 & 0 & 0 & 0 \end{bmatrix}$$

$$= (0.2 \quad 0.4 \quad 0.147 \quad 0 \quad 0)$$

归一化后得，$B_{311}^* = (0.268 \quad 0.536 \quad 0.196 \quad 0 \quad 0)$

②自然植被质量(U_{314})(表2-19)。

大学城隧道洞身地表区"自然植被质量"评价数据　　　　表2-19

因素集 U_{314}	赋值	评判集 V_{314}				
		v_1	v_2	v_3	v_4	v_5
植被覆盖率 U_{3141}	52	0	0.4	0.6	0	0
植被生物量 U_{3142}	69.50	0	0	1	0	0
植物群落多样性指数 U_{3143}	3.51	0	0	0	0	1

即 U_{314} 的单因素评判矩阵 R_{314} 为：

$$R_{314} = \begin{bmatrix} 0 & 0.4 & 0.6 & 0 & 0 \\ 0 & 0 & 1 & 0 & 0 \\ 0 & 0 & 0 & 0 & 1 \end{bmatrix}$$

评价结果为：

$$B_{314} = A_{314} \cdot R_{314} = (1/3 \quad 1/3 \quad 1/3) \cdot \begin{bmatrix} 0 & 0.4 & 0.6 & 0 & 0 \\ 0 & 0 & 1 & 0 & 0 \\ 0 & 0 & 0 & 0 & 1 \end{bmatrix}$$

$$= (0 \quad 1/3 \quad 1/3 \quad 0 \quad 1/3)$$

归一化后得，$B_{314}^* = (0 \quad 0.333 \quad 0.333 \quad 0 \quad 0.333)$

③生态敏感性（U_{315}）（表2-20）。

大学城隧道洞身地表区"生态敏感性"评价数据　　　表2-20

因素集 U_{315}	赋值	评判集 V_{315}				
		v_1	v_2	v_3	v_4	v_5
占用特殊保护区域面积的比例 U_{3151}	3	0	1	0	0	0
占用特殊保护区域的功能区 U_{3152}	3	0	1	0	0	0
珍稀动物 U_{3153}	3	0	1	0	0	0
珍稀植物 U_{3154}	1	1	0	0	0	0

即 U_{315} 的单因素评判矩阵 R_{315} 为：

$$R_{315} = \begin{bmatrix} 0 & 1 & 0 & 0 & 0 \\ 0 & 1 & 0 & 0 & 0 \\ 0 & 1 & 0 & 0 & 0 \\ 1 & 0 & 0 & 0 & 0 \end{bmatrix}$$

评价结果为：

$$B_{315} = A_{315} \cdot R_{315} = (0.3 \quad 0.3 \quad 0.2 \quad 0.2) \cdot \begin{bmatrix} 0 & 1 & 0 & 0 & 0 \\ 0 & 1 & 0 & 0 & 0 \\ 0 & 1 & 0 & 0 & 0 \\ 1 & 0 & 0 & 0 & 0 \end{bmatrix}$$

$$= (0.2 \quad 0.3 \quad 0 \quad 0 \quad 0)$$

归一化后得，$B_{315}^* = (0.4 \quad 0.6 \quad 0 \quad 0 \quad 0)$

④洞身地表区（U_3）（表2-21）。

大学城隧道"洞身地表区指标"评价数据　　　表2-21

因素集 U_3	赋值	评判集 V_3				
		v_1	v_2	v_3	v_4	v_5
植物对地下水的利用度 U_{311}	—	0.268	0.536	0.196	0	0
地表存水体积占地表面积比例 U_{312}	2.2%	0.4	0.6	0	0	0
需灌溉土地面积所占比例 U_{313}	28%	0	0	0	0	1
自然植被质量 U_{314}	—	0	0.333	0.333	0	0.333
生态敏感性 U_{315}	—	0.4	0.6	0	0	0

即 U_3 的单因素评判矩阵 R_3 为：

$$R_3 = \begin{bmatrix} 0.268 & 0.536 & 0.196 & 0 & 0 \\ 0.4 & 0.6 & 0 & 0 & 0 \\ 0 & 0 & 0 & 0 & 1 \\ 0 & 0.333 & 0.333 & 0 & 0.333 \\ 0.4 & 0.6 & 0 & 0 & 0 \end{bmatrix}$$

评价结果为：

$$B_3 = A_3 \cdot R_3 = (0.25 \quad 0.2 \quad 0.15 \quad 0.15 \quad 0.25) \cdot \begin{bmatrix} 0.268 & 0.536 & 0.196 & 0 & 0 \\ 0.4 & 0.6 & 0 & 0 & 0 \\ 0 & 0 & 0 & 0 & 1 \\ 0 & 0.333 & 0.333 & 0 & 0.333 \\ 0.4 & 0.6 & 0 & 0 & 0 \end{bmatrix}$$

$$= (0.25 \quad 0.25 \quad 0.196 \quad 0 \quad 0.15)$$

归一化后得，$B_3^* = (0.295 \quad 0.295 \quad 0.232 \quad 0 \quad 0.177)$

(6)隧道生态环境影响的 M(∧,∨)评价(U)(表 2-22)

大学城隧道生态环境影响综合评价数据　　　表 2-22

因素集 U	赋值	评判集 V				
		v_1(很弱)	v_2(较弱)	v_3(中等)	v_4(较强)	v_5(很强)
工程指标 U_1	—	0.000	0.000	0.364	0.364	0.273
施工区指标 U_2	—	0.247	0.222	0.154	0.154	0.222
洞身地表区指标 U_3	—	0.295	0.295	0.232	0.000	0.177

即 U 的单因素评判矩阵 R 为：

$$R = \begin{bmatrix} 0 & 0 & 0.364 & 0.364 & 0.273 \\ 0.247 & 0.222 & 0.154 & 0.154 & 0.222 \\ 0.295 & 0.295 & 0.232 & 0 & 0.177 \end{bmatrix}$$

评价结果为：

$$B = A \cdot R = (0.5 \quad 0.3 \quad 0.2) \cdot \begin{bmatrix} 0 & 0 & 0.364 & 0.364 & 0.273 \\ 0.247 & 0.222 & 0.154 & 0.154 & 0.222 \\ 0.295 & 0.295 & 0.232 & 0 & 0.177 \end{bmatrix}$$

$$= (0.25 \quad 0.22 \quad 0.36 \quad 0.36 \quad 0.27)$$

归一化后得，$B^* = (0.171 \quad 0.151 \quad 0.247 \quad 0.247 \quad 0.185)$

计算出大学城隧道工程指标、施工区指标、洞身地表区指标对于 5 个负效应等级的隶属度后，若采用最大隶属度法确定生态环境影响评价程度，则必须进行最大隶属度的检验，由公式(5-9)计算得大学城隧道整体评价 U 的 $a = 0.157$；工程指标 U_1 的 $a = 0.375$；施工区指标 U_2 的 $a = 0.131$、洞身地表区指标 U_3 的 $a = 0.257$。所有 a 均小于 0.50，即最大隶属度有效度较低，则采用加权平均值来评价公路隧道的生态环境影响评价。

根据公式(5-10)计算得大学城隧道整体生态环境影响综合评价值为 3.123，对"中等偏较强"的隶属度较大；工程指标评价值为 3.909，对"较强偏中等"的隶属度较大；施工区指标评价值为 2.883，对"中等偏较弱"的隶属度较大；洞身地表区指标评价值为 2.468，对"较弱偏中等"的隶属度较大。

3)中梁山、碧鸡关、麻地菁、象鼻岭隧道四座隧道的 M(∧,∨)评价

参照大学城隧道，同理计算中梁山、碧鸡关、麻地菁、象鼻岭四座隧道。

(1)中梁山隧道最终结果

$B_1 = (0 \quad 0 \quad 0.400 \quad 0.333 \quad 0.300)$

归一化后得，$B_1^* = (0\ \ 0\ \ 0.390\ \ 0.320\ \ 0.290)$

$B_2 = (0.440\ \ 0.261\ \ 0.280\ \ 0.28\ \ 0.174)$

归一化后得，$B_2^* = (0.310\ \ 0.182\ \ 0.194\ \ 0.194\ \ 0.121)$

$B_3 = (0.250\ \ 0.250\ \ 0.250\ \ 0.150\ \ 0)$

归一化后得，$B_3^* = (0.278\ \ 0.278\ \ 0.278\ \ 0.167\ \ 0)$

$B = (0.300\ \ 0.200\ \ 0.387\ \ 0.323\ \ 0.290)$

归一化后得，$B^* = (0.200\ \ 0.133\ \ 0.258\ \ 0.215\ \ 0.194)$

计算出中梁山隧道工程指标、施工区指标、洞身地表区指标对于5个等级的隶属度后，同理采用最大隶属度法确定生态环境影响评价程度所进行的最大隶属度的检验显示，其所有 a 均小于0.50，即最大隶属度有效度较低，则采用加权平均值来评价公路隧道的生态环境影响评价。

根据公式(2-13)计算得中梁山隧道整体生态环境影响评价值为3.069，对"中等偏较强"隶属度较大；工程指标评价值为3.903，对"较强偏中等"隶属度较大；施工区指标评价值为2.635，对"中等偏较弱"隶属度较大；洞身地表区指标评价值为2.333，对"较弱偏中等"隶属度较大。

(2) 碧鸡关隧道最终结果

碧鸡关隧道最终计算结果为：

$B_1 = (0.300\ \ 0\ \ 0.400\ \ 0.267\ \ 0.300)$

归一化后得，$B_1^* = (0.237\ \ 0\ \ 0.316\ \ 0.211\ \ 0.237)$

$B_2 = (0.484\ \ 0.333\ \ 0.302\ \ 0.214\ \ 0.250)$

归一化后得，$B_2^* = (0.306\ \ 0.211\ \ 0.191\ \ 0.135\ \ 0.158)$

$B_3 = (0.250\ \ 0.250\ \ 0.250\ \ 0.150\ \ 0.150)$

归一化后得，$B_3^* = (0.238\ \ 0.238\ \ 0.238\ \ 0.143\ \ 0.143)$

$B = (0.300\ \ 0.211\ \ 0.316\ \ 0.211\ \ 0.237)$

归一化后得，$B^* = (0.236\ \ 0.165\ \ 0.248\ \ 0.165\ \ 0.186)$

计算出碧鸡关隧道工程指标、施工区指标、洞身地表区指标对于5个等级的隶属度后，同理采用最大隶属度法确定生态环境影响评价程度所进行的最大隶属度的检验显示，其所有 a 均小于0.50，即最大隶属度有效度较低，则采用加权平均值来评价公路隧道的生态环境影响评价。

根据公式(2-13)计算得碧鸡关隧道整体生态环境影响评价值为2.901，对"中等偏较弱"隶属度较大；工程指标评价值为3.211，对"中等偏较强"隶属度较大；施工区指标评价值为2.629，对"中等偏较弱"隶属度较大；洞身地表区指标评价值为2.714，对"中等偏较弱"隶属度较大。

(3) 麻地菁隧道最终结果

麻地菁隧道最终计算结果为：

$B_1 = (0.300\ \ 0.300\ \ 0.400\ \ 0.300\ \ 0.029)$

归一化后得，$B_1^* = (0.226\ \ 0.226\ \ 0.301\ \ 0.226\ \ 0.022)$

$B_2 = (0.348\ \ 0.273\ \ 0.217\ \ 0.273\ \ 0.273)$

归一化后得，$B_2^* = (0.251\ \ 0.197\ \ 0.157\ \ 0.197\ \ 0.197)$

$B_3 = (0.250\ \ 0.250\ \ 0.250\ \ 0.150\ \ 0.150)$

归一化后得，$B_3^* = (0.238\ \ 0.238\ \ 0.238\ \ 0.143\ \ 0.143)$

$B = (0.251\ \ 0.226\ \ 0.301\ \ 0.226\ \ 0.197)$

归一化后得，$B^* = (0.209\ \ 0.188\ \ 0.251\ \ 0.188\ \ 0.164)$

计算出麻地菁隧道工程指标、施工区指标、洞身地表区指标对于5个等级的隶属度后，同理采用最大隶属度法确定生态环境影响评价程度所进行的最大隶属度的检验显示，其所有 a 均小于0.50，即最大隶属度有效度较低，则采用加权平均值来评价公路隧道的生态环境影响评价。

根据公式(2-13)计算得麻地菁隧道整体生态环境影响评价值为2.910，对"中等偏较弱"隶属度较大；工程指标评价值为2.591，对"中等偏较弱"隶属度较大；施工区指标评价值为2.891，对"中等偏较弱"隶属度较大；洞身地表区指标评价值为2.714，对"中等偏较弱"隶属度较大。

(4) 象鼻岭隧道最终结果

象鼻岭隧道最终计算结果为：

$B_1 = (0.300\ \ 0.346\ \ 0.400\ \ 0.300\ \ 0)$

归一化后得，$B_1^* = (0.223\ \ 0.257\ \ 0.297\ \ 0.223\ \ 0)$

$B_2 = (0.364\ \ 0.231\ \ 0.231\ \ 0.231\ \ 0.182)$

归一化后得，$B_2^* = (0.294\ \ 0.186\ \ 0.186\ \ 0.186\ \ 0.147)$

$B_3 = (0.250\ \ 0.250\ \ 0.250\ \ 0.150\ \ 0.150)$

归一化后得，$B_3^* = (0.238\ \ 0.238\ \ 0.238\ \ 0.143\ \ 0.143)$

$B = (0.294\ \ 0.257\ \ 0.297\ \ 0.223\ \ 0.147)$

归一化后得，$B^* = (0.241\ \ 0.211\ \ 0.244\ \ 0.183\ \ 0.121)$

计算出象鼻岭隧道工程指标、施工区指标、洞身地表区指标对于5个等级的隶属度后，同理采用最大隶属度法确定生态环境影响评价程度所进行的最大隶属度的检验显示，其所有 a 均小于0.50，即最大隶属度有效度较低，则采用加权平均值来评价公路隧道的生态环境影响评价。

根据公式(2-13)计算得象鼻岭隧道整体生态环境影响评价值为2.730，对"中等偏较弱"隶属度较大；工程指标评价值为2.520，对"中等偏较弱"隶属度较大；施工区指标评价值为2.706，对"中等偏较弱"隶属度较大；洞身地表区指标评价值为2.714，对"中等偏较弱"隶属度较大。

4) 山区公路隧道生态环境影响的 $M(\wedge, +)$ 评价

模糊算子 $M(\wedge, \vee)$ 主要考虑影响因子或权重因子最大指标的特性，但可能忽略其他指标的贡献，所以在此基础上对山区公路隧道生态环境影响评价又采用了逻辑乘、实数加的模糊算子 $(\wedge, +)$ 计算，以较全面考虑各指标的贡献。

(1) 大学城隧道的 $M(\wedge, +)$ 评价

大学城隧道"工程指标"评价数据见表2-23。

大学城隧道"工程指标"评价数据 表 2-23

因素集 U_1	赋值	评判集 V_1				
		v_1	v_2	v_3	v_4	v_5
隧道最大涌水量 U_{111}	25000	0	0	0.556	0.444	0
不可利用的弃渣工程量 U_{112}	41	0	0	0	0.514	0.486
隧道长度 U_{113}	3.8	0	0	0.6	0.4	0

即 U_1 的单因素评判矩阵 R_1 为:

$$R_1 = \begin{bmatrix} 0 & 0 & 0.556 & 0.444 & 0 \\ 0 & 0 & 0 & 0.514 & 0.486 \\ 0 & 0 & 0.6 & 0.4 & 0 \end{bmatrix}$$

用 $M(\wedge, +)$ 模型进行评价,结果为:

$$B_1 = A_1 \cdot R_1 = (0.3 \quad 0.3 \quad 0.4) \cdot \begin{bmatrix} 0 & 0 & 0.556 & 0.444 & 0 \\ 0 & 0 & 0 & 0.514 & 0.486 \\ 0 & 0 & 0.6 & 0.4 & 0 \end{bmatrix}$$

$$= (0 \quad 0 \quad 0.7 \quad 1 \quad 0.3)$$

归一化后得, $B_1^* = (0 \quad 0 \quad 0.35 \quad 0.50 \quad 0.15)$

(2) 隧道施工区洞口指标的 $M(\wedge, +)$ 评价

① 植被质量(U_{212})(表 2-24)。

大学城隧道施工区洞口"植被质量"评价数据 表 2-24

因素集 U_{212}	赋值	评判集 V_{212}				
		v_1	v_2	v_3	v_4	v_5
植被覆盖率 U_{2121}	52	0	0	0.4	0.6	0
植被生物量 U_{2122}	69.50	0	0	1	0	0
植物群落多样性指数 U_{2123}	3.51	0	0	0	0	1

即 U_{212} 的单因素评判矩阵 R_{212} 为:

$$R_{212} = \begin{bmatrix} 0 & 0 & 0.4 & 0.6 & 0 \\ 0 & 0 & 1 & 0 & 0 \\ 0 & 0 & 0 & 0 & 1 \end{bmatrix}$$

评价结果为:

$$B_{212} = A_{212} \cdot R_{212} = (0.5 \quad 0.3 \quad 0.2) \cdot \begin{bmatrix} 0 & 0 & 0.4 & 0.6 & 0 \\ 0 & 0 & 1 & 0 & 0 \\ 0 & 0 & 0 & 0 & 1 \end{bmatrix}$$

$$= (0 \quad 0 \quad 0.7 \quad 0.5 \quad 0.2)$$

归一化后得, $B_{212}^* = (0 \quad 0 \quad 0.50 \quad 0.36 \quad 0.14)$

② 生态敏感性(U_{213})(表 2-25)。

即 U_{213} 的单因素评判矩阵 R_{213} 为:

$$R_{213} = \begin{bmatrix} 1 & 0 & 0 & 0 & 0 \\ 1 & 0 & 0 & 0 & 0 \\ 1 & 0 & 0 & 0 & 0 \\ 1 & 0 & 0 & 0 & 0 \end{bmatrix}$$

评价结果为：

$$B_{213} = A_{213} \cdot R_{213} = (0.286 \quad 0.286 \quad 0.214 \quad 0.214) \cdot \begin{bmatrix} 1 & 0 & 0 & 0 & 0 \\ 1 & 0 & 0 & 0 & 0 \\ 1 & 0 & 0 & 0 & 0 \\ 1 & 0 & 0 & 0 & 0 \end{bmatrix}$$

$$= (1 \quad 0 \quad 0 \quad 0 \quad 0)$$

归一化后得，$B_{213}^* = (1 \quad 0 \quad 0 \quad 0 \quad 0)$

大学城隧道施工区洞口"生态敏感性"指标的数据　　表2-25

因素集 U_{213}	赋值	评判集 V_{213}				
		v_1	v_2	v_3	v_4	v_5
占用特殊保护区域面积的比例 U_{2131}	0	1	0	0	0	0
占用特殊保护区域的功能区 U_{2132}	1	1	0	0	0	0
珍稀动物 U_{2133}	1	1	0	0	0	0
珍稀植物 U_{2134}	1	1	0	0	0	0

③洞口区（U_{21}）（表2-26）。

大学城隧道施工区"洞口指标"评价数据　　表2-26

因素集 U_{21}	赋值	评判集 V_{21}				
		v_1	v_2	v_3	v_4	v_5
水土流失强度 U_{211}	500	1	0	0	0	0
植被质量 U_{212}	—	0	0	0.50	0.357	0.143
生态敏感性 U_{213}	—	1	0	0	0	0

即 U_{21} 的单因素评判矩阵 R_{21} 为：

$$R_{21} = \begin{bmatrix} 1 & 0 & 0 & 0 & 0 \\ 0 & 0 & 0.50 & 0.35 & 0.14 \\ 1 & 0 & 0 & 0 & 0 \end{bmatrix}$$

评价结果为：

$$B_{21} = A_{21} \cdot R_{21} = (0.4 \quad 0.25 \quad 0.35) \cdot \begin{bmatrix} 1 & 0 & 0 & 0 & 0 \\ 0 & 0 & 0.500 & 0.357 & 0.143 \\ 1 & 0 & 0 & 0 & 0 \end{bmatrix}$$

$$= (0.75 \quad 0 \quad 0.25 \quad 0.25 \quad 0.143)$$

归一化后得，$B_{21}^* = (0.54 \quad 0 \quad 0.18 \quad 0.18 \quad 0.10)$

(3) 施工区弃渣场及其他临时占地区指标的 M(∧, +) 评价

① 自然植被质量 (U_{223})（表 2-27）。

大学城隧道弃渣场及其他临时占地区"自然植被质量"评价数据　　表 2-27

因素集 U_{223}	赋值	评判集 V_{223}				
		v_1	v_2	v_3	v_4	v_5
植被覆盖率 U_{2231}	40	0	1	0	0	0
植被生物量 U_{2232}	29.50	0	1	0	0	0
植物群落多样性指数 U_{2233}	3.512	0	0	0	0	1

即 U_{223} 的单因素评判矩阵 R_{223} 为：

$$R_{223} = \begin{bmatrix} 0 & 1 & 0 & 0 & 0 \\ 0 & 1 & 0 & 0 & 0 \\ 0 & 0 & 0 & 0 & 1 \end{bmatrix}$$

评价结果为：

$$B_{223} = A_{223} \cdot R_{223} = (1/3 \quad 1/3 \quad 1/3) \cdot \begin{bmatrix} 0 & 1 & 0 & 0 & 0 \\ 0 & 1 & 0 & 0 & 0 \\ 0 & 0 & 0 & 0 & 1 \end{bmatrix} = (0 \quad 2/3 \quad 0 \quad 0 \quad 1/3)$$

归一化后得，$B_{223}^* = (0 \quad 0.67 \quad 0 \quad 0 \quad 0.33)$

② 生态敏感性 (U_{224})（表 2-28）。

大学城隧道弃渣场及其他临时占地区"生态敏感性"评价数据　　表 2-28

因素集 U_{224}	赋值	评判集 V_{224}				
		v_1	v_2	v_3	v_4	v_5
珍稀动物 U_{2241}	1	1	0	0	0	0
珍稀植物 U_{2242}	1	1	0	0	0	0

即 U_{224} 的单因素评判矩阵 R_{224} 为：

$$R_{224} = \begin{bmatrix} 1 & 0 & 0 & 0 & 0 \\ 1 & 0 & 0 & 0 & 0 \end{bmatrix}$$

评价结果为：

$$B_{224} = A_{224} \cdot R_{224} = (0.5 \quad 0.5) \cdot \begin{bmatrix} 1 & 0 & 0 & 0 & 0 \\ 1 & 0 & 0 & 0 & 0 \end{bmatrix} = (1 \quad 0 \quad 0 \quad 0 \quad 0)$$

归一化后得，$B_{224}^* = (1 \quad 0 \quad 0 \quad 0 \quad 0)$

③ 弃渣场及其他临时占地区 (U_{22})（表 2-29）。

大学城隧道"弃渣场及其他临时占地区指标"评价数据　　表 2-29

因素集 U_{22}	赋值	评判集 V_{22}				
		v_1	v_2	v_3	v_4	v_5
水土流失强度 U_{221}	3750	0	1	0	0	0
土地利用程度 U_{222}	15	0	0	0	0	1
自然植被质量 U_{223}	—	0.00	0.67	0.00	0.00	0.33
生态敏感性 U_{224}	—	1	0	0	0	0

即 U_{22} 的单因素评判矩阵 R_{22} 为：

$$R_{22} = \begin{bmatrix} 0 & 1 & 0 & 0 & 0 \\ 0 & 0 & 0 & 0 & 1 \\ 0 & 0.67 & 0 & 0 & 0.33 \\ 1 & 0 & 0 & 0 & 0 \end{bmatrix}$$

评价结果为：

$$B_{22} = A_{22} \cdot R_{22} = (0.3 \quad 0.2 \quad 0.3 \quad 0.2) \cdot \begin{bmatrix} 0 & 1 & 0 & 0 & 0 \\ 0 & 0 & 0 & 0 & 1 \\ 0 & 0.67 & 0 & 0 & 0.33 \\ 1 & 0 & 0 & 0 & 0 \end{bmatrix}$$

$$= (0.2 \quad 0.6 \quad 0 \quad 0 \quad 0.5)$$

归一化后得，$B_{22}^* = (0.15 \quad 0.46 \quad 0 \quad 0 \quad 0.38)$

(4) 施工区指标的 $M(\wedge, +)$ 评价 (U_2) (表2-30)

大学城隧道"施工区指标"评价数据　　　　　表2-30

因素集 U_2	赋值	评判集 V_2				
		v_1	v_2	v_3	v_4	v_5
洞口区 U_{21}	—	0.538	0	0.179	0.179	0.103
弃渣场及其他临时占地区 U_{22}	—	0.154	0.462	0	0	0.385

即 U_2 的单因素评判矩阵 R_2 为：

$$R_2 = \begin{bmatrix} 0.538 & 0 & 0.179 & 0.179 & 0.103 \\ 0.154 & 0.462 & 0 & 0 & 0.385 \end{bmatrix}$$

评价结果为：

$$B_2 = A_2 \cdot R_2 = (2/3 \quad 1/3) \cdot \begin{bmatrix} 0.538 & 0 & 0.179 & 0.179 & 0.103 \\ 0.154 & 0.462 & 0 & 0 & 0.385 \end{bmatrix}$$

$$= (0.692 \quad 0.333 \quad 0.179 \quad 0.179 \quad 0.436)$$

归一化后得，$B_2^* = (0.380 \quad 0.183 \quad 0.099 \quad 0.099 \quad 0.239)$

(5) 洞身地表区指标的 $M(\wedge, +)$ 评价 (U_3)

① 植物对地下水的利用度 (U_{311})（表2-31）。

大学城隧道洞身地表区"植物对地下水的利用度"评价数据　　　　　表2-31

因素集 U_{311}	赋值	评判集 V_{311}				
		v_1	v_2	v_3	v_4	v_5
区域年降水量 U_{3111}	1112	0	0.853	0.147	0	0
地下水位埋深 U_{3112}	10	1	0	0	0	0
自然植被优势种的旱生性质 U_{3113}	3	0	1	0	0	0

即 U_{311} 的单因素评判矩阵 R_{311} 为：

$$R_{311} = \begin{bmatrix} 0 & 0.853 & 0.147 & 0 & 0 \\ 1 & 0 & 0 & 0 & 0 \\ 0 & 1 & 0 & 0 & 0 \end{bmatrix}$$

评价结果为:

$$B_{311} = A_{311} \cdot R_{311} = (0.4 \quad 0.2 \quad 0.4) \cdot \begin{bmatrix} 0 & 0.853 & 0.147 & 0 & 0 \\ 1 & 0 & 0 & 0 & 0 \\ 0 & 1 & 0 & 0 & 0 \end{bmatrix}$$

$$= (0.200 \quad 0.800 \quad 0.147 \quad 0 \quad 0)$$

归一化后得,$B_{311}^* = (0.174 \quad 0.698 \quad 0.128 \quad 0 \quad 0)$。

②自然植被质量(U_{314})(表2-32)。

大学城隧道洞身地表区"自然植被质量"评价数据　　　　表2-32

因素集 U_{314}	赋值	评判集 V_{314}				
		v_1	v_2	v_3	v_4	v_5
植被覆盖率 U_{3141}	52	0	0.4	0.6	0	0
植被生物量 U_{3142}	69.50	0	0	1	0	0
植物群落多样性指数 U_{3143}	3.51	0	0	0	0	1

即 U_{314} 的单因素评判矩阵 R_{314} 为:

$$R_{314} = \begin{bmatrix} 0 & 0.4 & 0.6 & 0 & 0 \\ 0 & 0 & 1 & 0 & 0 \\ 0 & 0 & 0 & 0 & 1 \end{bmatrix}$$

评价结果为:

$$B_{314} = A_{314} \cdot R_{314} = (1/3 \quad 1/3 \quad 1/3) \cdot \begin{bmatrix} 0 & 0.4 & 0.6 & 0 & 0 \\ 0 & 0 & 1 & 0 & 0 \\ 0 & 0 & 0 & 0 & 1 \end{bmatrix} = (0 \quad 1/3 \quad 2/3 \quad 0 \quad 1/3)$$

归一化后得,$B_{314}^* = (0 \quad 0.250 \quad 0.500 \quad 0 \quad 0.250)$。

③生态敏感性(U_{315})(表2-33)。

大学城隧道洞身地表区"生态敏感性"评价数据　　　　表2-33

因素集 U_{315}	赋值	评判集 V_{315}				
		v_1	v_2	v_3	v_4	v_5
占用特殊保护区域面积的比例 U_{3151}	3	0	1	0	0	0
占用特殊保护区域的功能区 U_{3152}	3	0	1	0	0	0
珍稀动物 U_{3153}	3	0	1	0	0	0
珍稀植物 U_{3154}	1	1	0	0	0	0

即 U_{315} 的单因素评判矩阵 R_{315} 为:

$$R_{315} = \begin{bmatrix} 0 & 1 & 0 & 0 & 0 \\ 0 & 1 & 0 & 0 & 0 \\ 0 & 1 & 0 & 0 & 0 \\ 1 & 0 & 0 & 0 & 0 \end{bmatrix}$$

评价结果为：

$$B_{315} = A_{315} \cdot R_{315} = (0.3 \quad 0.3 \quad 0.2 \quad 0.2) \cdot \begin{bmatrix} 0 & 1 & 0 & 0 & 0 \\ 0 & 1 & 0 & 0 & 0 \\ 0 & 1 & 0 & 0 & 0 \\ 1 & 0 & 0 & 0 & 0 \end{bmatrix} = (0.2 \quad 0.8 \quad 0 \quad 0 \quad 0)$$

归一化后得，$B_{315}^* = (0.2 \quad 0.8 \quad 0 \quad 0 \quad 0)$

④洞身地表区（U_3）（表2-34）。

大学城隧道"洞身地表区指标"评价数据　　　　表2-34

因素集 U_3	赋值	评判集 V_3				
		v_1	v_2	v_3	v_4	v_5
植物对地下水的利用度 U_{311}	—	0.174	0.698	0.128	0	0
存水体积占地表面积比例 U_{312}	2.2%	0.400	0.600	0	0	0
需灌溉土地面积所占比例 U_{313}	28%	0	0	0	0	1.000
自然植被质量 U_{314}	—	0	0.250	0.500	0	0.250
生态敏感性 U_{315}	—	0.200	0.800	0	0	0

即 U_3 的单因素评判矩阵 R_3 为：

$$R_3 = \begin{bmatrix} 0.174 & 0.698 & 0.128 & 0 & 0 \\ 0.4 & 0.6 & 0 & 0 & 0 \\ 0 & 0 & 0 & 0 & 1 \\ 0 & 0.250 & 0.500 & 0 & 0.250 \\ 0.2 & 0.8 & 0 & 0 & 0 \end{bmatrix}$$

评价结果为：

$$B_3 = A_3 \cdot R_3 = (0.25 \quad 0.2 \quad 0.15 \quad 0.15 \quad 0.25) \cdot \begin{bmatrix} 0.174 & 0.698 & 0.128 & 0 & 0 \\ 0.4 & 0.6 & 0 & 0 & 0 \\ 0 & 0 & 0 & 0 & 1 \\ 0 & 0.250 & 0.500 & 0 & 0.250 \\ 0.2 & 0.8 & 0 & 0 & 0 \end{bmatrix}$$

$$= (0.574 \quad 0,850 \quad 0.278 \quad 0 \quad 0.300)$$

归一化后得，$B_3^* = (0.287 \quad 0.425 \quad 0.139 \quad 0 \quad 0.150)$

(6) 隧道生态环境影响的 $M(\wedge, +)$ 评价（U）

大学城隧道生态环境影响综合评价数据见表2-35。

大学城隧道生态环境影响综合评价数据　　　　表2-35

因素集 U	赋值	评判集 V				
		v_1(很弱)	v_2(较弱)	v_3(中等)	v_4(较强)	v_5(很强)
工程指标 U_1	—	0.000	0.000	0.350	0.500	0.150
施工区指标 U_2	—	0.380	0.183	0.099	0.099	0.239
洞身地表区指标 U_3	—	0.287	0.425	0.139	0.000	0.150

即 U 的单因素评判矩阵 R 为：

$$R = \begin{bmatrix} 0 & 0 & 0.350 & 0.500 & 0.150 \\ 0.380 & 0.183 & 0.099 & 0.099 & 0.239 \\ 0.287 & 0.425 & 0.139 & 0 & 0.150 \end{bmatrix}$$

评价结果为：

$$B = A \cdot R = (0.5 \quad 0.3 \quad 0.2) \cdot \begin{bmatrix} 0 & 0 & 0.350 & 0.500 & 0.150 \\ 0.380 & 0.183 & 0.099 & 0.099 & 0.239 \\ 0.287 & 0.425 & 0.139 & 0 & 0.150 \end{bmatrix}$$

$$= (0.500 \quad 0.383 \quad 0.587 \quad 0.599 \quad 0.539)$$

归一化后得，$B^* = (0.192 \quad 0.147 \quad 0.225 \quad 0.229 \quad 0.207)$

计算出大学城隧道工程指标、施工区指标、洞身地表区指标对于5个负效应等级的隶属度后，若采用最大隶属度法确定生态环境影响评价程度，则必须进行最大隶属度的检验，由公式(5-9)计算得大学城隧道整体评价 U 的 $\alpha = 0.082$；工程指标 U_1 的 $\alpha = 0.536$；施工区指标 U_2 的 $\alpha = 0.471$，洞身地表区指标 U_3 的 $\alpha = 0.489$。所有 α 均小于或在0.50左右，即最大隶属度有效度较低，则采用加权平均值来评价公路隧道的生态环境影响评价。

根据公式(2-13)计算得大学城隧道整体生态环境影响综合评价值为3.113，对"中等偏较强"的隶属度较大；工程指标评价值为3.800，对"较强偏中等"的隶属度较大；施工区指标评价值为2.634，对"中等偏较弱"的隶属度较大；洞身地表区指标评价值为2.301，对"较弱偏中等"的隶属度较大。

5）中梁山、碧鸡关、麻地菁、象鼻岭隧道四座隧道的 $M(\wedge, +)$ 评价

参照大学城隧道，同理计算中梁山、碧鸡关、六盘山、麻地菁、象鼻岭四座隧道。

(1) 中梁山隧道最终结果

$B'_1 = (0 \quad 0 \quad 0.400 \quad 0.933 \quad 0.440)$

归一化后得，$B_1^* = (0 \quad 0 \quad 0.226 \quad 0.526 \quad 0.248)$

$B'_2 = (0.742 \quad 0.333 \quad 0.276 \quad 0.413 \quad 0.142)$

归一化后得，$B_2^* = (0.389 \quad 0.175 \quad 0.145 \quad 0.217 \quad 0.075)$

$B'_3 = (0.717 \quad 0.650 \quad 0.317 \quad 0.150 \quad 0)$

归一化后得，$B_3^* = (0.391 \quad 0.354 \quad 0.173 \quad 0.082 \quad 0)$

$B' = (0.500 \quad 0.375 \quad 0.543 \quad 0.799 \quad 0.323)$

归一化后得，$B^* = (0.197 \quad 0.148 \quad 0.214 \quad 0.314 \quad 0.127)$

计算出中梁山隧道工程指标、施工区指标、洞身地表区指标对于5个等级的隶属度后，同样进行 α 检验，结果最大隶属度有效度均较低，则采用加权平均值来评价公路隧道的生态环境影响评价。

根据公式(2-13)计算得中梁山隧道整体生态环境影响评价值为3.027，对"中等偏较强"隶属度较大；工程指标评价值为4.023，对"较强偏很强"隶属度较大；施工区指标评价值为2.413，对"较弱偏中等"隶属度较大；洞身地表区指标评价值为1.946，对"较弱偏很弱"隶属度较大。

(2) 碧鸡关隧道最终结果

碧鸡关隧道最终计算结果为：

$B'_1 = (0.300 \quad 0 \quad 0.400 \quad 0.495 \quad 0.300)$

归一化后得，$B_1^* = (0.201 \quad 0 \quad 0.268 \quad 0.331 \quad 0.201)$

$B'_2 = (1 \quad 0.333 \quad 0.192 \quad 0.100 \quad 0.154)$

归一化后得，$B_2^* = (0.562 \quad 0.187 \quad 0.108 \quad 0.056 \quad 0.086)$

$B'_3 = (0.698 \quad 0.500 \quad 0.400 \quad 0.280 \quad 0.150)$

归一化后得，$B_3^* = (0.344 \quad 0.246 \quad 0.197 \quad 0.138 \quad 0.074)$

$B' = (0.701 \quad 0.387 \quad 0.572 \quad 0.526 \quad 0.361)$

归一化后得，$B^* = (0.275 \quad 0.152 \quad 0.225 \quad 0.206 \quad 0.142)$

计算出碧鸡关隧道工程指标、施工区指标、洞身地表区指标对于5个等级的隶属度后，同样进行 a 检验，结果最大隶属度有效度均较低，则采用加权平均值来评价公路隧道的生态环境影响评价。

根据公式(2-13)计算得碧鸡关隧道整体生态环境影响评价值为2.788，对"中等偏较弱"隶属度较大；工程指标评价值为3.331，对"中等偏较强"隶属度较大；施工区指标评价值为1.917，对"较弱偏很弱"隶属度较大；洞身地表区指标评价值为2.351，对"较弱偏中等"隶属度较大。

(3) 麻地菁隧道最终结果

麻地菁隧道最终计算结果为：

$B'_1 = (0.300 \quad 0.300 \quad 0.400 \quad 0.539 \quad 0.029)$

归一化后得，$B_1^* = (0.191 \quad 0.191 \quad 0.255 \quad 0.344 \quad 0.018)$

$B'_2 = (0.675 \quad 0.389 \quad 0.181 \quad 0.278 \quad 0.411)$

归一化后得，$B_2^* = (0.349 \quad 0.201 \quad 0.093 \quad 0.144 \quad 0.213)$

$B'_3 = (0.598 \quad 0.470 \quad 0.550 \quad 0.150 \quad 0.150)$

归一化后得，$B_3^* = (0.312 \quad 0.245 \quad 0.287 \quad 0.078 \quad 0.078)$

$B' = (0.691 \quad 0.593 \quad 0.549 \quad 0.566 \quad 0.309)$

归一化后得，$B^* = (0.255 \quad 0.219 \quad 0.203 \quad 0.209 \quad 0.114)$

计算出麻地菁隧道工程指标、施工区指标、洞身地表区指标对于5个等级的隶属度后，同样进行 a 检验，结果最大隶属度有效度均较低，则采用加权平均值来评价公路隧道的生态环境影响评价。

根据公式(2-13)计算得麻地菁隧道整体生态环境影响评价值为2.708，对"中等偏较弱"隶属度较大；工程指标评价值为2.806，对"较弱偏中等"隶属度较大；施工区指标评价值为2.670，对"中等偏较弱"隶属度较大；洞身地表区指标评价值为2.366，对"中等偏较弱"隶属度较大。

(4) 象鼻岭隧道最终结果

象鼻岭隧道最终计算结果为：

$B'_1 = (0.300 \quad 0.346 \quad 0.700 \quad 0.300 \quad 0)$

归一化后得，$B_1^* = (0.182 \quad 0.210 \quad 0.425 \quad 0.182 \quad 0)$

$B'_2 = (0.672 \quad 0.333 \quad 0.346 \quad 0.346 \quad 0.236)$

归一化后得，$B_2^* = (0.347 \quad 0.172 \quad 0.179 \quad 0.179 \quad 0.122)$

$B'_3 = (0.748 \quad 0.250 \quad 0.400 \quad 0.150 \quad 0.130)$

归一化后得，$B_3^* = (0.446\ \ 0.149\ \ 0.238\ \ 0.089\ \ 0.078)$
$B' = (0.682\ \ 0.532\ \ 0.804\ \ 0.451\ \ 0.200)$
归一化后得，$B^* = (0.256\ \ 0.199\ \ 0.301\ \ 0.169\ \ 0.075)$

计算出象鼻岭隧道工程指标、施工区指标、洞身地表区指标对于5个等级的隶属度后，同样进行 a 检验，结果最大隶属度有效度均较低，则采用加权平均值来评价公路隧道的生态环境影响评价。

根据公式(2-13)计算得象鼻岭隧道整体生态环境影响评价值为2.608，对"中等偏较弱"隶属度较大；工程指标评价值为2.607，对"较弱偏中等"隶属度较大；施工区指标评价值为2.556，对"中等偏较弱"隶属度较大；洞身地表区指标评价值为2.204，对"中等偏较弱"隶属度较大。

2.3.6 评价结果的判定

$M(\wedge, \vee)$ 模糊评价、$M(\wedge, +)$ 模糊评价和集对分析评价结果汇总于表2-36。

不同评价方法的结果 表2-36

隧道	多级评价	模糊综合评价法		集对分析法
		$M(\wedge, \vee)$法	$M(\wedge, +)$法	
大学城	工程指标	较强偏中等	较强偏中等	较强偏很强
	施工区指标	中等偏较弱	中等偏较弱	较弱偏很弱
	洞身地表区指标	较弱偏中等	较弱偏中等	较弱偏中等
	综合评价	中等偏较强	中等偏较强	较弱偏中等
中梁山	工程指标	较强偏中等	较强偏很强	较强偏很强
	施工区指标	中等偏较弱	中等偏较弱	较弱偏很弱
	洞身地表区指标	较弱偏中等	较弱偏很弱	较弱偏中等
	综合评价	中等偏较强	中等偏较强	较弱偏中等
碧鸡关	工程指标	中等偏较强	中等偏较强	很强偏较强
	施工区指标	中等偏较弱	中等偏很弱	较弱偏很弱
	洞身地表区指标	中等偏较弱	较弱偏中等	中等偏较弱
	综合评价	中等偏较弱	中等偏较弱	较弱偏中等
麻地菁	工程指标	中等偏较弱	中等偏较弱	较强偏很强
	施工区指标	中等偏较弱	中等偏较弱	较弱偏很弱
	洞身地表区指标	中等偏较弱	较弱偏中等	很弱偏较弱
	综合评价	中等偏较弱	中等偏较弱	较弱偏中等
象鼻岭	工程指标	中等偏较弱	中等偏较弱	中等偏较强
	施工区指标	中等偏较弱	中等偏较弱	较弱偏很弱
	洞身地表区指标	中等偏较弱	较弱偏中等	很弱
	综合评价	中等偏较弱	中等偏较弱	很弱

从表2-36可以看出，模糊综合评价法中的 $M(\wedge, \vee)$ 和 $M(\wedge, +)$ 评价方法和集对分析

法分析出的结果中,已建三座隧道影响大小趋势上一致,都是(中梁山、大学城) > 碧鸡关;但影响程度上,集对分析法较模糊分析法轻半个等级。

两类不同的评价方法,得出的影响评价结果趋势一致,而且与遥感分析方法对大学城隧道、中梁山隧道、碧鸡关隧道反映的生境质量的影响排序是基本相符的。

可见评价结果是可信的,但集对分析法较模糊数学分析法的影响程度低了半个等级,原因可能在于:

模糊综合评价是先以层次分析法为基础,建立评估对象的因素集、评判集和权重集,然后对评判矩阵通过 $M(\wedge, \vee)$、$M(\wedge, +)$ 算子进行模糊运算,最终经过隶属度检验,给出加权平均影响值。其中 $M(\wedge, \vee)$ 采用逻辑乘、逻辑加,算法简单,但结果受各因子权重的影响较大;而 $M(\wedge, +)$ 采用逻辑乘、实数加,算法稍复杂,但比较均衡考虑各因子的权重。

集对分析是在特定背景下,对一个集对所具有的特性展开分析,从而找出两个集合所共有的特性、对立的特性以及既不共有也不对立的差异特性,并由此建立起这两个集合在所论问题下的同一度、差异度和对立度及其联系度,以此确定随机系统同、异、反定量分析。

由于集对分析法不考虑权重,但是实际上,不同指标产生的影响实际上肯定是不同的,而且对专家的咨询意见,也反映了不同指标产生的影响实际上肯定是不同的,因而项目推荐模糊综合评价法,但建议利用集对分析辅助分析。

2.4 小　　结

本章针对隧道建设生态环境影响综合评价的关键问题,对隧道建设产生的生态环境影响因子、对象、时段、程度、综合评价指标体系的构建、评价标准确立、评价方法开展了研究,主要得出了以下结论:

(1)利用不同时序的遥感数据对典型隧道进行生境质量动态变化,可知,从小的地类尺度来看,隧道施工中涌水会对地表水体生境质量产生影响;隧道建设临时占地和施工活动通常也会对洞顶非利用地生境质量产生影响。

(2)利用不同时序的遥感数据对典型隧道进行生境质量动态变化分析,从尺度稍大的、反映水文地质类型区的角度来分析,隧道建设对这些不同区域的生境质量基本没有影响。说明隧道建设对水文地质类型尺度上的地表生境质量影响较小,人工建设活动等干扰才是其生境质量变化的主要趋动力。

(3)根据层次法分类思想,在隧道建设生态环境影响综合评价指标体系中,首先将其分为对生态环境产生影响的影响因子指标(工程指标)和被影响对象自身状态的影响对象状态指标(施工区对象状态指标和洞身地表区对象状态指标)三个准则层,再将其分为 2 个分准则层 15 个指标层 22 个分指标层。

(4)选取典型案例,利用模糊综合评价法和集对分析法进行隧道建设生态环境影响评价指标体系进行综合评价,得到的结论是,两种方法反映的影响大小趋势是一致的,且与实际大小趋势相符。考虑到集对分析法不反映权重,推荐使用模糊综合评价法,集对分析法可作为辅助方法。对依托工程中麻地箐和象鼻岭隧道的应用,均显示这两座隧道不会产生大的生态影响。

3 富水隧道建设理念

3.1 隧道调查

富水公路隧道应根据隧道不同设计阶段的任务、目的和要求,针对公路等级、隧道的特点和规模,确定搜集调查资料的内容和范围,并认真进行调查、测绘、勘探和试验。调查的资料应齐全、准确,满足设计要求。

富水公路隧道应开展隧址区工程地质、水文地质调查与测绘及相应的地质勘察工作。隧道勘察应进行现场踏勘、资料收集、地质测绘与调查、勘探、测试和动态监测工作,并遵循"先地质测绘与调查后勘探、先物探后钻探"的原则。

长、特长富水公路隧道设计阶段应进行专门的水文地质勘察,对地下水类型、埋藏深度、分布范围及其补给、径流、排泄的关系等在初步设计阶段应基本查明、在施工图设计阶段应查明,并分段预测涌水量和静水压力;并评价地下水对隧道建设、运营的影响,评价隧道建设对隧址区环境的影响。

在施工、运营阶段均应进行专门水环境监测和地表变形监测,其中运营阶段监测时间不宜小于2年。

3.2 设计理念

3.2.1 总体设计

富水公路隧道设计,较大程度上取决于隧道富水性对工程和环境的影响分析和评价,具体包括富水隧道建设对工程结构安全、经济以及周边生态环境和居民生产生活等方面的影响,在此基础上继而开展技术、经济和环保等多角度的综合对策设计。

隧道内地下水的来源主要包括地表水体、溶洞或暗河水体、断层水体、含水层水体、老窑或古矿洞水体等。地表水体包括江河、湖泊、小溪、池沼和水库等;在石灰岩、白云岩或大理岩中开挖隧道,经常遇到溶洞水,甚至暗河水;断层水体即断层裂隙水;含水层水体即基岩裂隙水和孔隙水;在通过煤系地层或矿区时,有时会遇到煤矿采空区、废弃巷道或古矿洞,这些地下洞穴常常积累水形成老窑积水或古矿洞积水。不同来源的地下水,形成了不同的富水成因,也就会对隧道相应产生不同的影响。

富水公路隧道总体设计原则主要包括:
①在符合功能需求的基础上,隧道位置应选择富水性影响程度较小的区域通过。
②隧道平、纵线形应统筹考虑隧道施工排水和运营排水的影响。

③应考虑外水压力对支护结构的作用,确定经济合理的隧道结构。

④应根据隧道富水性对工程和环境影响的分析评价结果,综合隧道施工安全、运营可靠、保护环境和经济合理等要求,制定有效的防排水系统设计措施。

⑤应根据隧道富水实际特点,拟定涌水突泥设计处治预案。

⑥应考虑节能降耗、方便维修和养护。

富水公路隧道的防排水形式主要有"以防为主"的全封闭式防水、"以排为主"的半封闭式防排水和控制排放型防排水,对于不同的隧道应考虑富水条件、环保要求、施工水平和经济等因素综合确定合理的防排水形式。

(1) 全封闭式防水

适用于对保护地下水环境、限制地层沉降要求严格的工程,可为隧道结构耐久性和安全运营提供良好环境条件,但其直接造价较高,并且工程质量可靠性和耐久性难以保障。"全封闭式防水"示意图如图3-1所示。

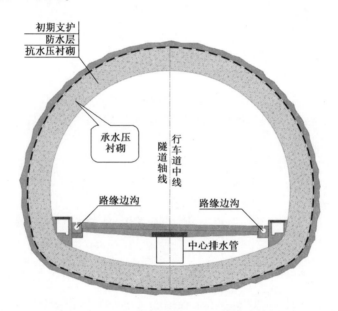

图3-1 "全封闭式防水"示意图

(2) 半封闭式防排水

适用于对保护地下水环境、限制地层沉降没有要求的工程,结合其他辅助措施和设备,也可为隧道结构耐久性和安全运营提供良好环境条件,尽管其直接造价相对不高,但运营维护成本相对较高。"半封闭式防排水"示意图如图3-2所示。

(3) 控制排放型防排水

该形式是近年来为降低全封闭式防水成本,要满足地下水环境保护、限制地层沉降而出现的一种隧道防排水技术类型。其根本特色在于:控制地下水的排放,以达到安全上可靠,技术上可行,经济上合理的目标。当前,对于地下工程中实现控制型排放的主要措施有两种:一种是在排水管上加闸阀,通过调节闸阀开关达到控制排放量的目的,往往应用于市政和地铁隧道;另一种则是通过注浆,往往应用于山岭和水下隧道。"控制排放型防排水"示意图如图3-3所示。

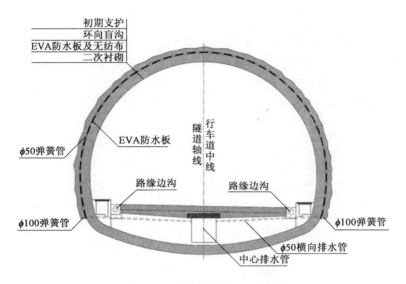

图 3-2 "半封闭式防排水"示意图

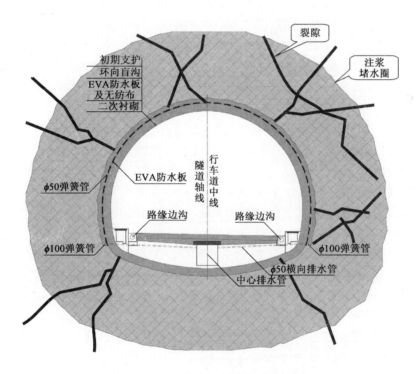

图 3-3 "控制排放型防排水"示意图

总之,隧道防排水形式,应结合水文地质条件、环保要求、施工技术水平、材料来源和成本等,因地制宜,选择适宜的方法,以满足使用期内隧道结构和设备的"正常使用和行车安全"的目的。

3.2.2 防排水系统设计

富水公路隧道应遵循"防、排、截、堵相结合,因地制宜,分段分区、综合治理"的原则。隧道防排水的各种措施是相互影响、相辅相成的。因此,隧道防排水应结合工程的水文地质条件、环境保护要求、工程防水等级、施工工艺水平、工程经济分析等,因地制宜,分段分区,选择适宜的方法、标准,贯彻"综合治理"的设计理念。

1)"防"

富水公路隧道防水设计应根据地形、地质、环境、气候等特征,结合环境保护要求,综合考虑施工、运营、维护条件,合理确定防水分区。防水分区可按防排水形式分为三种,即全封闭式防水分区、半封闭式防水分区与控制排放型防水分区。防水分区的划分应根据具体的富水情况与所处的环境进行确定,防水分区要求较高地段应向要求较低地段延伸的24m系按2倍的整体式衬砌模板台车长度(一般12m)考虑,即覆盖3处以上的环向施工缝,在不良地质地段可适当延长。

富水公路隧道防水设计,应根据防水部位和目的,制定方案技术可靠、经济合理的措施。设计方案应根据地下水来源、公路等级、使用年限、水文地质、结构形式、工程部位、环境条件、施工方法及材料性能等因素确定。公路隧道有的部位对防水有特殊要求,例如设备箱洞、配电洞室;有的部位在少量渗水情况下并不影响使用,例如车行横通道、人行横通道等。因此,富水隧道的防水设计应综合各种影响因素做到技术可靠、经济合理。

富水段隧道防水设计应提高混凝土自防水、防水层、施工缝、变形缝等防水措施的技术要求。作为防水设计的重要环节,混凝土自防水、防水层、施工缝、变形缝等防水措施对富水公路隧道的防水显得尤为重要,故应重视其技术要求以及细部构造的设计。

二次模筑混凝土衬砌既是隧道结构的重要组成部分,也是隧道防水的最后一道屏障。提高混凝土的密实性,既是二次模筑混凝土衬砌本身耐久性的要求,也是增强二次模筑混凝土衬砌自防水能力的保证。混凝土抗渗等级应根据防水等级、隧道洞口气温、衬砌背后积水压力、结构厚度等因素综合确定。混凝土的密实性,是衬砌本身的抗渗要求和结构耐久性要求,模筑混凝土衬砌防水应充分利用混凝土结构自防水能力。在相同的防水等级、水压等条件下,抗渗等级越低,需要的衬砌结构厚度越大,投资增加;工程实践表明,目前公路隧道衬砌结构采用的混凝土中,受强度、耐久性要求的控制,实际的抗渗等级一般都高于P6;虽然现行的《地下工程防水技术规范》要求混凝土抗渗等级不得低于P6,但结合富水公路隧道工程多位于山区,且工程条件、水文地质条件及环境条件的特点,提高防水等级有利于减少维护量、保证耐久性,因此建议富水公路隧道混凝土抗渗等级不得低于P8。

经过对大量病害隧道调查发现,大多数隧道渗漏水多发生于施工缝或变形缝的位置,因"两缝"带来的渗漏水已成为隧道工程的通病之一。究其原因,一方面施工缝、变形缝防水施工难度较大外,比如一些隧道在富水地段的施工缝采用了遇水膨胀橡胶止水条,而目前在国内遇水膨胀橡胶止水条往往由于施工技术和施工工艺的限制,其防水效果很不理想;另一方面原来的防水措施仅考虑一道,比如施工缝只采用遇水膨胀橡胶止水条进行防水,而变形缝仅采用中埋式止水带进行防水,其防线过于单薄;再者,没有选择好合适的防水措施也是原因之一。故富水地段或有特殊要求地段的施工缝、变形缝防水宜采用多道设防,如增加背贴式止水带、止水条,增强防水措施。应进行精心设计,采用合适的防水材料和构造形式,如纵环向施工缝以及变形缝应采用中埋式止水带。

2)"排"

富水公路隧道应根据工程特点和勘测资料、水文专项调查资料,制定适宜、合理的排水原则,完善洞口截排水、洞身排水设计,形成隧道完整的自流排水系统。

(1)洞口排水设计

富水地区一般截水沟设在边、仰坡开挖线5m以外。截水沟断面不宜过小,宽度一般50~80cm。水量较大时,为满足排水要求,可以加深截水沟深度。通常排水沟是设在明洞回填层顶面洞门墙背,边仰坡坡脚。排水沟一般采用矩形沟,断面尺寸不宜过小,断面尺寸一般为50cm×50cm。

富水地区年平均降雨量较大,如重庆地区多个隧道洞口由于截水沟尺寸过小引起暴雨冲刷边仰坡造成洞口边仰坡垮塌,影响隧道洞口运营安全,因此富水地区洞口截水沟应开展水力计算,根据水力计算结果确定截水沟尺寸,此外尺寸过小养护不方便,一般底宽和深度均不小于60cm。

对于长、特长隧道,因地下水丰富,如洞外雨污水流入隧道,会造成洞外泥砂和杂物带入洞内,堵塞洞内排水系统,且淤积后清理工作较大,养护费用较高。因此洞外水不应流入隧道内,特别是路基边沟水。对于短隧道,当出口方向的路堑为上坡时,一般可沿路线方向反坡排水。若必须通过隧道排水时,隧道口应设置沉砂池,洞内水沟还应保证有足够的过水断面和相应措施。

隧道内的水主要由地表水补给时,施工前应对地表积水、落水洞(坑)、岩溶洼地进行隔断处理,保证洞口附近和浅埋地段洞顶地表不积水。地表坑洼、钻孔、探坑、陷坑等应用不透水材料回填,并分层夯实,促使地表径流畅通。当洞顶有溪沟通过,若地表水与地下水连通对隧道有影响时,应予以整治,防止地表水下渗。

(2)洞身排水设计

富水隧道应形成一个便于维修、疏通、检查,且始终保持畅通的网络系统,确保隧道排水通畅。富水公路隧道地下水涌水量季节性变化大,瞬时涌水量不容易预测,且地下水携带物质较为复杂,运营过程中地下水产生物理或化学淤积,堵塞排水系统,严重时可能导致隧道衬砌产生结构性病害;而隧道排水系统尤其是暗埋管沟的维护、维修难度较大。因此,要求设计根据其工作环境采取"防淤积、防堵塞、防冻结"等措施,充分考虑排水系统的设置位置、构成、结构尺寸、维修方法、维护器具和材料选择等,使其具可维护性。

富水隧道路面两侧应设置边沟,并应采用矩形盖板式侧沟的形式,纵向按20~25m间距设滤水篦和沉砂池。

富水隧道路面结构层以下应设深埋水沟,这对排出衬砌背后积水、疏导路面底层积水有明显效果,也是实现清洁水与污水分离排放的需要。深埋水沟集中引排衬砌背后地下水和路面下渗水,这些水一般是清洁水,与路侧边沟分开设置,水路不连通,避免对清洁水的污染。布置在隧道中央的深埋水沟通常是"单沟",布置在路基两侧的侧向深埋水沟是两边各一个,是"双沟"。对于两车道隧道由于仰拱的限制和排水能力的要求,通常采用中央水沟,为避免深埋水沟维修养护时同时占用两个车道,可偏离行车道中线设置。对于四车道大断面隧道,仰拱中央深度较大,排水管设在仰拱填充层中央时,施工定位困难,加之横向导水管从边墙接入中央水沟距离过长,容易堵塞。因此,可双侧布置深埋水沟。对于三车道隧道,可视情况采用。深埋水沟应设检查井,检查井一般在路面行车范围,对行车有一定影响,由于深埋水沟需维护清理频率较低,为减少对行车影响,可采用覆盖式检查井和外露式检查井间隔设置。外露式检查井井盖与路面面层平齐,检查、维护方便,但影响行车舒适性;覆盖式检查井是将检查井井盖下沉,井盖被路面面层覆盖。深埋水沟局部堵塞需要检查时,可破除井盖上路面面层进行检查。覆盖式检查位置需在隧道边墙上设明显标记。

3)"截"

富水公路隧道,经过经济论证可采用泄水洞提前对地下水进行疏排;或者,根据隧道富水特性,优化隧道纵坡设计,在确保施工安全的前提下,考虑施工期间加强对地下水的截排。

由于隧址区气候、工程建设和人类活动等的影响,该区域的降雨量、径流量、蒸发量和下渗量等补给排泄量在不同时段会存在差异,进而造成隧址区水资源短期的不平衡。但从一定较长的时间段来看,其水资源是趋于相对稳定、相对平衡的。因此,在揭穿岩溶管道或岩溶发育区段而导致涌水(突泥)或在隧道运营阶段中心水沟排水能力不足时,可利用辅助坑道或设置泄水洞作为截排措施。泄水洞的设计应基于以下原则:

(1)根据地质、地形、水源方向、位置、流量、流速、含泥量的大小,选择泄水洞的位置、方向和坡度。

(2)泄水洞的断面尺寸应根据泄水洞流量及施工条件确定,一般不宜小于 $2.0m \times 3.0m$(高×宽)。

(3)泄水洞的纵向坡度应根据实际情况决定,但不应小于 0.5%;当坡度较陡水流速度过大时,应设置相应防冲刷措施。

(4)泄水洞衬砌应预留足够的泄水孔以引入地下水,必要时可增加导坑或导水管将正洞的水引至泄水洞排出。围岩中有细小颗粒可能流失时,应在排水管周边设置反滤层。

(5)泄水洞洞口应设置洞门及出水口沟渠,并与地表水系连通,有条件时应考虑将泄水洞排出的水引作灌溉。

4)"堵"

由于隧道排放可能对隧道施工安全,以及周边建(构)筑物、厂矿设施、居民生产生活和生态环境等产生不利影响,导致环境破坏,引发社会风险急剧增高等,应采用以堵为主、控制排放的防排水原则。具体可采用注浆堵水等措施控制排放,实现隧址区地下水动态平衡。对围岩进行注浆可起到以下作用:

(1)固结隧道周边破碎岩石,提高其防水性,使之形成一定厚度的止水圈。

(2)加固破碎岩体,提高岩体的内聚力和内摩擦角等力学参数。

(3)充填隧道衬砌背后的大部分空洞和空隙,改善支护衬砌的受力条件。

(4)封堵岩体中存在互相连通的裂隙,减少裂隙中的渗水,达到保护地下水资源的目的。

(5)形成围岩止水圈和加固岩层的双重作用,可以更好发挥围岩岩体和衬砌共同承担水压和地压的性能。

总体上,围岩注浆可加固围岩,从而有利于隧道结构安全,但对于富水公路隧道而言,更应突出其堵水控制地下水排放的设计理念。

隧道建设影响区的地下水动态平衡,是指隧址区地下水的水量先减少再恢复的一种动态变化的平衡状态。例如,由于隧道建设人为因素的影响,尽管起初隧址区地下水的水量会减少,但后期通过采取合理人为保护措施及自然界的自我调节,如自然降水等多次补给的综合作用,其后隧址区地下水的水量又基本恢复到原始水平。

注浆堵水设计,应对注浆方式、注浆范围和注浆材料等进行针对性设计,施工中根据实际情况进行注浆效果评估,及时调整、修正设计参数,实施动态设计。必要时,应可开展现场试验确定设计参数。

5)"承"

外水压力作用下的富水公路隧道,应进行承水压支护结构专项设计。隧道承水压结构体系,应将注浆堵水加固圈、初期支护、洞身防排水网络系统和二次衬砌等作为整体结构考虑,开展系统设计。

对于承水压支护结构,早期普遍认为其对象仅仅包括初期支护和二次衬砌,但目前研究成果及经验教训表明,此种观念存在以下问题:

(1)仅仅考虑初期支护和二次衬砌的作用,忽略了围岩自身的承载能力,特别是实施注浆堵水后、外水压力作用下的围岩的力学贡献。

(2)未考虑隧道洞身防排水系统对隧道外水压力的影响,特别是通过调整洞身防排水系统的设置,可增大地下水排放能力,进而达到减小外水压力的作用。

(3)只是通过加厚衬砌、提高混凝土强度等级等来提高衬砌结构强度,从而在一定程度上加大了衬砌结构与围岩两者力学性能的差距,使得围岩分担外水压力的作用更微弱。

因此,承水压支护结构设计,应根据水压力大小、围岩级别、隧道埋深、结构形式、施工条件以及环境因素等综合考虑,设计参数必须通过结构计算并辅以工程类比分析确定。承水压支护结构的二次衬砌,断面宜采用曲边墙拱形断面,仰拱与边墙的连接应尽量圆顺,必要时可根据水压力大小和作用部位,通过数值计算方式拟定衬砌断面。当作用在衬砌上的水压力值达到一定程度、曲边墙拱形断面难以满足时,可选用圆形衬砌断面。二次衬砌的沉降缝、变形缝应尽量与施工缝合并设置。

3.3 小　　结

本章主要讨论了富水隧道的建设理念,其防排水形式主要包括"以防为主"的全封闭式防水、"以排为主"的半封闭式防排水和控制排放型防排水,同时从富水公路隧道所遵循的原则上,着重分析了如何贯彻"防""排""截""堵""承"等原则的技术方案或措施。

4 富水隧道防排水技术

4.1 富水隧道防排水原则

目前,隧道工程界进行了多方面的试验研究,对于隧道防排水原则,有了重新认识和新的想法,而且研究了新的技术,并根据不同的环境条件逐渐形成了三种不同的防排水原则:

1)"以堵为主"的原则

该原则是从围岩、结构和防水层入手,体现以堵为主的全封闭式防水。全封闭式防水(全包式防水体系)(图4-1)适用于对保护地下水环境、限制地层沉降要求高的工程,可以为隧道结构的耐久性提供极为重要的环境条件,也为隧道安全运营提供了极为重要的环境条件;但其直接造价较高,并且在很多条件下靠现有技术是不可行的。

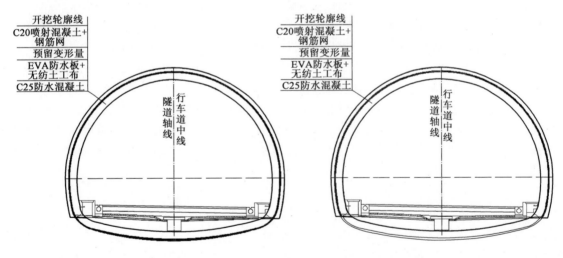

图 4-1 全包式及半包式防水体系

2)"以排为主"的原则

该原则是从疏水、泄水着手,体现以排为主的泄水型或引流自排型防水,又称半封闭式防排水。半封闭式防排水适用于对保护地下水环境、限制地层沉降没有严格要求的工程,结合其他必要的辅助措施和设备,也可以为隧道结构的耐久性以及安全运营提供良好环境条件;这种方式直接造价相对不高,但运营维护成本相对较高。

3)"防排结合"或"控制排放"的原则

该原则是采取有效措施,实现防排结合的控制排放型的防排水。控制排放型防水,是近年来为降低全封闭式防水的成本,又要满足地下水环境保护,限制地层沉降而出现的一种新型的隧道防水措施。在半封闭式防水的基础上，可以根据对水位和地层变形的监测数据，及时地自动或半自动地调整排水量，达到既降低了一次性造价，又维持地下水平衡的目的，譬如图4-1所示半封闭式防水体系(半包式防水体系)。

目前以"防排结合"或"控制排放"为主的隧道防排水设计技术已经得到了广泛的应用。郭小红(2010)结合厦门跨海峡隧道围岩的特点，研究钻爆法穿越断层破碎带的注浆加固、防排水技术，提出不同围岩条件下的隧道防排水和注浆设计方案，实际上类似的设计方案仍然将仅注浆堵水与外水荷载进行初步联系，且外水荷载的确定仍然采用经验的折减系数法，"控制排放"中的如何控制、控制量如何确定等问题仍然没有给出合理的答案和解释。牛野(2008)以京沪高速铁路隧道全封闭防水设计为例，介绍了浅埋隧道全封闭防水的应用范围、衬砌结构、防水材料的选用以及防排水措施，以及其环境保护的意义，对其他浅埋隧道工程采用全封闭防水设计具有借鉴意义，但是应用的范围较窄，对于深埋承压隧道如何进行防排水设计仍然需要探索。

因此，单纯地为了防排水而设计防排水是不能达到目的的，应结合设计理念、施工工艺、开发应用新材料和保护环境等几方面的因素进行选用，才是解决问题的正确思路。

对于富水隧道，以往的工程经验多采用"宁疏勿堵"的原则，排水处理主要是通过暗沟、管道、涵洞、泄水洞、明渠、渗沟、拱桥或增加辅助导坑截流排除地下水。但事实证明，这种"以排为主"的地下水处理原则，无论是结构方面，还是环境方面均会给工程带来严重的危害。

1)危害隧道建设与运营期安全

(1)涌水影响隧道施工

隧道地下水如果以排为主，施工中一般不再采取封堵措施，如果水量过大发生突泥涌水则往往严重影响施工的正常进行。例如，重庆渝长路武隆隧道历次特大涌水都造成施工场地严重毁坏，大量机械设备被冲到洞外的乌江里，隧道内泥沙堆积达1m多厚，在相当大的程度上影响了施工的正常进行。此外，湖南衡广复线南岭隧道、贵州贵昆线梅花山隧道、贵州盘西线平关隧道、湖北野三关隧道等都曾因洞内大量涌水而使施工受到严重影响。

(2)影响隧道运营期安全

由于以排为主，地下水从隧道大量流失，围岩中的地下水通道(岩层节理裂隙或岩溶管道)中的充填物被水冲走，贯通性越来越好，致使洞内流量不断增大。例如，贵州贵昆线棵纳隧道通车后涌水频率逐年提高，开始时数年一次，以后每年一次，近年来一年数次。重庆渝怀线武隆隧道2002年涌水量最大为$200 \times 10^4 m^3/d$，而2003年涌水量猛增到$780 \times 10^4 m^3/d$，为我国历史上所罕见，而2004年6月一次普通的降雨就造成了$740 \times 10^4 m^3/d$的涌水量。根据贵州盘西线平关隧道和广东衡广复线大瑶山隧道岩溶涌水观测统计，只要地表降雨7~8h，洞内涌水量立即增加，一遇暴雨，灾害立起。

隧道施工过程中以及后来的隧道运营期长期排放地下水，多数在隧道内存在不同程度的水害，如衬砌渗漏变形、路面翻浆冒泥、排水沟淤塞漫流等将逐年发展，影响衬砌结构和行车安全。例如，重庆襄渝线中梁山隧道采取"以排为主"的原则处理涌水，运营以后出现严重病害，涌水量由原来的$18000m^3/d$，变为$54000m^3/d$，大量泥沙涌进隧道，施工时处理过的塌陷复活，同时出现了许多新的塌陷。再如大瑶山隧道建成后，1990年5月一次涌水，$200m^3$流沙埋没轨道使行车中断。

2）危害隧道地区环境

（1）地下水资源流失，地表水和泉、井枯竭，生活、工农业用水缺乏

随着地下水不断地涌入隧道，地下水的储存量势必大量消耗，使降落（位）漏斗不断扩展，从而袭夺其影响范围内的补给增量，引起地下水渗流场和补排关系的明显变化，继而导致地表井泉干涸、河溪断流，直接影响当地工农业生产及人民的生活。

例如，京通线桃山隧道施工中的大量涌水使地表"四道沟"所有泉水干枯，从而截断了该沟下游发电用的水源和农业用水，造成严重后果。位于重庆渝怀线上的歌乐山隧道集断层、煤层瓦斯、煤层采空区、洞穴淤泥带、地下涌水、岩溶、暗河于一体，每平方米水压为200t。2001年7月，歌乐山隧道突然发生突水现象，每百米就有一两处突水，水花飞溅，喷到20m开外。该隧道施工突水导致井、泉、暗河水位下降，甚至干枯断流，地面塌陷，居民和农村饮水靠区里抽调的市政洒水车送水，山上6万多居民的生产与生活用水受到严重影响。重庆襄渝线中梁山隧道由于长期大量涌水，造成隧道顶部地表48处井泉干枯，29个塌陷，8000亩农田失水，居民和牲畜饮水短缺等恶化生态环境的严重问题，严重破坏了其建设的社会效益。四川华蓥山皮家山一带，20世纪80年代以前，泉眼不断，暗河常流，能满足当地村民农灌用水和人畜饮水的需要，但自从20世纪80年代初，天府矿务局各煤矿的开采向该地带延伸，大量抽排地下水。自1981年以来，泉水点、暗河水点涌水量逐年减少，1983年开始发现地裂、地陷坑，地裂带绵延11km，带宽0.8～1.2km。地裂带中的民房、晒坝等建筑物普遍变形开裂，影响正常使用。与此同时，该地区地下水位下降，泉水消落，泉眼干涸，暗河断流。给当地人畜饮水和农灌用水造成极大困难，已到水桶排队、滴水如油的程度。山民甚至烧香拜神，求龙王显灵，让泉水重现。与此同时，还引发了华蓥山山脉主脊西麓峻坡带中的危岩崩塌、滑坡、泥石流等。地方上也为此追根求源与工矿企业打官司。

（2）引起地面塌陷或地面沉降、土壤沙化、水土流失

隧道排水，会引起上覆松散土层内有效应力的改变和动水压力的增加，而地下水位急剧变化带和强径流带往往是塌陷产生的敏感区，水动力条件的改变是产生岩溶塌陷的主要诱导因素，这已为不少实际资料所证实。

据1991年的统计资料表明，我国铁路全线共有52处地面发生过岩溶塌陷，其中与隧道涌水有关的14处，占27%。最典型的例子是京广线大瑶山隧道，因隧道的涌突水，在地表班古坳地区出现了200多个塌洞和陷坑，影响范围几平方公里，致使农田受损，居民的生活和生产水源遭到严重破坏。

2003年7月，上海轨道交通4号线——浦东南路至南浦大桥区间隧道，在利用"冻结法"进行上、下行隧道的联络通道施工时，突然出现渗水，隧道内的施工人员不得不紧急撤离。瞬时，大量流沙涌入隧道，内外压力失衡导致隧道部分塌陷，地面也随之出现"漏斗型"沉降。不到半个小时，成块的水泥地仿佛被一双巨手硬生生地扯裂，紧挨着施工点的楼房开始出现不同程度的倾斜。突发的险情开始出现连锁反应：位于中山南路847号的一幢8层楼房裙房坍塌；董家渡外马路段长约30m的防汛墙受地面沉降影响，开始沉陷、开裂，最后倒塌。这是新中国成立以来，在上海市区第一次发生的江堤倒塌严重事故。靠近事故现场的20多层的临江花园大楼也出现沉降，最紧张时，高楼1h沉降超过7mm，最大累积沉降量达到15.6mm。

(3)造成隧址区地下水污染

隧道涌水造成的水质污染主要有两种方式：一是隧道大量涌水，疏干了充水围岩，加速了水交替的速度，利于氧化作用充分进行，从而促使地下水中某些金属元素（Fe、Cu、Pb、Zn等）含量增加或pH值发生显著变化；二是将受其他水体补给时被污染的或在隧道施工环境中被污染的地下水不经处理就直接排入周围环境，引起地表水和地下水二次污染。第一种方式，除造成水环境的污染外，还由于围岩中硫化物等的强烈氧化，形成酸性水，使地下水具有较强的腐蚀性，从而腐蚀和毁坏隧道的二次衬砌结构和其他施工设备，危害作业人员的健康，这在隧道通过金属硫化物和煤系地层时尤其多见，如兰新线乌鞘岭隧道一段通过煤系地层，地层中的金属硫化物氧化并水解最终生成游离H_2SO_4，致使隧道边墙和拱顶部位受强烈腐蚀而呈疏松多孔状结构，局部甚至鼓起剥落，最大腐蚀厚度达30cm。在建于上述地层的隧道中，还可发现，在涌水初期地下水并不具腐蚀性，但到涌水后期就出现了具腐蚀性的地下水，且有逐渐加重的趋势，其原因在于，持续的大量涌水，造成含水围岩疏干，形成巨厚包气带，促进了氧化作用的进行，从而加速了酸性水的产生。

随着人们的环保意识和法制观念的增强，听任地下水大量流失的现象越来越行不通了，《中华人民共和国环境法》和《中华人民共和国水资源保护法》的颁布，国家对新工程从立项到验收，都要进行环境评定，法规规定，"开采矿藏或者兴建地下工程，因疏干排水导致地下水位下降、枯竭或者地面塌陷，对其他单位或个人的生活和生产造成损失的，采矿单位或者建设单位应当采取补救措施，赔偿损失"（《中华人民共和国水法》第二十六条）。因此，"以排为主"的无限排放原则已不能适应我国经济发展和社会进步的要求。

4.2 隧道防排水技术的分类

请注意，防排水本身并不是目的，而是保障公路隧道施工、运营安全和延长使用寿命的技术环节。因此，单纯地为了防排水而设计防排水是不能解决问题的，应从设计理念、施工工艺、开发应用新材料等几方面综合运用，才是解决问题的正确思路。

当前，隧道防排水技术主要有三种类型，一是从围岩、结构和附加防水层入手，体现以防为主的全封闭式防水；二是从疏水、泄水着手，体现以排为主的泄水型或引流自排型防水，又称半封闭式防水；三是采取有效措施，实现防排结合的控制排放型的防排水。

全封闭式防排水（图4-2）适用于对保护地下水环境、限制地层沉降要求高的工程，可以为隧道结构的耐久性提供极为重要的环境条件，也为隧道安全运营提供了极为重要的环境条件；但其直接造价较高，并且在很多条件下靠现有技术是不可行的。

半封闭式防排水（图4-3）适用于对保护地下水环境、限制地层沉降没有严格要求的工程，结合其他必要的辅助措施和设备，也可以为隧道结构的耐久性以及安全运营提供良好环境条件；这种方式直接造价相对不高，但运营维护成本相对较高。

控制排放型防排水，是近年来为降低全封闭式防水的成本，又要满足地下水环境保护，限制地层沉降而出现的一种新型的隧道防水措施。在半封闭式防水的基础上，可以根据对水位和地层变形的监测数据，及时地自动或半自动地调整排水量，达到既降低了一次性造价，又可以维持地下水平衡的目的。

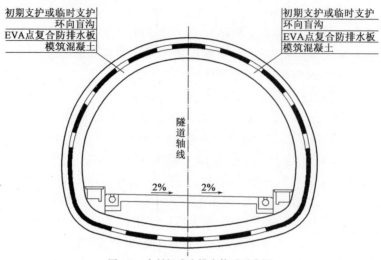

图 4-2　全封闭式防排水体系示意图

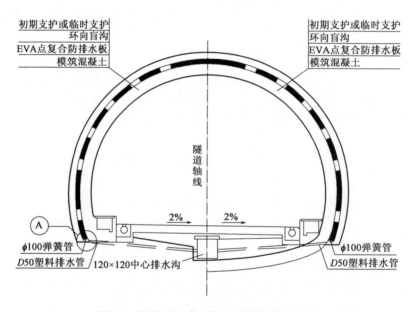

图 4-3　半封闭式防排水体系示意图(单位:mm)

4.3　控制排放技术

关于控制型防排水技术,其根本的特点在于:控制地下水的排放,以达到安全上可靠,技术上可行,经济上合理的目的,而且将隧道运营的长期安全性放在首要的位置。当前,对于地下工程中实现控制型排放的主要措施有两种:一种是在排水管上加闸阀,通过调节闸阀开关达到控制排放量的目的;另一种则是通过注浆。

问题的关键是为何还要排水,主要基于以下考虑:

(1)隧道如果完全防水,将大大提高防水层的造价。

(2)由于本隧道水文地质条件的多变性,隧道围岩完全防水在技术上是不可行的,从这个意义上讲,排水是为了更好地防水。

(3)本隧道局部地段地下水水头较高,勘察资料表明,最大静水压力达1MPa(后实践表明,最大静水压力达0.65MPa),如果完全防水进行公路隧道的衬砌设计,衬砌就要承受同水头相当的水压力,以至于把衬砌加大到不可思议的厚度;另一方面,在衬砌背后积聚的地下水,如果不加以有效的引导,将会对支护形成相当大的外荷载。若因排水不畅,将导致衬砌裂损破坏,引起隧道结构渗漏水的情况。

至于控制排放的实施方案,前者的具体做法是在排水孔处设置闸阀,当排水孔中的水压力低于闸阀的预设水压力时,闸阀处于关闭状态,当排水孔中的水压力高于闸阀的预设水压力时,闸阀处于开启状态进行排水减压,这种控制水压办法奏效的前提是闸阀必须正常工作。然而无论是山岭隧道还是城市隧道,受恶劣环境的影响,保证闸阀长期正常的工作都是很困难的,如果闸阀出现了问题,可能会出现两种极端情况,要么是闸阀长期开启造成地下水大量流失,要么是闸阀长期关闭造成衬砌上水压力增加而导致衬砌破坏。虽然可以通过维修的方法解决这一问题,但一方面由于运营留给维修的时间很少,另一方面维修也必然造成人力和物力的浪费,因此这一方法存在着诸多弊端。因此,其主要用于地铁等对于地表沉降要求严格的市政工程,一般其地层中地下水量不大、水压不大,地层常为黏土与砂层,造价较高,后期运营过程还埋设专用仪表进行检测,必要时安排专人根据排放标准控制排放。

后者的具体实施方案是对涌水段(或点)进行注浆堵水,达到控制排放的目的,同时,通过对涌水段混凝土衬砌结构背后增设排水系统,达到排水泄压的作用,确保混凝土衬砌结构的安全。

因此,注意到闸阀控制的适用条件、耐久性、经济性、管理难度等因素,龙潭隧道采用了注浆堵水的方式,并通过由外至内的围岩注浆固结堵水圈、初期支护、防排水网格系统和二次衬砌而组成复合防排水结构(图4-4),它依次形成多道防线,可有效减少地下水的排放量,保护水资源。

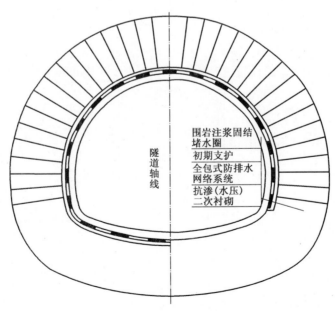

图4-4 控制型防排水体系示意图

控制型防排水原则,是在相关堵水技术的支持下,适量排放地下水,将作用在衬砌上的水压力减少到可以承受的水平,同时做到保持地下水位的动态稳定,尽量减少(避免)对地下水环境的恶化,从而实现隧道周围地下水环境的可持续发展。

但是,一方面由于现行规范和技术标准均未明确说明如何贯彻"控制排放"原则,因此,其工程实施也出现了一些问题:采用何种方式来实施堵水? 堵水后,如何认识地下水所产生的衬砌外水荷载? 衬砌承受外水压力后,其力学特性有何特点……而另一方面,一些隧道对"控制排放"的工程实践又已展开并得以实现。这些问题和现象的存在,对推广实施"控制排放"造成了障碍,所以控制排放的隧道防排水技术亟待深入研究。

4.4 隧道地下水排放量的确定方法

4.4.1 工程类比法总体思路

根据实践经验和工程地质条件对围岩进行分类,然后按不同围岩分类确定所需的支护系统,这就是所谓的工程类比法。

工程类比法一般用于隧道衬砌结构设计中,我们将其引申到地下水排放量确定方法中,通过收集国内外成功的典型隧道案例(表4-1),找出与新建隧道地质条件、水文条件、建设规模、支护措施等相类似的案例进行深入分析,再结合新建隧道自身的特点和环保因素考虑,提出隧道的地下水排放量。

国内外典型隧道排放标准 表4-1

序号	隧道名称	隧址区域环境	隧道长度(m)	围岩主要岩性	地下水类型	主要工程措施	限量排放标准 [m³/(m·d)]
1	齐岳山隧道	山顶有多处居民居住,并且有大量水田	10528	灰岩、泥岩、页岩	岩溶水、裂隙水	超前帷幕注浆堵水	3.0
2	雪峰山隧道	山顶有多处居民居住,并且有大量水田	6950				1.0
3	歌乐山隧道	隧道地表为重庆市自然生态环境保护区,隧址周边居住着6万多居民	4050	砂岩、灰岩	孔隙水、基岩裂隙水、岩溶水		1.0
4	龙潭隧道	岩溶地区	8600	页岩、灰岩	孔隙水、基岩裂隙水、岩溶水	岩溶发育、地下水丰富地区,"以堵为主、限量排放"	5.0
5	圆梁山隧道	岩溶地区,山顶有多处居民居住,并且有大量水田	11068	灰岩、泥岩		预注浆方法进行堵水	5.0

续上表

序号	隧道名称	隧址区域环境	隧道长度(m)	围岩主要岩性	地下水类型	主要工程措施	限量排放标准[m³/(m·d)]
6	厦门翔安海底隧道	水下隧道	5950	花岗岩、闪长岩	孔隙水、裂隙水	预注浆方法进行堵水	微风化花岗岩地层:0.0324;软弱围岩段:0.123
7	日本青函海底隧道	水下隧道	53850				0.2736
8	冰岛 Hvalfjordur 海底隧道	水下隧道					0.432
9	挪威埃林索伊—瓦尔德里伊岛隧道	水下隧道					0.432
10	挪威 Byfjord 海底隧道	水下隧道	5800	千枚岩		预注浆方法进行堵水	进口:0.046;出口:0.258
11	挪威 Mastrafjord 海底隧道	水下隧道					进口:0.072;出口:0.012
12	丹麦斯多贝尔特大海峡隧道	水下隧道					0.143

4.4.2 隧道地下水排放量的地下水渗流模型研究

1) 裂隙岩体渗流的特点

一般岩体具有纵横交错的张、压、扭性等结构面,它是由空隙性好而导水性差的岩块孔隙系统和空隙性差而导水性强的裂隙系统组成,具有典型的孔隙—裂隙双重介质。岩块渗透系数相对于裂隙而言相当微小,三峡工程永久性船闸区的花岗岩岩块渗透系数不到裂隙渗透系数的 10^{-6} 倍。所以,岩体渗流属于裂隙渗流,与孔隙渗流的土体相比,具有以下独特的特点:

(1) 渗透系数的非均匀性十分突出

姑且不论组成岩体的岩块和裂隙之间的渗透性相差几个数量级造成的非均匀性,因为裂隙大小、长度和产状等在空间上的分布也足以形成岩体渗透系数明显的非均匀性,甚至同一个地质钻孔不同孔段的单位吸水率可能相差几个数量级。三峡工程永久船闸岩区全强风化层、弱风化层和微风化层的渗透系数之比约为 7268:183:1,表现出了特别明显的非均匀性。国外的研究也表明,岩体渗透系数在深度范围内有几个数量级的差别,Louis 提出的渗透系数沿深度方向呈负指数递减,他从法国某坝址现场测得,从地表到地下 60m 范围渗透系数从 10^{-5} m/s 降到 $10^{-6} \sim 10^{-8}$ m/s。岩体渗流不仅在竖直方向有突出的非均匀性,在平面上的非均匀性有时也十分突出。

(2) 渗透系数各向异性非常明显

由于岩体渗流主要表现为裂隙渗流,而裂隙以构造为主,往往成组分布,且一般存在几组裂隙,每组裂隙具有基本相同的产状,使水在裂隙内的渗流具有明显的方向性,沿裂隙面的渗透系数要明显大于垂直于裂隙面的渗透系数。

(3)代表单元体积(Representative Element Volume,REV)巨大,致使等效连续介质的假设误差较大,计算范围极广

岩体代表单元体积指的是某个体积值,在比该值更大的体积范围内岩体的各项力学参数、渗透系数基本不随着体积的增加而发生变化。裂隙岩体与土体不同,土体具有均匀而密集的孔隙,可以用小范围代表大范围的渗流特性,即对于土体而言,其 REV 值较小;较大一块岩体所含的裂隙相对较少,同时裂隙的分布沿空间的差异较大,要寻求能代表整个研究范围的 REV 十分困难,按连续介质处理有时引起的误差较大,使计算和研究的范围无法缩小和简化。

(4)采用等效连续介质处理岩体渗流时,概化流速和实际流速误差较大

当研究区域的大小超过了 REV 时,通常将其简化为连续介质进行研究,其渗流概化流速一般表示为单位毛面积(含裂隙和岩块的面积)通过的流量。对于土体而言,孔隙体积占有很大比例,概化流速和实际流速相差不大,基本为同一数量级。但对于岩体而言,由于裂隙率较小,同时水流在粗糙裂隙的运动常出现水流集中,岩体的实际流速可能比研究采用的概化流速大 3~5 个数量级。

(5)应力环境对岩体渗流场的影响显著

密实土体在正常荷载作用下,孔隙体积一般变化较小,渗流系数较为稳定,应力场的改变对它影响不大。岩体中的裂隙则大不相同,荷载作用下引发的岩体变形主要是裂隙变形,而渗流量与裂隙张度的高次方成正比,较小的裂隙变形会引起较大的渗透系数和渗流量的改变,渗流体积力也会发生重大变化,从而反过来影响岩体的应力场,周而复始构建形成荷载~应力~岩体多场耦合作用。

(6)岩体渗透系数的影响因素复杂、众多,影响因子难以准确确定

当孔隙率或颗粒粒径给定后,土体的渗透系数就基本确定。而岩体裂隙渗流没有这么简单,影响其渗流系数因素异常复杂,除裂隙开度以外,还含裂隙的粗糙度、吻合度、渗流路径起伏度、裂隙充填程度及充填物材料特性,甚至水流流态对渗透系数的影响也不可忽视。一条光滑的渗透系数可能比相同隙宽的粗糙裂隙大几倍甚至几十倍。同时上述的各种影响因子对渗透系数随机发生作用,各自的影响程度很难准确确定。

2)裂隙岩体渗流模型研究

渗流模型是岩体渗流分析、计算的基础,只有对渗流体结构特征具有正确、客观的认识,才有可能得出符合客观实际的渗流场,进而获得岩体的水头分布、地下水压力及渗流量等参数,为工程设计、施工提供科学依据。由于岩体富含节理面,而节理面的方向性、分布密度、裂隙张开度、裂隙面粗糙度、渗径曲折程度、裂隙间的连通程度、两隙面的接触面积率、填充物的范围及材料因素对裂隙岩体的渗流特性有着巨大的影响,形成了岩体非均质各向异性渗流的显著特征。复杂的影响程度、可视性极差的裂隙几何形态使得对岩体结构的客观认识难度增大,从而出现了许多描述裂隙岩体渗流结构的计算模型。目前,渗流模型大体上有三大类:双重介质模型、连续介质模型和离散介质模型。

(1)双重介质模型

该模型认为岩体是由空隙性好而导水性差的岩块孔隙系统和空隙性差而导水性强的裂隙系统组成,具有典型的孔隙—裂隙双重介质。Barenblalltt 等于 1960 年首先提出双重介质模

型,随后 Warren 和 Root、Boulton 和 Streltsova 进行了丰富和发展。

Barenblalltt 等认为岩体被裂隙切割成大小不等、形状不一的岩块,裂隙和岩块均遍布整个区域,形成两个重叠的连续体。岩体的裂隙率比孔隙率小几个数量级,而裂隙的渗透率比孔隙率的渗透率大几个数量级。在建立计算模型时,假设:第一,每一个点存在两种流体压力——孔隙水压力和裂隙水压力,两种流体压力差引起孔隙和裂隙系统之间的剧烈水交换;第二,水交换流量和压力差成正比;第三,裂隙和孔隙水流运动均服从达西定律。两种介质的渗流方程通过水交换方程联系起来,可求解整个流场的水头值。Warren 和 Root 在 Barenblalltt 模型基础上考虑了均匀介质的各向异性特点,假定岩体发育有均质的正交的互相连通的裂隙系统,同一组裂隙的间距和隙宽不变,不同组的裂隙间距和隙宽可以不一致,渗透主轴与每一方位裂隙组平行,同时导出裂隙水流非稳定方程。

虽然双重介质模型对岩体的描述较为客观,但没有考虑岩体典型的非均质各向异性特点,同一点具有两种水压力也很难理解和确定,即使考虑各向异性也是较为粗糙,所以实用性和应用性不强,目前较少采用。

(2)连续介质模型

该模型以渗透张量和达西定律为基础,将裂隙岩体看作是非均质各向异性连续孔隙介质进行模拟,需要说明的是此处所说的连续指的是统计意义上的等效连续。Snow 在 1968、1969 年表示,任何裂隙水流问题,都可以用达西定律和一个各向异性的水力传导率张量所构成的标准孔隙介质技术来解决。

虽然用等效连续介质来描述岩体结构不十分客观,但是由于其渗透系数的等效性和可靠的理论基础、丰富的应用经验,并且人们不关注某个裂隙的水头,而是岩体总体上的水头分布,只要算出的结果与实际较为吻合即达到工程应用目的,因此目前该模型应用最为广泛,许多学者在此方面做了大量的工作。

(3)离散介质模型

该模型认为,岩体中水流仅在不同走向、不同倾角组成的裂隙网络中运动,裂隙与岩块间不存在水交换问题,所以也称为裂隙网络模型。由于岩体中裂隙的透水程度远大于岩块的渗透程度,岩体渗流实际上是裂隙渗流,所以离散介质模型介质在很大程度上反映了裂隙岩体渗流的实质。常见的离散介质模型根据裂隙网络的生成方法可以分成典型裂隙面模型、Monte-Carlo 模型和管道模型。

从理论上讲,离散介质模型的计算精度最高,但是由于裂隙的分布及各类参数(裂隙张开度、裂隙面粗糙度、渗径曲折程度、裂隙间的连通程度、两隙面的接触面积率等),尤其是裂隙的张开度测量难度极大,未出露的部分无法测量、工作量巨大而难以应用。

3)连续介质模型的水力梯度和渗透系数

对于水力梯度,更一般的情况是将其表示为水头对坐标的微分形式,以二维或三维流动为例,水力梯度表示为水头梯度的形式:

$$J = \mathrm{grad}\, h = \nabla h = \frac{\partial h}{\partial x}\vec{i} + \frac{\partial h}{\partial y}\vec{j} + \frac{\partial h}{\partial z}\vec{k} \qquad (4\text{-}1)$$

当裂隙岩体存在 m 组裂隙,则其渗透张量 K 的计算式为:

$$K = \sum_{p=1}^{m} \frac{ge_p^3}{12vl_p} \begin{bmatrix} 1-(n_x^p)^2 & -n_x^p n_y^p & -n_x^p n_z^p \\ -n_y^p n_x^p & 1-(n_y^p)^2 & -n_y^p n_z^p \\ -n_z^p n_x^p & -n_z^p n_y^p & 1-(n_z^p)^2 \end{bmatrix} \quad (4\text{-}2)$$

式中，m 为裂隙的组数；e_p 为第 p 组裂隙的平均张开度；l_p 为第 p 组裂隙的平均间距；n_x^p、n_y^p、n_z^p 分别为第 p 组裂隙法向的方向余弦。

如果令正东、正北及垂直向上分别为 x 轴、y 轴和 z 轴的正方向，走向方位角 α 表示与 y 轴顺时针方向的夹角，β 为裂隙面倾角。则

$$\begin{cases} n_x = -\cos\alpha\sin\beta \\ n_y = \sin\alpha\sin\beta \\ n_z = -\cos\beta \end{cases} \quad (4\text{-}3)$$

由此可以看出，渗透张量中的各个系数随着坐标轴的变化而变化。对于二维问题，总可以将坐标轴旋转一定角度 θ，使得渗透张量的非对角线系数为 0，经过旋转后，新坐标 (ξ,η) 下的渗透张量与原坐标 (x,y) 下的渗透张量关系为：

$$\begin{Bmatrix} k_{\xi\xi} \\ k_{\xi\eta} \\ k_{\eta\eta} \end{Bmatrix} = \begin{bmatrix} \cos^2\theta & \sin2\theta & \sin^2\theta \\ -0.5\sin2\theta & \cos2\theta & 0.5\sin2\theta \\ \sin^2\theta & -\sin2\theta & \cos^2\theta \end{bmatrix} \begin{Bmatrix} k_{xx} \\ k_{xy} \\ k_{yy} \end{Bmatrix} \quad (4\text{-}4)$$

令 $k_{\xi\eta}=0$，得

$$\theta = \frac{1}{2}\arctan\frac{2k_{xy}}{k_{xx}-k_{yy}} \quad (4\text{-}5)$$

式(4-5)计算出的 θ 即为主渗透方向，将其代入式(4-4)即可得出二维情况下的主渗透系数 $k_{\xi\xi}$ 和 $k_{\eta\eta}$，计算式为：

$$\begin{cases} k_{\xi\xi} = \frac{1}{2}\left[k_{xx}+k_{yy}+\sqrt{(k_{xx}-k_{yy})^2+4k_{xy}^2}\right] \\ k_{\eta\eta} = \frac{1}{2}\left[k_{xx}+k_{yy}-\sqrt{(k_{xx}-k_{yy})^2+4k_{xy}^2}\right] \end{cases} \quad (4\text{-}6)$$

4.5 隧道地下水限量排放的动态平衡模型

所谓"动态平衡"理念，是指基于水量转换平衡的原理，在工程实践中，如果能将隧道内的地下水排水量控制在与隧址区地下水补给量相当的一个水平，相对而言则会达到一个地下水的补给与排放的动态平衡状态。显然，在此状态下，因为隧道工程的实施，对隧址区地下水环境的影响相对较小。正是基于动态平衡这一理念，拟通过大气降水量推算出隧道排放影响范围内的地下水补给量，若隧道排水量与这一数值相当，则达到了保护环境的目的。隧道区水量转换关系见图4-5。

隧道区的水量平衡关系可表示为：

$$Q_{降} = Q_{地补} + Q_{径流} + Q_{蒸腾} \quad (4\text{-}7)$$

式中：$Q_{降}$——统计区间降水量；
$Q_{地补}$——该时段地下水的补充量；
$Q_{径流}$——该统计区间内径流量(地表径流和地下径流)，这里主要考虑地表径流；
$Q_{蒸腾}$——该时段生态用水量，包括植被蒸腾和土壤蒸发，这里主要考虑植被蒸腾。

从而可以某时段内地下水补给量得出：

$$Q_{地补} = Q_{降} - Q_{径流} - Q_{蒸腾} \tag{4-8}$$

$Q_{降}$与$Q_{径流}$之差是有效降水量，$Q_{蒸腾}$相当于植被实际生态需水量。因此推导出公式(4-9)：

$$Q_{地补} = Q_{有效降雨量} - Q_{实际生态需水量} \tag{4-9}$$

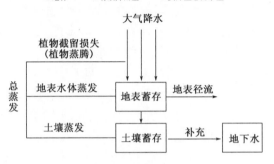

图 4-5　隧道区水量转换关系示意图

4.6　注浆堵水技术

4.6.1　注浆技术的研究进展

随着注浆技术的发展，注浆理论得到了进一步完善，但由于注浆介质条件的复杂及注浆工程的隐蔽性，模拟研究比较困难，因此注浆理论的发展落后于其他科学技术；注浆材料方面目前开发出了高强度的水玻璃浆液和消除了碱污染的中性、酸性水玻璃浆液，研制了非石油来源的多种高分子浆液，可注性好的超细水泥浆液也得到了进一步应用；注浆方法上，从脉状注浆、渗透注浆发展到应用多种材料、工艺的复合注浆，从钻杆法、过滤管法发展到双层过滤管法和多种形式的双重管瞬凝注浆法，从无向压注发展到通电、抽水、压气和喷射等多种诱导注浆法等。

1) 注浆理论研究现状

(1) 岩体介质理论的研究现状

岩体孔隙或裂隙是浆液流通的通道，由于岩体介质的不同，造成浆液流经的方式和途径不同，从而产生不同的注浆效果。因此，对岩体介质的研究是整个注浆理论的基础。

①多孔介质理论：该理论认为岩体是一种多孔结构，孔隙是流体流经岩体的通道，根据其孔隙分布情况，又可分为各向同性多孔介质和各向异性多孔介质。

②拟连续介质理论：该理论认为岩体虽受裂隙分割，但通过应用等效原理处理后，岩体空间内每一点上岩石和裂隙都保持连续。因此，在岩体内每一点上都同时存在岩石介质和孔隙介质，浆液就是通过这些孔隙在岩体内流动的。

③裂隙介质理论:该理论认为岩土是受裂隙分割的不连续体,浆液在岩体内通过裂隙网络流通。

④孔隙和裂隙双重介质理论:该理论认为岩体由孔隙性差而透水性强的裂隙系统和孔隙性好而透水性弱的岩块系统组成,浆液在该种介质中流动时,既可在裂隙中流动,又可在岩块中流动,并在两者之间发生强烈的质量交换。

(2)注浆理论

注浆理论可归类为渗透注浆理论、压密注浆理论和劈裂注浆理论。

①渗透注浆理论。

渗透注浆是通过注浆压力,使浆液克服阻力渗入到孔隙或裂隙中,就地凝固而达到加固或减少渗漏的注浆方法。其作用机制是假定被注载体为均质各向同性介质,诸如土体等位于钻孔底部的注浆按球形或柱形扩散渗入孔隙或裂隙并充填凝固。

马格首先建立了在砂土层的球形渗透扩散理论。随后,卡罗尔及拉芙莱等也根据各自的研究成果,相应给出了类似的计算公式。实践应用表明,马格及拉芙莱的理论公式应用较广泛,而卡罗尔公式应用较少。随着国内外学者对渗透注浆理论的深入研究,相继发展了柱形扩散理论、刘嘉才的单平板裂隙注浆渗透模型、Baker 公式及 G-Lombad 公式等。

②压密注浆理论。

压密注浆是采用严密施工控制的方法将很稠的浆液(其坍落度小于 25mm),通过钻孔挤向被注载体并在注浆处形成球形的浆泡(结石体),使其周围被注介质得到压密。

压密注浆的效果取决于浆液、浆压、被注载体及其控制的抬升作用等。压密注浆可以引起三种载体变形模式:当上升力超过上覆盖的重量时,将会发生圆锥形破坏模式,相应的地面隆起非常明显;当上台力小于上覆盖重时,周围载体仅发生弹性或塑性膨胀,地面抬升很小;当破坏模式变化时,浆液很容易沿裂面窜到地面,发生明显的水力劈裂现象。引起锥形剪切、破坏的机理是非常复杂的。圆锥与周围载体间的摩擦力很难确定,Moh-Yany 和 H-Wang 于 1994 年初步建立了锥形破坏条件。

③劈裂注浆理论。

劈裂注浆是通过注浆钻孔内施加液体压力于具备可注性的注浆载体中,当液压超过渗透注浆和压密注浆的极限力时,使被灌载体发生水力劈裂并产生新的裂隙,或者使原有裂隙沿最小阻力抗线方向继续扩展、张开,然后浆液扩散其中并最终凝固。

浆液在劈裂过程中的流动分为三个阶段:首先是在未劈裂成新裂隙或原有裂隙扩展张开之前,液压使被注载体的可注范围沿钻孔孔径方向发生位移,即压密变形;第二阶段为劈裂流动阶段,当注浆压力增加到一定程度时,此时的压力称为初始开裂压力,于是浆液在被注载体内发生劈裂流动;最后,裂缝发展到一定程度,注浆压力又再次上升,则载体中大、小主应力方向发生变化,即水平向主应力转化为被动载体压力状态,这时更大的注浆压力将使载体中裂缝加宽或产生新的裂隙。

2)注浆材料研究现状

随着注浆技术的广泛应用,注浆材料得到了较快的发展,从最早的石灰和黏土和水泥发展到今天的水泥—水玻璃浆液和各种化学浆液。通常说的注浆材料是指浆液中的主剂,习惯上把注浆原材料分为粒状材料和化学材料两个系统。而浆液是同主剂、固化剂、溶剂等经混合后所配成的液体,分为溶液型和悬浊液型两大类。

(1)溶液型浆材

①水玻璃类浆液。

水玻璃(硅酸纳)是化学注浆中最早使用的一种材料,水玻璃类浆液是由水玻璃溶液和相应的胶凝剂组成。其胶凝剂有氯化钙、铝酸钠、醋酸、酸性有机盐等。灌浆用水玻璃模数在 2.4~3.4 之间为宜,水玻璃溶液的浓度在 35~45°Be′为宜。水玻璃浆材的胶凝时间短,可灌性好,毒副作用小,造价低,在注浆工程中应用广泛。

②木质素类浆液。

木质素类浆液由纸浆废液、胶凝剂和促凝剂等组成。木质素类浆液包括铬木素和硫木素浆液。铬木素浆液的固化剂是重铬酸钠,但因其毒性大,难以大规模使用。硫木素浆液是在铬木素浆液的基础上发展起来的,是采用过硫酸铵代替重铬酸钠,使之成为低毒、无毒木质素浆液,是一种很有发展前途的注浆材料。

③丙烯酰胺类浆液。

丙烯酰胺类浆液(国内又称丙凝浆液),是以丙烯酰胺为主剂,和其他交联剂、促凝剂和引发剂等材料组成。常用的交联剂为 N-N'-亚甲基双丙烯酰胺(简称 M),引发剂为过硫酸铵,常用的促凝剂有 β-二甲基丙腈和三乙醇胺,缓凝剂一般用铁氰化钾(简称 KF)。丙烯酰胺类浆液黏度小,可灌性良好,胶凝时间可准确地控制在几秒至数十分钟之间,但胶凝体的抗压强度较低,耐久性较差,且具有一定毒性。

④丙烯酸盐类浆液。

丙烯酸盐类浆液是由一定浓度的单体、交联剂、引发剂、缓凝剂等组成的水溶液。常用的交联剂多为 N-N'-亚甲基双丙烯酰胺和六氰-1,3,5-三丙烯酸基–均三嗪,浆液可灌性好,胶凝时间可控制在数秒至数小时之间。

⑤聚氨酯类浆液。

聚氨酯类浆液分非水溶性聚氨酯类浆液(简称 PM)和水溶性聚氨酯类浆液(简称 SPM)。非水溶性聚氨酯类浆液不易被地下水冲稀,浆液遇水产生膨胀,有较大的扩散半径和凝固体积比,黏度低,可注性能好,无环境污染;水溶性聚氨酯类浆液是由预聚体和其他外加剂所组成,其与 PM 的主要区别在于所用的聚醚是环氧乙烷聚合物,具有亲水性,因此浆液能均匀地分散或溶解在水中,胶凝后形成包含有大量水的弹性体。

⑥环氧树脂类浆液。

环氧树脂具有强度高、黏结力强、收缩小、化学稳定性好等特点。其黏结力和内聚力均大于混凝土,因此对于恢复结构的整体性可以起到很好的作用。但其浆液黏度大,可注性差,憎水性强,与潮湿裂缝黏结力差。

(2)悬浊液型浆材

悬浊液型浆材是指固体颗粒悬浮在水中的注浆材料。主要包括纯水泥浆、水泥黏土浆、水泥水玻璃浆等。

①水泥浆液。

注浆工程中目前最常用的是普通硅酸盐水泥。水泥细度是决定水泥性能的重要因素之一。水泥浆液材料来源广泛,成本较低,无毒性,施工工艺简单方便,结石率可达99%,结石抗压强度可达22MPa。但水泥浆液的稳定性较差,易沉淀析水,在地下水流速较大的条件下注浆时,浆液易受水的冲刷和稀释。可适当掺入掺合料如黏性土、水玻璃、粉煤灰等改善水泥浆液性能。

②水泥黏土类浆液。

水泥黏土浆液是由水泥黏土按一定比例混合而成。作为加固注浆时,黏土掺量一般为5%~15%。由于黏土的分散性高,亲水性好,因而浆液沉淀析水性较小,水泥黏土浆液的稳定性大大提高。水泥黏土类浆液的结石率比纯水泥浆液高,可达100%,结石抗压强度可达13.6MPa。

③水泥水玻璃类浆液。

水泥水玻璃浆液亦称CS浆液,是以水泥和水玻璃为主剂,两者按一定比例采用双液方式注入,必要时加入速凝剂或缓凝剂所组成的注浆材料。它克服了纯水泥浆的凝结时间长等缺点,提高了水泥注浆的效果,扩大了水泥注浆的适用范围。

④微细水泥浆液。

微细水泥浆液又叫MC浆液,其平均粒径为4μm,最大粒径不超过10μm。这个特性使MC浆液能够渗入渗透系数为$10^{-3} \sim 10^{-4}$cm/s的细砂层和岩石的细裂隙中。结石具有较高的耐久性,抗压强度高,可达25MPa,浆液可注性强,稳定性高。

3)注浆工艺研究现状

目前注浆工艺从注浆机理上可分为高压喷射注浆和静压注浆,从施工工序上可分为"孔内卡塞"式和"孔口封闭"式注浆。

(1)高压喷射注浆和静压注浆

高压喷射注浆技术是利用压缩空气流保护的高压水射束,对土体进行冲切切割,增强置换作用,同时灌注水泥浆液,使之成为理想形状的凝结体。该工艺可以有效地控制形成凝结体的形状、范围,对非喷射方向上的土体扰动很小,施工速度快,造价低;静压注浆又称劈裂注浆,利用劈裂作用机理,用压力注入比重较大的水泥浆液,在压力传递下,注入的浆液沿地层应力场中最小主应力面或弱应力分布区劈裂、延伸,所形成的脉状或不规则状的凝结体,对周围土体具有挤密和压实作用,使土体的孔隙减小,压缩模量增大。静压注浆的特点是施工简洁,工期短,成本低。

(2)"孔内卡塞"式和"孔口封闭"式注浆

"孔内卡塞"式注浆又叫"后退式"注浆,注浆工艺为段顶堵塞、自下而上、分段注浆,即下入套管一次性钻孔到底,套管跟至最底段的段顶,下入止浆塞至套管底部进行注浆,而后自下而上分段注浆,最后一段安设孔口管进行灌注;"孔口封闭"注浆又叫"前进式"注浆,注浆工艺为孔口封闭、自上而下、封闭注浆,即在孔口段埋设孔口管,而后自上而下分段钻进,安设孔口封闭器进行注浆,如此循环钻注直至结束。

除上述工艺方法外,注浆强度系数法(简称GIN法)是目前国外比较流行的一种注浆技术,即在一定注浆段内,保持注浆压力与灌浆量V的乘积$P \cdot V$为一常数来进行岩体注浆。该法的提出者是G-隆巴迪与D-迪瑞,他们以$GIN = P \cdot V - cons$的办法来设计与控制注浆全过程,其工艺简单,采用计算机控制精确可靠。此外,湿磨水泥注浆、岩溶区大渗漏量注浆、伸缩缝止水注浆、混凝土裂缝注浆、深层搅拌注浆等工艺技术目前在水电工程上都得到了广泛应用。

4) 注浆设计现状

近年来,在注浆设计中往往采用综合注浆法,包括不同浆材、不同注浆方式的联合,以适应某些特殊地质条件和专门注浆目的的需要;其次是注浆标准的确定,所采用的注浆标准的高低直接关系到注浆工程的质量、进度、造价和建筑物的安全;第三是选择适宜的注浆材料。注浆目的、标准不同,所采用的材料也不同,同时还要考虑对人类和自然环境的影响,这个问题越来越引起工程界的重视,成为注浆方案取舍的重要因素;第四是注浆参数的确定,注浆参数主要有注浆压力、浆液扩散半径、浆液浓度及凝胶时间等。注浆压力的大小与地层的密度、强度、渗透性、钻孔深度、位置、注浆顺序及注浆材料的性质有关,因而难以准确制定,需通过现场注浆试验确定。浆液扩散半径是一个重要参数,可通过理论公式进行计算。但通常浆液的实际扩散半径要小于理论值,这是由于在注浆过程中,计算所用的一些参数实际上均为变量,从而导致计算值与实际值的差别。

5) 注浆监控及质量检测研究现状

注浆效果的检测是注浆技术中的一个重要环节,随着科学技术的进步,电子仪器及相应的技术已在注浆工程中得到广泛采用。日本、英国、法国、美国等国家的注浆施工监控已达到半自动或自动化程度,任一注浆阶段的注浆压力、流量、浆液成分及所注浆液的发展情况都可以及时获得并用来指导注浆全过程,具有统计、分析及说明注浆结果所需的全部资料。对于以堵水为目的的注浆,可以检测注浆前后岩土体渗透性的变化,并进行比较和判定,如压水试验、漏水试验及潜望镜、孔内摄影等;对于以加固为目的的注浆,则可通过测定注浆前后受注岩土体的强度变化来判断注浆效果,如标准贯入试验、载荷试验、利用弹性波、电阻及放射性同位素等方法。此外,扫描电镜、透反射偏光显微镜、X射线衍射仪和能谱仪等现代的理化分析检测手段,能定量分析判断浆材在裂隙中的充填程度。

6) 目前存在的问题

注浆技术无论是在理论上,还是在实际应用上,都取得了长足的进展,发展了不同的注浆理论。但由于注浆工程的隐蔽性以及地质条件的复杂性,使注浆技术的发展仍相对落后于其他科学技术,目前建立的理论和技术方法仍存在很多局限性和不足,注浆理论已不能满足实际注浆工程的需要。

(1) 岩体结构理论不够完善。岩体的裂隙是天然条件下形成的不规则破裂面,其不规则特征对浆液渗流过程的影响显著,裂隙的分布、表面特征具有随机性,服从一定的随机分布规律,该规律有待进一步深入研究。

(2) 注浆浆液的非牛顿体特征研究不够完善。现在大多数裂隙注浆理论都是建立在牛顿流体稳定渗流的模型上,而实际裂隙岩体的注浆过程具有明显的非稳定特性和非牛顿流体特性。

(3) 在注浆材料方面,目前使用的高分子化学浆材施工成本较高,在经济性及耐久性方面使其难以广泛应用,且都有一定程度的毒性,易污染环境并危及人的身体健康。

4.6.2 注浆堵水总体原则

高压水的处理一般需要一定的时间,当高压水出露后应对高压水进行全面系统的研究,除进行正面封堵外,同时可进行绕避施工。绕避施工不是盲目的,应提前对绕避位置进行全面系统的物探和超前钻探,尽可能地掌握掌子面前方的高压水裂隙、管道走向、水流方向等信息,以达到绕避施工通过的目的。高压封堵注浆出水点可能发生在探孔、炮眼或掌子面上,可考虑不同的封堵方法。如考虑加宽、加深洞内的排水沟;施工混凝土挡水墙、预埋钢管等排水管;采用化学浆液与普通浆液相结合的方法;利用 TSP、地质雷达或超前探孔判断管道的分布方向;利用超前探孔注染料的方法判定水流方向等措施和手段,最终达到针对高压水的分流减压、有的放矢、封堵成功注浆堵水技术。

低压注浆封堵,可采用一般浆液,如水泥—水玻璃双液浆、防冲高胀浆液(水泥加粉煤灰制成塑状,在流速小于 1m/s 时可用)。对于超前探孔或炮孔出大流量(≥100L/s)的低压水,宜停止掘进进行超前封堵预注浆,对于小流量的低压水可继续开挖掘进,待掘进后处理。对于掘进后的洞壁裂隙出水和渗滴水,若洞壁裂隙出水较大,普通帷幕注浆无法解决,可先采用化学浆液对裂隙出口进行封堵再作处理。

4.6.3 围岩注浆的意义和作用

1) 注浆对围岩力学性能的改善

试验发现岩体注浆加固后,岩体的各向异性性能得到显著的改善,破裂面的固结使侧向变形趋于均匀,侧向和竖向应变比值减小,在较大的变形范围内两向变形协调发展,岩体整体稳定性能大大提高。这是因为在岩体中比较薄弱的方向和部位,其裂隙发育,连通率也高,在注浆过程中越易进浆,浆液对其充填程度也高,该方向和部位的变形、强度等力学性能改善显著优于其他方向和部位,这使得岩体的各向异性和不均一性也得到改善。金川二矿散碎结构岩层中巷道注浆加固后,声波测试结果表明绝大部分围岩经注浆后弹性波的传播速度及动弹性模量均有不同程度的提高,其中一号声波测孔的动弹性模量由注浆前的 2.77×10^4 MPa 达到注浆后的 6.93×10^4 MPa,是注浆前的 2.5 倍。一般的,围岩在进行注浆加固以后,其弹性模量都能提高 30% 以上,更有甚者达到 375%,极大地改善了围岩的变形性能。

此外,注浆后的节理岩体内充填了浆液结石体,而且裂隙面受到注浆压力作用而被压紧,变为闭合状态,从整体上增加了裂隙间的咬合,这些也有助于岩体抗剪强度的提高;而且,由于节理面的贯通性受到改变并受到一定的闭合压力,弱面破坏受到了一定比例的阻止。因此,注浆对岩体的凝聚力和摩擦系数均有所提高。苏联对后注浆加固围岩的力学过程进行了理论分析和现场测试,结果表明,注浆后岩石的黏结力增加了 40%~70%,平均增加 50%。一般认为,对于岩体的黏聚力和内摩擦角都能提高 20%~30%。

2) 注浆对围岩渗透性的改善

对于大多数岩石而言,完整岩块的渗透系数是极为微弱的,从工程的观点可以忽略不计,但天然岩体内部则含有大量不规则分布的裂隙,这些裂隙就构成了渗流通道,使围岩具有一定数量级的渗透系数。水在这些裂隙里的渗流能力取决于裂隙本身的宽度、间距、连通度、粗糙度以及岩体的应力状态。一般而言,裂隙的宽度越大、间距越小、连通度越好、粗糙度越小或者裂隙面法向应力越小,则围岩的渗透系数越大。而注浆时,可把浆液充填到岩体裂隙中,通过浆液的凝固结石,减小裂隙的宽度,增加裂隙的粗糙度,并且裂隙面受到注浆压力作用而被压紧,变为闭合状态,进而达到减小围岩渗透系数,降低围岩渗透性的作用。

围岩的注浆实践表明,注浆结束后围岩的透水系数一般能变为原来围岩透水系数的 0.1%~0.5%。例如,吉林集安县三家子电场引水隧洞 1983 年渗流水量达到 $7.2 m^3/h$,被迫停产整治,经过系统壁后注浆、重点帷幕注浆等措施后,取得了百分之百的封水效果,后经四次洪峰的考验,仍然安然无恙;苏格兰一海底煤矿,深度在海平面下约 600m,注浆的结果使涌入坑道的水量从每分钟几百加仑减少到坑道实际上呈干燥状态;日本的青函海底隧道注浆后与原始渗透系数比为 0～0.23。

因此,对围岩进行固结注浆堵水后,其渗透系数可以大大减小,甚至能达到隧道内滴水不漏,实现堵水的目的。

3) 围岩注浆对隧道排放量的影响

经济发展和技术的进步使控制型防排水技术得到了进步和发展,该防排水技术的根本特色在于:控制地下水的排放,以达到安全上可靠,技术上可行,经济上合理的目标,且将隧道运营的长期安全性放在首要的位置。当前,对于地下工程中实现控制型排放的主要措施有两种:一种是在排水管上加闸阀,通过调节闸阀开关达到控制排放量的目的;另一种则是通过注浆。

问题的关键是为何还要排水,主要基于以下考虑:

(1) 隧道如果完全防水,将大大提高防水层的造价。

(2) 由于隧道水文地质条件的多变性,隧道围岩完全防水在技术上是不可行的,从这个意义上讲,排水是为了更好的防水。

(3) 如果完全防水进行公路隧道的衬砌设计,衬砌就要承受同水头相当的水压力,以至于把衬砌加大到不可思议的厚度;另一方面,若因排水不畅,在衬砌背后积聚的地下水,如果不加有效的引导,将会对支护结构形成相当大的外荷载,将导致衬砌裂损破坏,引起隧道结构渗漏水病害,并引发渗漏水—裂缝的恶性循环,影响隧道运营安全。

控制型防排水体系如图 4-6 所示。

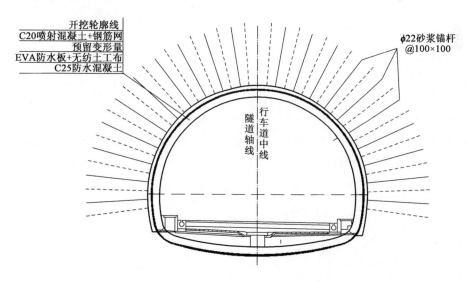

图 4-6　控制型防排水体系示意图(尺寸单位:mm)

控制排放的实施方案中,排水管上加闸阀控制排水法的具体做法是在排水孔处设置闸阀,当排水孔中的水压力低于闸阀的预设水压力时,闸阀处于关闭状态,当排水孔中的水压力高于闸阀的预设水压力时,闸阀处于开启状态进行排水减压,这种控制水压办法奏效的前提是闸阀必须正常工作。然而无论是山岭隧道还是城市隧道,受恶劣环境的影响,保证闸阀长期正常的工作都是很困难的,如果闸阀出现了问题,可能会出现两种极端情况,要么是闸阀长期开启造成地下水大量流失,要么是闸阀长期关闭造成衬砌上水压力增加而导致衬砌破坏。虽然可以通过维修的方法解决这一问题,但由于运营留给维修的时间限制,且必然造成人力和物力的浪费,因此这一方法存在着诸多弊端。因此,排水管上加闸阀控制排水法主要用于地铁等对于地表沉降要求严格的市政工程,且隧道围岩及地层中地下水量不大、水压不大,地层常为黏土与砂层,造价较高,后期运营过程还埋设专用仪表进行检测,必要时安排专人根据排放标准控制排放。

注浆控制防排水法通过对涌水段(或点)进行注浆堵水,降低隧道围岩内涌水量,同时在涌水段混凝土衬砌结构背后增设排水系统,排泄衬砌背后及围岩处水压的作用,从而达到控制排放的目标,达到减少渗漏水同时确保混凝土衬砌结构安全的目的。由于闸阀控制的适用条件、耐久性、经济性、管理难度等因素,公路隧道多采用注浆堵水的方式,并通过由外至内的围岩注浆固结堵水圈、初期支护、防排水网格系统和二次衬砌而组成复合防排水结构,它依次形成多道防线,可有效减少地下水的排放量,保护水资源。

此外,"限量排放"的原则是一种新型的隧道防排水原则,即通过计算分析明确的隧道排放量,并在工程实践中采取有效措施实现限量排放的效果。但实际实施过程中,排放量确定的因素众多,难度极大,因此注浆控制防排水法的"限量排放"的原则仍处于"理念"阶段或实验阶段,如何限量排放的实施技术和方法缺乏深入的研究和系统要求。

当隧道洞周围岩节理裂隙分布比较均匀,裂隙间距大小远远小于隧道断面尺寸,且隧道地下水位大小远远大于隧道断面尺寸时,可以假定围岩为均质各向同性。根据达西定律、轴对称原理和水流连续性方程,隧道采取如图4-7所示的设计模型。

(1)基本假定
①围岩为各向同性均匀连续介质。
②隧道断面为圆形。
③水流符合达西定律。
④隧道处于稳定渗流状态。
⑤隧道的排水是通过衬砌均匀渗水实现的。

(2)公式推导

取隧道轴线方向为 z 轴,隧道半径方向为 r 轴的柱坐标系统,设 H 为隧道周边围岩内各点的水头值,隧道渗流模型见图4-7。

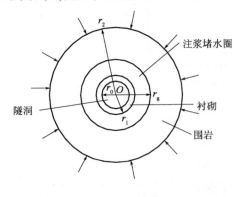

图4-7 计算模型

渗流满足连续性方程(即 Laplace 方程):

$$\nabla^2 H = 0 \quad (4\text{-}10)$$

即

$$\frac{1}{r}\frac{\partial}{\partial r}\left(r\frac{\partial H}{\partial r}\right) + \frac{1}{r^2}\frac{\partial^2 H}{\partial \theta^2} + \frac{\partial^2 H}{\partial z^2} = 0 \quad (4\text{-}11)$$

因水流垂直于 Z 轴,故 $\dfrac{\partial H}{\partial z} = 0$;同时,水头场函数 H 关于隧道轴线 Z 是对称的,故 $\dfrac{\partial H}{\partial \theta} = 0$。故公式(4-11)可以简化为:

$$\frac{1}{r}\frac{d}{dr}\left(r\frac{dH}{dr}\right) = 0 \tag{4-12}$$

即

$$\frac{d}{dr}\left(r\frac{dH}{dr}\right) = 0 \tag{4-13}$$

对式(4-13)积分得

$$r\frac{dH}{dr} = C \tag{4-14}$$

不同过水断面的流量相等,根据达西定律,每延米隧道的涌水量为:

$$Q = 2\pi r k \frac{dH}{dr} \tag{4-15}$$

所以

$$C = \frac{Q}{2\pi k} \tag{4-16}$$

将式(4-16)代入式(4-14)得

$$r\frac{dH}{dr} = \frac{Q}{2\pi k}$$

分离变量得

$$dH = \frac{Q}{2\pi k}\frac{1}{r}dr \tag{4-17}$$

边界条件:

$$r = r_0, h = h_0; r = r_1, h = h_1; r = r_g, h = h_g; r = r_2, h = h_r$$

h_0、h_1、h_g、h_r 分别为衬砌内表面、衬砌背后、注浆圈外表面、围岩远场处地下水头。根据边界条件对式(4-17)积分

$$\int_{h_0}^{h_1} dH = \frac{Q}{2\pi k_1}\int_{r_0}^{r_1}\frac{1}{r}dr$$

得

$$\left.\begin{array}{l} h_1 - h_0 = \dfrac{Q}{2\pi k_1}\ln\dfrac{r_1}{r_0} \\[6pt] h_g - h_1 = \dfrac{Q}{2\pi k_g}\ln\dfrac{r_g}{r_1} \\[6pt] h_r - h_g = \dfrac{Q}{2\pi k_r}\ln\dfrac{r_2}{r_g} \end{array}\right\} \tag{4-18}$$

由式(4-18)得

$$\frac{2\pi k_1(h_1 - h_0)}{\ln\dfrac{r_1}{r_0}} = \frac{2\pi k_g(h_g - h_1)}{\ln\dfrac{r_g}{r_1}} = \frac{2\pi k_r(h_r - h_g)}{\ln\dfrac{r_2}{r_g}} \tag{4-19}$$

每延米隧道排水量:

$$Q = \frac{2\pi(h_r - h_0)k_r}{\ln\dfrac{r_2}{r_g} + \dfrac{k_r}{k_1}\ln\dfrac{r_1}{r_0} + \dfrac{k_r}{k_g}\ln\dfrac{r_g}{r_1}} \tag{4-20}$$

或
$$Q = \frac{2\pi(h_r - h_0)k_1}{\ln\frac{r_1}{r_0} + \frac{k_1}{k_r}\ln\frac{r_2}{r_g} + \frac{k_1}{k_g}\ln\frac{r_g}{r_1}} \tag{4-21}$$

式中：Q——每延米隧道排水量；

h_0——衬砌内表面水头；

h_1——衬砌背后水头；

h_g——注浆圈外表面水头；

h_r——围岩表面水头；

k_1——衬砌渗透系数；

k_g——注浆圈渗透系数；

k_r——围岩渗透系数；

r_0——衬砌内半径；

r_1——衬砌外半径；

r_g——注浆圈半径；

r——围岩远场半径。

公路隧道衬砌内表面的水压力 h_0 认为等于 0，围岩水头在通常情况下，可以测得，令 $h_r = H$，则公式(4-20)可化为：

$$Q = \frac{2\pi H k_r}{\ln\frac{r_2}{r_g} + \frac{k_r}{k_1}\ln\frac{r_1}{r_0} + \frac{k_r}{k_g}\ln\frac{r_g}{r_1}} \tag{4-22}$$

式中：H——隧道位置静水头；

其他同上。

如果不进行注浆加固，即令式(4-22)中 $k_g = k_r, r_g = r_1$，则式(4-22)化为：

$$Q = \frac{2\pi H k_r}{\ln\frac{r_2}{r_1} + \frac{k_r}{k_1}\ln\frac{r_1}{r_0}} \tag{4-23}$$

(3) 分析结果

分析式(4-22)和式(4-23)，可知：

①当 k_g 越小，Q 值也随之减小，也即注浆加固圈的渗透性越差，隧道排放量就越小。

②当 r_g 越大，Q 值也随之减小，也即注浆加固圈的厚度越大，隧道排放量就越小。

③实施注浆后，可以减少隧道的排放量。

综上所述，对围岩进行注浆可以起到以下作用：

①可以固结隧道周边破碎岩石，提高其防水性，使之形成一定厚度的止水圈。

②加固破碎岩体，改善岩体的内聚力和内摩擦角等力学参数。

③可以充填隧道衬砌背后的大空洞和大空隙，改善支护衬砌的受力条件。

④岩体中存在互相连通的裂隙，在裂隙中注浆，可以封堵或减少裂隙中的渗水，达到保护地下水资源的目的。

⑤由于注浆而形成的围岩止水圈和加固岩层的双重作用，可以更好发挥围岩岩体和衬砌

共同承担水压和地压的性能。

4.6.4 注浆方式的选择

一般的,注浆方式的选择应以掌子面能否满足进行安全开挖施工为前提,若掌子面前方地质条件能满足安全开挖施工要求,则可首先进行掌子面的开挖施工,在开挖施工完成后进行后注浆措施,以达到注浆堵水、加固围岩的目的;若掌子面前方地质条件不能满足安全开挖施工要求,则应首先在掌子面进行预注浆措施,以达到注浆堵水、加固围岩的目的,满足隧道的安全开挖施工要求。

根据对本隧道两阶段勘察资料的分析,以及岩层条件、水文地质条件、水文特点等隧道的实际情况,并结合工程类比,最终确定了如表4-2所示的从地质条件、流量条件和水压条件等三方面进行考虑的注浆方式选择标准。

4.6.5 注浆材料的选择

1）注浆材料的比选

注浆工程中使用的浆液分为化学浆材和粒状浆材两大类。化学浆材主要指有机高分子类浆材及水玻璃类浆材;粒状浆材主要指水泥、黏土、砂、粉煤灰等颗粒性材料。随着注浆技术的发展,材料品种众多,针对不同的工程目的和不同的地质条件,正确选用适合于特定工程的注浆加固、堵水材料,是确保注浆工程质量和效果的关键。其中,地层条件是决定浆液选择最主要的因素,同时还需要考虑到周围环境条件、注浆目的、对效果的期待等。

目前所用注浆材料按注浆原材料种类可分为如下两大类,一类是粒状材料,粒状注浆材料有水泥浆液、超细水泥浆液、水泥基双液浆、黏土浆液、水泥—黏土浆液、水泥—粉煤灰—膨润土复合浆液等;另一类是化学材料,化学注浆材料含水玻璃类、丙烯酰胺类、聚氨酯类、丙烯酸盐类、木质素类、脲醛树脂类、环氧树脂类等。

根据工程地质条件和注浆目的以及各种浆液材料的特性,结合工程检验,通常注浆材料的选用原则见表4-2。

注浆方式选择标准建议表　　　　　　　　　　　表4-2

注浆方式		地质条件	流量条件	水压条件
预注浆	全断面帷幕预注浆	①可溶岩与非可溶岩接触带、断层破碎带、溶蚀带等富水地段； ②地段厚度超过30m,且掌子面及周边围岩均表现为软塑流状体； ③施工中可能发生严重突水突泥等地段	超前探孔出水总流量≥10m³/h,且2/3探孔均出水	水压≥2MPa
	全断面周边预注浆	①岩层接触分界带、物探电阻异常带； ②地段厚度超过30m,掌子面围岩极破碎； ③施工中可能发生严重突水突泥等地段	超前探孔出水总流量≥10m³/h,且2/3探孔均出水	水压≥2MPa
	局部断面预注浆	①富水地段、物探电阻异常带； ②施工中局部可能发生突水突泥地段	部分探孔出水,且10m³/h＞局部单孔出水量≥2m³/h	水压≥2MPa

续上表

注浆方式		地质条件	流量条件	水压条件
后注浆	径向注浆	①一般富水地段；②岩体较完整	①开挖后大面积淌水；②初支完成后仍有较大面积淌水，且 $10m^3/h > $探孔出水量$\geq 2m^3/h$	水压 < 2MPa
	局部注浆	①一般富水地段；②岩体完整	①开挖后局部有较大流水；②初支完成后仍有局部淌水，且 $10m^3/h > $局部单孔出水量$\geq 2m^3/h$；③不能确保结构防排水的等级需要	水压 < 2MPa
	补注浆		上述注浆措施实施后，仍不能确保结构防排水的等级需要	

（1）围岩裂隙发育，可注性好、水压较低的地层，可采用普通水泥浆液，普通水泥强度等级不低于 R32.5，此材料适用于填充注浆。

（2）围岩裂隙发育，可注性好、高水压的地层，可采用水泥基双液浆，此材料适用于硬岩及强约束地层的大涌水，水下不分散、凝结时间短。

（3）粉细砂地层（黏土含量低于2%）可注性一般的地层，可采用超细水泥浆液，此材料仅适用于粉细砂地层中的渗透注浆。

（4）含水、粉细砂、致密土体、淤泥质软土、软弱破碎围岩、城市地下工程等地层，可采用含水细砂型水泥基特种注浆材料。此材料适用于高地应力软弱破碎围岩的堵水加固、可在致密土体、淤泥质软土中形成树根状浆脉，并形成很好的网状交接体，对地层扰动小，在加固过程中自然堵水，早期强度高，与同类材料相比，其堵水率和加固效果明显。

（5）淤泥质软土地层，可考虑注入水泥—粉煤灰、水泥—膨润土复合浆液。

（6）对于可注性差的地层，有条件的情况下，可采用化学浆液，如聚氨酯、丙烯酸盐等。

各种浆材的综合性能比较见表 4-3。

常规浆材综合性能表　　表 4-3

材料品种	综合性评价
普通水泥 + 早强剂	水泥浆是由水泥和水混合经搅拌而制成的浆液，为了改进浆液早期强度，在浆中加入少量的早强剂。水泥浆液结石体抗压强度高、抗渗性能好，但是水泥浆液是一种颗粒状的悬浮材料，受到水泥颗粒粒径的限制，通常用于粗砂层的加固，该材料在致密的土体中注浆扩散的机理则是以劈裂的方式进入地层。每立方米浆材约 1000 元
普通水泥 + 速凝剂	水泥浆是由水泥和水混合经搅拌而制成的浆液，为了促进浆液的快速凝结，在浆中加入少量的速凝剂。水泥浆液结石体抗压强度高、抗渗性能好，但是水泥浆液是一种颗粒状的悬浮材料，受到水泥颗粒粒径的限制，通常用于粗砂层的加固，该材料在致密的土体中注浆扩散的机理则是以劈裂的方式进入地层。每立方米浆材约 1000 元
含水细砂型特种注浆材料	适用于粉细砂层、淤泥质软土层、高应力软弱破碎围岩的堵水加固，特点是对地层扰动小，加固作用明显。可在致密土体、淤泥质软土中形成树根状浆脉，并形成很好的网状胶结体，在加固土体过程中自然堵水，早期强度高，与同类材料相比，其堵水率和加固效果明显；成本略高于普通水泥浆材，约是普通水泥浆材的 2~3 倍

续上表

材料品种	综合性评价
超细水泥注浆材料	适用于粉细砂地层，黏土含量低于2%的地层，可采用超细水泥浆液，此材料仅适用于细小裂隙地层中的渗透注浆，对于水量、水压较大，有早强要求的注浆工程不适宜；成本略高于普通水泥浆材，约是普通水泥浆材的2~3倍
复合注浆材料（普通水泥+粉煤灰+早强剂）	粉煤灰掺入到水泥浆液中，取代部分水泥，可以改善浆液和易性、分散水泥颗粒，能降低用水量，粉煤灰的掺入可增加浆液的流动性。粉煤灰的后期效应对浆液结石体早期强度影响较大。因此，其掺量不宜过高。该复合注浆材料的结石强度和黏结力都比较低，抗渗透和耐冲蚀的能力很弱，故仅在低水头的防渗工程上才考虑采用。水泥+粉煤灰浆液较单液水泥浆液成本低，比纯水泥浆略便宜
复合注浆材料（普通水泥+膨润土）	膨润土掺入到水泥浆液中，取代部分水泥，可以改善浆液和易性、增加浆液的稠度，水泥—膨润土浆的微小颗粒在水中分散，并与水混合形成的半胶体悬浮液。浆液的结石强度和黏结力都比纯水泥浆低，抗渗透和耐冲蚀的能力很弱，故仅在低水头的防渗工程上才考虑采用。水泥+膨润土浆液的成本与单液水泥类浆液成本接近
水泥基双液快凝抗流失注浆材料	水泥基双液快凝抗流失特种注浆料为全无机材料，可以替代水泥—水玻璃双液浆，适用于处理强涌水、突水地质的隧道全断面帷幕注浆工程。浆液可速凝、流动性、抗分散性、可注性好，流动水中浆液不分散、堵水效率高；可以在浆液流动状态堵水，注入地层后的均匀性好，能固结深部地层，达到足够的结构抗压强度；固化时微膨胀可补偿收缩，早期强度高、后期强度不倒缩、耐久性好；可双液注浆也可单液注浆。双液注入时（单液制浆后可放置1h以上不凝固），材料在孔口混合、快凝止水，单、双液的凝结时间均可控、可调；对环境无污染、抗硫酸盐侵蚀、不会发生酸环境分解。成本略高于普通浆材，约是普通水泥浆材的2~3倍
丙烯酸化学浆液（国产）	控制各种疏松土壤的水渗入，稳固和凝固疏松的土壤，可用于帷幕灌浆；浆液的低黏度可以确保灌浆深入渗透微细缝的土壤中；其聚合体具有很低的渗透力，可防止水的侵入；聚丙烯酸盐树脂没有毒性，不含游离丙烯酰胺，对环境无污染。堵水效果好，强度低，成本较高，约是普通水泥浆材的30倍
丙烯酸化学浆液（进口）	控制各种疏松土壤的水渗入，稳固和凝固疏松的土壤，可用于帷幕灌浆；浆液的低黏度可以确保灌浆深入渗透微细缝的土壤中；其聚合体具有很低的渗透力，可防止水的侵入；聚丙烯酸盐树脂没有毒性，不含游离丙烯酰胺，对环境无污染。堵水效果好，强度低，成本很高，约是普通水泥浆材的150倍

2）注浆材料的选择标准

根据隧道注浆堵水及地层加固的要求，从可行性、可靠性、无毒性污染、可操作性强等特点综合考虑，建议选择采用三种注浆材料，即：以普通水泥单液浆为主，辅助注浆材料采用水泥—水玻璃双液浆，备用材料采用TGRM单液浆。

通过对上述材料特性的分析，并结合本隧道注浆的实际要求及特点，建议注浆材料的选择可按表4-4执行。

注浆材料选择建议表　　　　　　　　　　　表 4-4

材料名称	性 能 特 点	选 择 条 件
普通水泥单液浆	是以水泥为主,添加一定量的速凝剂,用水调成的浆液,它具有以下特点: ①凝结时间可根据实际需要随意调节,其变化范围为几分钟至几小时; ②浆液结石率可达100%,抗压强度可达 5~10MPa,对于基岩裂隙中堵水和加固是完全能满足要求的,后期强度不宜下降; ③结石体渗透系数 10^{-1} ~ 10^{-3} cm/s,抗渗性能好; ④工艺设备简单,操作方便; ⑤难以注入1.1mm以下的裂隙; ⑥浆液无毒性,对地下水和环境无污染; ⑦来源丰富,价格便宜; ⑧凝胶时间相对较长;由于初凝时间长,易被地下水稀释,影响其凝胶化性能和强度,易干缩引起渗漏水	适用于径向注浆孔、垂直注浆孔无水或量很小以及顶水注浆孔无水时使用
水泥—水玻璃双液浆	是以水泥和水玻璃为主剂,两者按一定比例用双液方式注入,必要时加入缓凝剂(磷酸二氢钠)所形成的注浆材料,是一种用途极其广泛,使用效果良好的注浆材料。它具有以下特点: ①凝胶时间可以控制在几秒至几十分钟范围内; ②结石体抗压强度较高,可达 10~20MPa,但后期强度由于水玻璃的作用宜降低; ③浆液结石率为100%,结石体渗透系数 10^{-2} ~ 10^{-3} cm/s,抗渗性能好; ④可用于裂隙0.2mm以上的岩体; ⑤来源丰富,价格较低; ⑥对地下水和环境无污染,但有 NaOH 碱溶出,对皮肤有腐蚀性; ⑦结石体易粉化,有碱溶出,化学结构不够稳定; ⑧施工工艺较单液复杂	适用于注浆过程中涌水较大或渗漏水严重,而影响到开挖施工时使用
TGRM 单液浆	是以特制的高性能超细水泥,配以适当种类和数量的外加剂,共同混合均匀,制成具有早强、高性能的水硬性胶凝材料。它具有以下特点: ①比表面积大,可注入0.2mm以下的裂隙中; ②浆液结石率为100%,结石体抗压强度可达50MPa以上; ③需要专用的注浆工艺设备,操作要求高; ④浆液无毒性,对地下水和环境无污染; ⑤具有较好的抗分散性,凝胶时间可控、强度高、耐久性好,固结后有微膨胀性,可以有效抵制水泥单液浆干缩而引起的渗漏水; ⑥价格较昂贵	该材料可在顶水注浆过程中,当注入普通水泥浆压力开始上升时使用,以提高抗渗抗分散能力,或用于加固区域

以上三种材料各有所长,注浆施工中,应根据不同的地质情况,单独选用或配合使用。

4.6.6　注浆参数的确定

1) 注浆扩散半径

浆液扩散半径(浆液的有效范围)与岩石裂隙大、浆液枯度、凝固时间、注浆速度和压力、压注量等因素有关。在孔隙性岩层裂隙比较规则、均匀,在岩层裂隙是不规则的。在其有效扩散范围内浆液充塞、水化后的固体能有效地封堵涌水。浆液的扩散半径随岩层渗透系数、压浆压力、压入时间的增加而增大；随浆液浓度和黏度的增加而减少。施工中对压浆压力、浆液浓度、压入量等参数可以人为控制与调整。对控制扩散范围可以起到一定作用。

以水玻璃为主剂的浆液，其实际有效扩散半径见表4-5，水泥浆液在裂隙岩石中的有效扩散半径见表4-6。

以水玻璃为主剂有效扩散半径表　　　　　　　　　　　　表4-5

岩层类别	实际有效扩散半径(m)	岩层类别	实际有效扩散半径(m)
砂砾	1.75～2.00	细砂	0.50～0.70
粗砂	1.20～1.45	淤泥	0.50
中砂	0.80～1.00	黏土	0.50

水泥浆液在裂隙岩石中的扩散半径表　　　　　　　　　　表4-6

裂隙宽度(mm)	有效扩散半径(m)	裂隙宽度(mm)	有效扩散半径(m)
<5	2	>30	6
5～30	4		

在现场注浆施工过程中，可根据注浆施工中地层的吸浆能力、注浆效果的检查评定等状况，对浆液扩散半径进一步调整。

2) 浆液浓度

对于不同宽度的岩缝，当采用同一浓度浆液时，充填的范围和时间是不同的，宽裂隙充填的距离较远，时间较长；而窄裂隙充填的范围很小，时间很短。因此在实际注浆过程中，遇到吃浆量很大，长时间不见减小的情况时，采取逐级变浓浆液的措施进行注浆。浆液变浓，意味着黏度和流动阻力的增大，将导致相同压力下的进浆率和流速降低，结果使得水泥提前沉积。每变浓一级浆液，就要出现一个更靠近孔壁的沉积点和一个新的脊背形成。过快变浓浆液，都可能造成岩缝突然堵塞，前后脊背互不衔接，使岩缝得不到充分的充填。在一个注浆过程中，往往包含不同宽度的裂隙。为了使所有裂隙都充满浆液，首先使用黏度小、流动性较好的稀液，充填较小的裂隙，再用较稠的浆液注较大的裂隙。

一般水泥浆液起始浓度很少采用较稀比级，特别在初期压浆阶段，因稀浆结石率低，并增大扩散半径，延长压浆时间。常用的水泥浆液浓度为1.5∶1～0.5∶1。采用浓浆、高压力，堵水效果好，并能缩短压浆时间。

水泥浆液压浆过程中，某一种浓度级的吸浆率为吸水率的80%～85%时，可以认为浓度适宜。在某一种浓度级压浆压力保持不变，吸浆量随压浆时间延长逐渐减少时，或当吸浆时间不变而压力却逐渐升高时，均属浓度适中，不需改变浆液浓度。如果当某一种浓度级连续压入20～30min后，压浆压力和吸浆量均无改变或改变不大，即可换用较浓一级的浆液。遇有冒浆或岩层破碎带、大裂隙、岩溶发育地层时，应越级加浓，或采用间歇压浆、水泥—水玻璃双液压浆措施。

根据工程经验，建议参照表4-7所示的参数进行浆液浓度配置。

注浆材料配比参数选用表　　　　　表 4-7

序号	名　称	配比参数		
		水灰比	体积比	水玻璃浓度
1	普通水泥单液浆	$W:C=(0.6\sim0.8):1$		
2	水泥—水玻璃双液浆	$W:C=(0.8\sim1):1$	$C:S=1:(0.3\sim1)$	35Be′
3	TGRM 单液浆	$W:C=(0.6\sim1.2):1$		

当然，有条件应根据现场试验来确定。比如，根据岩层的吸水率 q 来确定浆液浓度就是工程上常采用的一种方法。吸水率越大，岩层透水层越强，则浆液宜浓，吸水率 q 为单位时间内每米钻孔在每米水压作用下的吸水量，可通过压水试验按式(4-24)计算。

$$q = \frac{Q}{Hh} \qquad (4-24)$$

式中：Q——单位时间内钻孔在恒压下的吸水量[L/(min·m²)]；
H——试验时所使用的压力(10kPa)；
h——试验钻孔长度(m)。

根据式(4-24)算出单位吸水率 q，由表 4-8 选择水泥浆液浓度。

水泥浆液浓度选择表　　　　　表 4-8

钻孔吸水率 q[L/(min·m²)]	浆液起始浓度	钻孔吸水率 q[L/(min·m²)]	浆液起始浓度
0.01~0.1	8:1	3.0~5.0	1:1
0.1~0.5	6:1	5.0~10.0	0.5:1(加掺合料)
0.5~1.0	4:1	>10.0	0.5:1(加掺合料)
1.0~3.0	2:1		

3) 浆液注入量

为获得良好的堵水效果，必须注入足够的浆液量，确保一定的有效扩散范围。但浆液注入量过大，扩散范围太远，就浪费浆液材料。

浆液压入量 Q，可根据扩散半径及岩层裂隙率进行粗略估算，作为施工参考。

$$Q = \pi R^2 L \eta \beta \qquad (4-25)$$

式中：R——浆液扩散半径(m)；
L——压浆段落长度(m)；
β——岩层裂隙率，一般取 1%~5%；
η——浆液在裂隙内的有效充填系数，为 0.3~0.9，视岩层性质而定。

对于大的溶裂、大的溶洞，β(裂隙率)>5% 时，浆液注入量难以计算，因此，在这种情况下，宜用注浆压力控制注浆量，注浆量只能按注浆终压值时的注浆总量来决定。

4) 终孔间距

根据注浆加固交圈理论，注浆后应能形成严密的注浆帷幕，在注浆终孔断面上，根据注浆扩散半径进行注浆设计时不应有注浆盲区存在，这样，在进行注浆设计时，注浆终孔间距 a 应满足下式要求：

$$a \leq \sqrt{3}R \qquad (4-26)$$

式中：a——注浆终孔间距；

R——浆液扩散半径。

5) 注浆段长度

注浆段长度一般应综合考虑选择钻机的最佳工作能力、余留止浆墙厚度、根据加固圈要求进行注浆设计时盲区最小时的最佳设计孔数等内容。根据工程类比,建议在进行超前预注浆施工时,注浆段长度 L 选择为 $L=30\mathrm{m}$。

6) 止浆岩墙厚度

止浆岩墙主要是指在进行超前预注浆施工时,为满足抵抗注浆施工过程中注浆压力的要求而采取的止浆模式。在注浆工程施工中,除第一循环止浆岩墙采用模筑混凝土施工外,其他循环段止浆岩墙主要由喷射混凝土层(或模筑混凝土层)+上一注浆循环余留止浆墙共同组成。

(1) 第一循环注浆施工采用模筑混凝土止浆岩墙,建议采用 2m 厚。

(2) 自第二循环开始,采取余留上一注浆循环止浆墙时,止浆岩墙建议如下:

可根据围岩情况预留不同厚度的止浆岩盘,Ⅳ类围岩预留 3m 厚作为止浆岩盘;Ⅲ类围岩预留 4m;Ⅱ类围岩预留 5m,这样既确保了注浆效果,又避免了每个注浆循环浇筑混凝土作为止浆墙这道工序,加快了施工进度。

此外,建议喷射混凝土层选择强度等级不低于 C20,厚度一般为 $25\sim50\mathrm{cm}$。

7) 注浆范围

对于超前预注浆,注浆范围建议为隧道开挖轮廓线外 6m,径向后注浆为隧道开挖轮廓线 5m。

8) 注浆压力

注浆压力与岩层裂隙发育程度、涌水压力、浆液材料的黏度和凝胶时间长短有关。建议在顶水注浆时,注浆压力不超过 5MPa 为宜;普通注浆时,注浆压力宜为 $0.5\sim2\mathrm{MPa}$。

注浆压力应在注浆过程中,根据进浆量的大小进行调整。

4.6.7 注浆施工原则

注浆施工,必须根据设计要求,并考虑实际周围条件,以满足注浆目的为前提而进行。

具体施工流程可参见图 4-8,图中虚线部分表示可根据实际情况略作调整施作。

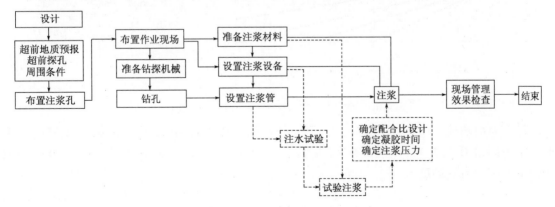

图 4-8 注浆施工流程

4.6.8 超前预注浆实施方案

1）注浆孔的布置

全断面帷幕超前预注浆（图4-9），分三环实施，第一环12m，第二环20m，第三环30m，注浆孔自掌子面沿开挖方向，以隧道中轴为中心呈伞状布置，全断面共布孔114个，开孔直径 ϕ115mm，终孔直径 ϕ75mm。

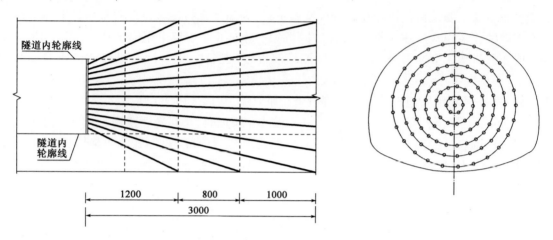

图4-9 全断面帷幕超前预注浆示意图（尺寸单位：cm）

全断面周边超前预注浆（图4-10），分三环实施，第一环12m，第二环20m，第三环30m，注浆孔自掌子面沿开挖方向，以隧道中轴为中心呈伞状布置，全断面共布孔94个，开孔直径 ϕ115mm，终孔直径 ϕ75mm。

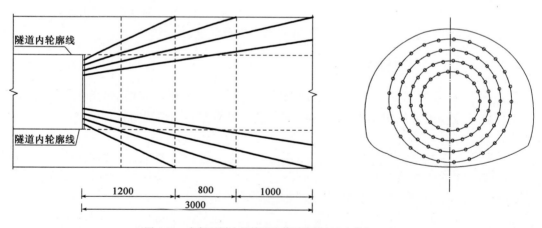

图4-10 全断面周边超前预注浆示意图（尺寸单位：cm）

局部断面超前预注浆（图4-11），分三环实施，第一环12m，第二环20m，第三环30m，注浆孔自掌子面沿开挖方向，以隧道中轴为中心呈伞状布置，全断面共布孔34个，开孔直径 ϕ115mm，终孔直径 ϕ75mm。

2）工艺流程

施工中，宜按图4-12进行注浆施工。

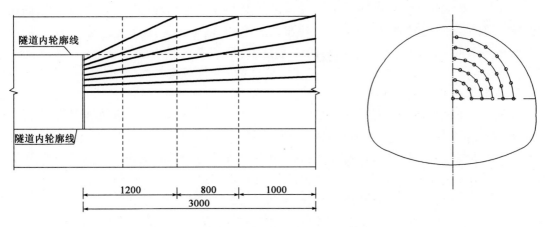

图 4-11 局部断面超前预注浆示意图(尺寸单位:cm)

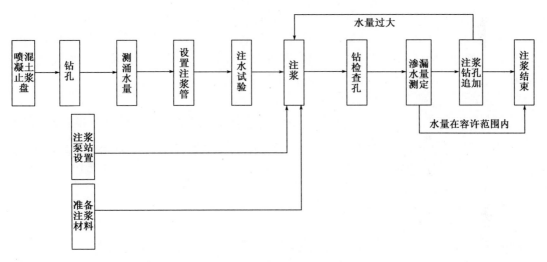

图 4-12 超前预注浆施工流程图

3) 注浆工艺

采用后退式分段注浆和前进式分段注浆两种注浆工艺,其中后退式分段注浆工艺又分为无注浆管后退式分段注浆工艺和有注浆管后退式分段注浆工艺。

(1) 无注浆管后退式分段注浆工艺:无注浆管后退式分段注浆工艺是利用钻机钻孔,将水囊(气囊)式止浆塞置入注浆钻孔内,通过输水(气)设备,使止浆塞膨胀,利用岩壁形成止浆系统,满足分段后退式注浆要求。施工中每次注浆段长 5m,第一注浆段完成后,后退止浆塞至下一注浆段预定位置进行第二段注浆,如此下去,直至该孔注浆完成后开始下一注浆孔的注浆施工。无注浆管后退式分段注浆工艺在施工中有可能会由于围岩破碎存在跑浆严重的现象,无法满足施工要求。

(2) 有注浆管后退式分段注浆工艺:有注浆管后退式分段注浆工艺是通过钻机钻孔,将袖阀管放入钻孔中,利用皮碗式或台阶式止浆塞在注浆管内完成后退式分段注浆施工。施工中注浆分段段长为 5m。该方案实施后,堵水效果好,可靠性高,但存在施工中下管和封孔有一定的难度,以及需增加注浆管费用等缺点。

(3)前进式分段注浆工艺:前进式分段注浆工艺是在施工过程中对于注浆孔采取钻孔一段注浆一段的钻、注交替顺序进行,每次注浆段长5m。该工艺是针对成孔困难,涌水量很大等特殊地质条件下的一种可行性较高的注浆技术,但该工艺具有速度慢、工序转化复杂等缺点。

4)钻孔

首先在掌子面将钻孔位置放出,采用红油漆标出注浆孔位置;将钻具对准注浆孔孔口位置,调整钻机至钻孔方向和设计钻孔方向一致(即偏角和立角与设计相同),固定钻机。

如果出水量很大,且水压较高,则需要采用108钻头钻深2m,安设孔口管。孔口管采用ϕ108、壁厚5mm、长2m无缝钢管加工制作,一端加焊法兰盘(配套高压球阀)。

孔口管安装时在管外缠绕麻丝,用钻机将孔口管顶入钻孔内。钻注浆孔。

当采取后退式分段注浆工艺时,将钻孔钻至设计深度;当采取前进式分段注浆工艺时,通过孔口管继续钻进5m后,停止钻孔,进行注浆施工,之后继续钻孔至10m,再注浆,如此循环下去,直至完成该孔的钻孔及注浆施工,施工中每次钻注段长为5m。

若采取袖阀管后退式分段注浆工艺时,可在钻孔完成后,下入注浆管,之后在钻孔内安设一泄水管,用棉纱封堵钻孔,然后开始注浆,当泄水管开始漏浆时,关闭泄水管,继续完成正常注浆施工。

5)注浆顺序

因施工工作面较小,易出现串浆现象,因而施工中宜采取钻孔—注孔的施工原则。若现场条件允许,经试验串浆发生的概率较小,可采取钻注平行作业。施工中,建议先注外圈,再注内圈,同一圈内由下到上间隔施作。

当钻孔涌水量$\geqslant 3m^3/h$,建议注浆速度80~150L/min;当钻孔涌水量$<3m^3/h$,建议注浆速度35~80L/min。

6)注浆结束标准

整个注浆循环结束后,在开挖面设置3~5个效果检查孔,检查注浆效果。

(1)单孔结束标准

注浆压力逐步升高至设计终压,并继续注浆10min以上;注浆结束时的进浆量小于20L/min,检查孔涌水量小于0.2L/min。

(2)全段注浆结束标准

所有注浆孔均已符合单孔结束条件,注浆后预测涌水量小于$1m^3/(d \cdot m)$;或进行压水试验,在0.75MPa的压力下,吸水量小于2L/min。

若不符合上述结束标准,应进行补孔注浆。

7)注浆设备

(1)钻机

建议选用ZYG-150型液压旋转式压钻机和YQ-100型风动钻机,以上两种钻机各有所长,在施工过程中配合使用。

(2)注浆泵

建议以KBY50/70全液注浆泵和ZG6310双液注浆泵为主,前者主要用于小流量的双液注浆,后者用于大流量注浆,同时备用2TGZ60/210双液注浆机,以用于大涌水量、超高压注浆。

8) 异常情况处理

(1) 若钻孔过程中,遇见突泥情况,立即停钻,拔出钻杆,进行注浆。

(2) 若掌子面小裂隙漏浆,先用水泥浆浸泡过的麻丝填塞裂隙,并调整浆液配比,缩短凝胶时间;若仍跑浆,在漏浆处采用普通风钻钻浅孔注浆固结。

(3) 若掌子面前方8m范围内大裂隙串浆或漏浆,采用止浆塞穿过该裂隙进行后退式注浆。

(4) 当注浆压力突然增高,则只注纯水泥浆或清水,待泵压恢复正常时,再行双液注浆;若压力不恢复正常,则停止注浆,检查管路是否堵塞。

(5) 当进浆量很大,压力长时间不升高,则应调整浆液浓度及配合比,缩短凝胶时间,进行小泵量、低压力注浆,以使浆液在岩层裂隙中有相对停留时间,以便凝胶;有时也可以进行间歇式注浆,但停注时间不能超过浆液凝胶时间。

(6) 发生串浆时,应加大钻注平行作业间距,或采取钻一孔注一孔的原则。

(7) 注浆过程中,当跑浆现象十分严重时,首先应采取封堵措施和间歇注浆技术,当仍然无效时,可认为该孔可注性较差,可结束该孔注浆。

(8) 尽量减少钻注施工过程中水量排出。

(9) 施工中应做好排水准备工作,以防止施工中大量涌水形成危害。

(10) 准备好抢险材料,做好抢险准备工作。

4.6.9 后注浆实施方案

1) 全断面径向注浆

当地下水的流出,对生态环境造成明显的不利影响时,则需要进行后注浆,固结范围为隧道开挖轮廓线外5m。

(1) 当有集中水流或岩溶管道出水时,首先要埋管将水流引出,降低地下水压,然后用快凝混凝土将原有出水口或岩溶管道封堵。在离出水口一定距离处,对出水裂隙或管道钻注浆孔,安装注浆管,用水泥—水玻璃双液浆进行注浆。

(2) 当开挖面渗漏面积和水量较大时,在渗漏处用钻机钻孔,找出渗漏水的主要裂隙,由钻孔引流,将面上的渗漏水变为点上的渗漏水。然后用凝胶时间1~3min的水泥—水玻璃双液浆进行低压注浆。

(3) 径向注浆孔开孔环向间距1.0m,纵向间距1.5m,注浆孔垂直于开挖轮廓线,梅花形布置。注浆孔采用风钻钻孔,成孔后安设$\phi 42mm$注浆小导管,管长5m。布孔完毕后,在注浆管周围喷射20cm厚混凝土封闭,以防止注浆过程中漏浆,保证注浆效果。采取全孔一次性注浆方式进行注浆。注浆终压为3.0MPa。

2) 局部注浆

根据超前地质预报探明的局部岩溶实际分布及开挖后地下水渗流状态选用。

3) 补注浆

补注浆是隧道开挖后,围岩已经被扰动,再进行整治注浆。

按上述三种注浆方式实施后,如仍未达到设计要求时,根据实际情况选择上述方式一种或多种进行补充注浆。

4.6.10 注浆效果评估

注浆效果的评估可采用分析法、五点法标准压水试验、简易压水试验、声波测试、岩芯抗压强度试验以及浆液充填的直观检测等方法。

1) 分析法

分析法主要是根据注浆施工过程中的 $P\text{-}Q\text{-}t$ 曲线、浆液填充率反算、涌水量对比分析等方法来评定注浆效果。

2) 定性检测

定性检测,即浆液充填的直观检测,包括检查孔岩芯观测、竖井井壁观测及岩石磨片鉴定。该方法能够定性地检测浆液在岩体中的充填情况,为注浆质量的评价提供直观可靠的依据。

3) 定量检测

(1) 五点法标准压水试验:该检测方法能够直接获得岩体在注浆前后透水率的变化情况,根据注浆后岩体的透水率来判定岩体的透水性,对注浆质量作出最为直接和有效的评价。该方法是注浆载体完整性评价的主要检测标准。

(2) 简易压水试验:通过各次序孔注浆前的简易压水试验,可以获得各次序孔简易压水的透水率递减率,该指标能直接反映各次序孔之间的搭接效果。该方法是注浆载体连续性评价的检测标准之一。

(3) 声波测试:通过对岩体进行弹性波声波测试,可以获得岩体在注浆前后声波波速的变化情况,根据声波波速提高率对注浆质量作出评价。该方法是注浆载体完整性评价的重要检测标准之一。

(4) 岩芯抗压强度检测:通过注浆前后对钻孔岩芯进行单轴抗压试验,可以获得岩体抗压强度的提高率。该方法是注浆载体坚固性评价的主要检测标准。

注浆技术是从实践中总结出来的,不能一成不变,必须在施工实践中不断修正、补充、发展、完善、创新,根据地质情况,及时调整各项参数,以达到最佳的注浆效果。

4.7 小　　结

本章从富水隧道防排水原则、防排水技术的分类、控制排放、地下水排放量的确定方法、地下水限量排放的动态平衡模型和注浆堵水技术,得出如下结论:

(1) 围岩注浆,不仅可以提高围岩的弹性模量、内聚力和内摩擦角等力学参数,从而改善围岩体的力学性能,而且可以封堵或减少裂隙中的渗水,达到保护地下水资源的目的。

(2) 通过注浆,可以达到控制排放的目的。

(3) 围岩注浆一方面可以加固围岩,从而改善围岩的力学性能;另一方面,可以有效地封闭裂隙或减小裂隙宽度,从而减小围岩的渗透系数,并在概率上改变地下水的渗流途径,最终均达到减小隧道外水压力的效果。

(4) 从注浆堵水原则、注浆方式、注浆材料、注浆参数、注浆工艺等各个方面对注浆堵水技术进行了全面系统的阐述,并指出注浆技术应从实践中总结完善。

5 岩体隧道外水压力的折减机理

5.1 岩体隧道外水压力折减的蚁群效应

5.1.1 蚁群算法的基本模型与应用

1)蚂蚁的觅食行为

觅食行为是蚁群一个重要而有趣的行为。据昆虫学家的观察和研究发现,生物世界中的蚂蚁有能力在没有任何可见提示下找出从蚁穴到食物源的最短路径,并且能随环境的变化而变化地搜索新的路径,产生新的选择。

在从食物源到蚁穴并返回的过程中,蚂蚁能在走过的路径上分泌一种化学物质 Pheromone——信息素,也称信息激素或外激素,通过这种方式形成信息素轨迹。蚂蚁在运动过程中能够感知这种物质的存在及其强度,并以此指导自己的运动方向,使蚂蚁倾向于朝着该物质强度高的方向移动。信息素轨迹可以使蚂蚁找到它们返回食物源(或蚁穴)的路径,其他蚂蚁也可以利用该轨迹找到由同伴发现的食物源的位置。而且它们能够根据环境的变化,例如原来的最短路径若被某一障碍物所破坏而变得无效时,选择另外的一条最短路径将食物运回到巢里。蚂蚁的这种行为可以由图 5-1 对其进行简单说明。

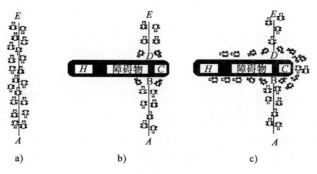

图 5-1 蚂蚁觅食的智能行为

图 5-1a)表示蚂蚁从巢穴 A 点到达食物源 E 点后返回,将食物运回到 A,这是蚂蚁当前的一条路径;图 5-1b)表示在图 5-1a)原来路径的基础上设置一障碍物,而使原来的路径变成了两条,从而使蚂蚁面临两条路径的选择,要么沿着路线 $A→B→H→D→E$ 到达食物源,要么沿着路线 $A→B→C→D→E$ 到达食物源。那么蚂蚁群又是如何选择的呢?实验表明,蚂蚁开始选择这两条路线的概率均等,从而使选择走这两条路线的蚂蚁数目相等,即走这两条路线的蚂蚁数目各占一半。当到达 E 点的蚂蚁要将食物运回到巢穴,走到 D 点时,同样也将面临两条路线的选择,此时蚂蚁根据来时路线上放置的信息素量的多寡来选择它所要走的路线。从图

中我们可以看出,路线 $A→B→H→D→E$ 比路线 $A→B→C→D→E$ 要长,蚂蚁所花费的时间也相应变长。所以走路线 $A→B→C→D→E$ 的蚂蚁数目比走另外一条路线 $A→B→H→D→E$ 要多,所释放的信息素比在路线 $A→B→H→D→E$ 所放的信息素要多,从而使后来位于 D 点返回的蚂蚁以很大的概率选择路线 $A→B→C→D→E$,这样就会出现图 5-1c)中大多数蚂蚁走 $A→B→C→D→E$ 这条路线的现象。

2)蚁群算法的基本模型

受到自然界中真实蚁群集体行为的启发,意大利学者 M. Dorigo 于 1991 年,在他的博士论文中首次系统地提出了一种基于蚂蚁种群的新型优化算法——蚁群优化算法(Ant Colony Optimization,ACO)。在蚁群算法中,提出了人工蚁的概念。人工蚁群和自然界蚁群的相似之处在于,两者优先选择的都是含"外激素"浓度较大的路径,较短的路径上都能聚集比较多的外激素。两者的工作单元(蚂蚁)都是通过在其所经过的路径上留下一定信息的方法进行间接的信息传递。而人工蚁群和自然界蚁群的区别在于人工蚁群具有一定的记忆能力,它能够记忆已经访问过的节点,另外人工蚁群在选择下一条路径的时候并不是完全盲目的,而是按一定的算法规律有意识地寻找最短路径。

以典型的旅行商问题为例,介绍蚁群算法的基本原理(李士勇,2004):

旅行商问题(TSP)是指有 n 个城市,城市 i、j 之间的距离为 d_{ij},一个旅行商从城市 1 出发到其他每个城市,去一次且仅去一次,最后回到城市 1,旅行商问题要求从 $2 \sim n$ 个城市的所有排列中找出总路线最短的排列。

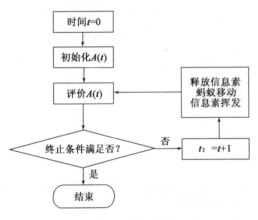

图 5-2　简单蚁群算法流程图

简单蚁群算法的流程图如图 5-2 所示。其中,初始化 $A(t)$ 为{初始化蚁群};评价 $A(t)$ 为{根据目标函数对每只蚂蚁的适应度做一评估};释放信息素为{根据适应度,对蚂蚁所经过的路径按一定的比例释放信息素。适应度越高,所释放的信息素越多};蚂蚁移动为{蚂蚁依据前面的蚂蚁所留下的信息素和自己的判断选择路径};信息素的挥发为{信息素会随着时间不断消散}。

初始时刻,各条路径上的信息素量相等,设 $\tau_{ij(0)} = C$(C 为常数)。蚂蚁 $k(k = 1,2,\cdots,m)$ 在运动过程中根据各条路径上的信息素量决定转移方向。蚂蚁系统所使用的状态转移规则被称为随机比例规则,它给出了位于城市 i 的蚂蚁 k 选择移动到城市 j 的转移概率 P_{ij}^k 为:

$$P_{ij}^k(t) = \begin{cases} \dfrac{\tau_{ij}^\alpha(t)\eta_{ij}^\beta(t)}{\sum\limits_{s \in \text{allowd}} \tau_{ij}^\alpha(t)\eta_{ij}^\beta(t)} & j \in wd_k \\ 0 & \text{其他} \end{cases} \quad (5\text{-}1)$$

其中,allowedk $= \{0,1,\cdots,n-1\}$ 表示蚂蚁 k 下一步允许选择的城市。由式(5-1)可知,转移概率 $P_{ij}^k(t)$ 与 $\tau_{ij}^\alpha \cdot \eta_{ij}^\beta$ 成正比。η_{ij} 为能见度因数,α 和 β 为两个参数,分别反映了蚂蚁在运动过程中所积累的信息和启发信息在蚂蚁选择路径中的相对重要性。

经过 n 个时刻,蚂蚁完成一次循环,各路径上信息素量根据下式调整:

$$\tau_{ij}(t+1) = \rho \cdot \tau_{ij}(t) + \Delta\tau_{ij}(t,t+1) \tag{5-2}$$

$$\Delta\tau_{ij}(t,t+1) = \sum_{k=1}^{m} \Delta\tau_{ij}^{k}(t,t+1) \tag{5-3}$$

其中,$\Delta\tau_{ij}^{k}(t,t+1)$表示第 k 只蚂蚁在时刻$(t,t+1)$留在路径(i,j)上的信息素量,其值视蚂蚁表现的优劣程度而定。路径越短,信息素释放的就越多;$\Delta\tau_{ij}(t,t+1)$表示本次循环中路径(i,j)的信息素量的增加;$(1-\rho)$为信息素轨迹的衰减系数,通过设置系数$\rho<1$来避免路径上轨迹量的无限累加。

根据具体算法的不同,$P_{ij}^{k}(t)$、$\Delta\tau_{ij}^{k}$和$\Delta\tau_{ij}$的表达式不同。M. Dorigo 给出了三种不同模型,包括蚁周系统、蚁量系统和蚁密系统,对 TSP 问题进行了解答。现在,蚁周算法模型通常被称作蚂蚁系统,而另外两种算法模型逐渐被放弃了。由于蚁群算法是一种新型的模拟进化算法,其研究才刚刚开始,存在许多不足,研究者进行了大量的改进工作,提出了一系列的蚂蚁系统的改进算法。

3)蚁群算法在水科学中的应用

蚁群算法虽然研究时间不长,但它已显示出在求解复杂优化问题上的优势,不仅可以用于连续时间、空间系统的复杂优化,还可以用于离散系统的复杂优化,其应用前景非常广阔,相继渗透到许多新的领域(杨娜,2007)。该算法已经成功地解决了若干水土资源领域的问题,包括水资源的优化调度问题(徐刚,2005)、水资源供需平衡、合理分配及优化配置问题(NAGESH D.,2006)、观测井网的布设优化问题(LI,2004)、地下含水层参数的识别问题(李守巨,2005)、水环境优化问题(杨晓华,2003)、暴雨强度公式的参数优化问题(邹长武,2005)、给水管网的改扩建优化问题(许刚,2006)以及排水管道系统的优化问题(王磊,2005)等。

5.1.2 隧道水荷载折减的"蚁群效应"分析

1)地下水的渗流特性

(1)由于长期的地质作用,岩体多被认为是一种孔隙介质或裂隙介质(孙广忠,1998)。前者认为岩体是一种多孔结构,后者认为岩土是受裂隙分割的不连续体,但不论何种理论,均认为孔(裂)隙是地下水渗流的主要通道(朱珍德,2007;仵彦卿,2009)。由于围岩岩体中不同的裂(孔)隙组合,形成了复杂的裂(孔)隙网络结构(图5-3),这个网络的每一处裂(孔)隙即成为了地下水可能流经的通道,因此,地下水在岩体中的渗流具有多路径选择的特性。事实上,当孔隙度一定时,控制渗透性的主要因素是孔隙大小。根据图解,当裂(孔)隙直径由 0.01mm 增至 10 ~ 100mm 时,渗透系数由$10^{-4} \sim 10^{-3}$m·d^{-1}增加至10^{4}m·d^{-1}(王建秀,2004)。这从另一方面,也再次证实了裂(孔)隙是地下水渗流的主要通道。当前,岩体 Montecarlo 结构面网络模拟技术(贾洪彪,2008)、岩体裂隙渗流理论、裂隙岩体注浆理论(郝哲,2006)均是在此认识的基础上发展起来的。

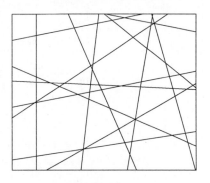

图 5-3 岩体裂隙网络结构示意图

(2)隧道围岩岩体中的地下水往往由于埋深的存在,多具有一定的势能,因此所有的水质点在势能的作用下,都将"自主地"选择通道流动。

(3)对于碳酸可溶盐岩,其和一般岩体的区别还包括它能受地下水化学环境的改造。对于赋存地下水环境中的碳酸岩或其他易腐蚀岩体,在地下水化学腐蚀的作用下,能产生溶解—沉淀以及其他相关的化学现象,使其内部出现更多的缺陷。地下水对石灰岩裂隙的化学改造作用会导致其渗透性的演化。由于隧道的开挖和排水,地下水的渗透与交替速度可能获得空前的提高,通过低阶水—岩相互作用而达到较高浓度的地下水会被迅速排走并获得低浓度水不断的补给,在主径流和补给区域内会建立起以低阶快速反应为主的环境,此时溶蚀作用可能大大加快并产生具有工程意义的渗透性演化。王建秀(2004)根据化学动力学的方法,应用平行板模拟过水裂隙,采用化学动力学中的 PWP 方程模拟和再现石灰岩的溶蚀过程,通过平行板模型隙宽的演化,分析和计算其渗透张量的演化过程,并以某在建高水压富水区铁路隧道为例,计算了围岩渗透系数与隧道进口段地下水排放量和时间的关系,见表 5-1。

某在建隧道进口段围岩渗透性的演化   表 5-1

隧道排放量	10 年后	20 年后	30 年后	40 年后	50 年后
	围岩渗透系数增加值				
5m³/d	6%	13%	13%	23%	37%
10m³/d	15%	27%	48%	62%	83%
15m³/d	22%	45%	73%	102%	137%

同时,由于水流的不断冲刷,原有裂隙中的充填物总体越来越少、组分粒径越来越小,因此地下水的渗流通道也将变得越来越畅通。

2)地下水渗流运动与蚁群觅食行为的相似性

据上分析,从微观上看,将岩体地下水的渗流运动与蚁群的觅食行为作了如下对比(表 5-2)。表 5-2 表明,两者之间具有高度的相似性。

岩体地下水渗流与蚁群觅食行为的相似性   表 5-2

序号	相似点	两者对比		
		蚁群的觅食行为	岩体地下水的渗流运动	对比结论
1	组成	蚁群是由数个蚂蚁所组成	水流是由数个"水质点"所组成	蚂蚁→水质点;蚁群→水流
2	目的	所有单个蚂蚁运动的目标均是为了获取食物	所有单个"水质点"运动的目标均是为了"消耗势能"	获取食物→消耗势能
3	信息传递	单个蚂蚁之间是通过信息素进行通信	单个"水质点"之间是通过分子引力、表面张力进行"通信"	信息素→分子引力和表面张力
4	路径选择原则	蚁群根据每条路径上信息素的浓度选择路径	水流根据岩体裂隙的大小选择路径	信息素浓度→岩体裂隙大小
5	相关性	蚁群在某一条路径上走过次数越多,这条路径上的信息素浓度也就越大	由于"水化作用"以及"冲刷作用"的存在,水流在某一条裂隙上走过次数越多,这条裂隙的宽度也就越宽	信息素浓度与次数呈正相关性→岩体裂隙大小与渗水时间呈正相关性
6	反映特征	最终,蚁群会选择一条信息素浓度最大的路径作为通向目标(觅食)的路径	最终,水流会选择一条最宽的裂隙作为通向目标(消能)的主要路径	信息素浓度最大的路径→裂隙最宽的路径

事实上,地下暗河的存在、地表水系的流动等自然现象的存在,均在一定程度上佐证了地下水流运动与蚁群觅食行为的相似性。

鉴此,可以推论:

(1)当地下水处于丰水期时,渗流通道将主要集中于缝宽的岩体裂隙。

(2)当地下水处于贫水期时,部分裂隙较窄的通道会基本无水流过。

(3)通过采取有效措施改变岩体中的裂隙缝宽,在一定程度上就可以改变地下水的渗流走向,从而达到减小隧道水荷载的目的。

3)围岩注浆后的"蚁群效应"

如上所述,鉴于注浆可有效地减小围岩裂隙宽度,甚至封闭围岩裂隙,则根据地下水渗流运动与蚁群觅食行为的相似性,借鉴图5-4,可从微观上形象地解释注浆可减小隧道水荷载。

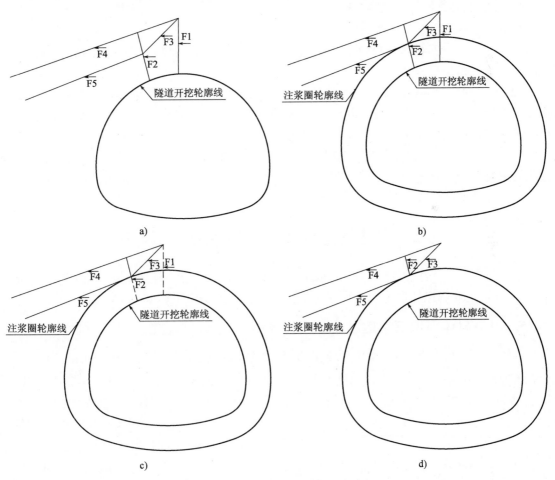

图5-4 围岩注浆后的"蚁群效应"演化图

图5-4a)表示隧道开挖后的围岩裂隙概化图,并假定存在图中所示的F1、F2、F3、F4和F5等5条裂隙,且裂隙宽度相同。当不实施注浆堵水,则5条裂隙均是地下水渗流运动的通道,如不考虑其他因素的影响,此时水荷载将直接作用于后期修筑的二次衬砌上。

图5-4b)表示实施了注浆堵水,则浆液结石体会减小在注浆范围内的裂隙F1和F2的宽

度,甚至完全封闭其裂隙。显然,这两条裂隙的等效水力宽度将远远小于其他三条裂隙,渗透性将大大降低[图5-4c)]。

根据地下水渗流运动与蚁群觅食行为的相似性(表5-2),可以推测,裂隙F3、F4和F5将成为地下水渗流运动的主要通道,裂隙F1和F2则为次要通道,在水化作用、冲刷作用等作用下,随着时间增长,预测最终将形成图5-4d)所示的状态。

显然,水荷载的作用对象已转移到注浆圈围岩和隧道支护结构上,从某种程度上说,衬砌背后的水荷载已大大折减。不过,上述分析的前提在于浆液结石体能有效封闭岩体裂隙,并具有足够的耐久性,至少其堵水失效的程度应小于同时期的水化和冲刷作用的影响程度。

当然,如裂隙F1和F2中仍有部分渗水,但其水量已大大减小,此时则应考虑"动态效应"的存在。

4)水荷载折减的"蚁群效应"要点

归纳上述隧道水荷载折减的"蚁群效应",其要点如下:

(1)隧道周边的岩体裂隙越窄,这些裂隙参与地下水渗流的概率就越小,地下水通过隧道排放的水量就越少。

(2)通过对隧道周边的围岩进行注浆,可以有效地封闭其裂隙或减小裂隙等效水力宽度,使地下水转而寻找其他更宽的通道,进而在某种程度上改变了地下水的渗流路径,从而达到减小隧道衬砌水荷载的效果。

(3)对于隧道周边发育的较大规模的富水洞穴、溶蚀带或断层带等,均是长期以来地下水渗流的主要通道,不宜采取完全封堵措施,应继续保持其作为地下水渗流主要通道的功能,以达到减小隧道水荷载的效果。

5.2 岩体隧道外水压力折减的动态效应

隧道外水压力往往被认为是静水压力,即静水头的作用,是一种静止状态,但事实上,地下水是动态的,因此隧道外水压力也存在"动态效应",这主要体现在以下几个方面:

5.2.1 岩体中地下水运动的"喉管效应"

岩体中的过水通道包括裂隙、节理、断层带、溶穴、溶蚀管道等,它们的过水断面均不相同。

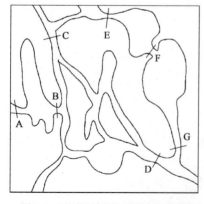

图5-5 "喉管"效应的平面分布示意图

例如,地下水由溶蚀管道流至断层带,再流至裂隙,其间就不断经历着过水断面相对逐渐减小的地段,而出现"喉管"或"喉道"(注"喉管"一词为水力学术语,"喉道"一词借用油气藏研究术语)效应。继续上溯将会发现第二个"喉道",乃至第三个……,于是追索到地下水源之前,可发现若干"喉道"。各个"喉道"的大小不同,决定了"喉道"过水能力的不同。由于"喉道"过水量的差异,可能导致两个"喉道"之间的裂隙空腔内产生真空,使地下水流"脱节"。如图5-5所示,A-B、C-D、E-F、E-G为受喉道控制的含水段,类似含水结构可见于打吊针时的输液瓶装置。

为便于论述清晰,以图 5-6 为例进行进一步解释。图 5-6a)中,如不考虑"喉管"效应,隧道拱部的静水头理论上应为 $H = h_1 + h_2 + h_3$,但一旦发生了喉管效应后,如图 5-6b)和图 5-6c)所示,隧道拱部的静水头均小于 H,直至地下水连续地贯通了整个通道,隧道外水压力才与 H 水头相当,如图 5-6d)所示。

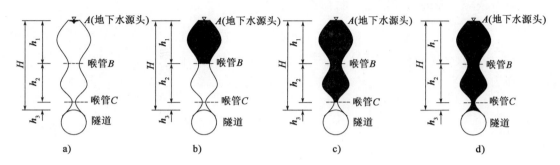

图 5-6 "喉管"效应的立面分布示意图

所以,考虑"喉管"效应后,注意到在此情况下地下水是不可能连续地传递静水压力的,因此隧道外水压力就表现为时有时无、时大时小,从另一方面上说,也就是产生了折减。

5.2.2 水源补给的影响

众所周知,地下水的水源补给是受到多种因素的影响,包括气候、季节、人类活动等,这些因素都可能造成某段时间内的水源枯竭或地下水的"断流",从而也会造成地下水在裂隙通道中呈现为不连续分节(段)的状态。这种情况下,隧道外水压力也会表现为时有时无、时大时小,也会产生折减。

5.2.3 排水构造的影响

隧道一般均设有完整的排水网络系统,包括隧道拱背的环向排水盲管、纵向排水盲管(沟)、横向导水管,这些构造的存在均保障了隧道自身结构具有一定的排水能力。

假定其设计排水量为 Q,而拱背集聚的地下水量为 q,如果 $Q > q$,则一旦隧道拱背出现地下水,通过上述排水构造,即能迅速排放,此时,若地下水由于种种原因来不及及时补给,则地下水就无法在隧道拱背集聚,从而也不能达到静止的全水头,隧道的外水压力也能折减。因此,采取有效措施保障排水构造的排水能力也是减小外水压力的有效措施之一。

5.3 岩体隧道外水压力折减的渗流效应

5.3.1 渗流对水荷载的影响

如果将围岩体看作等效的均质孔隙介质,则隧道水荷载可理解为结构外地下水的孔隙水压力,而孔隙水压力在岩土介质中的形态是一个很复杂的问题,探讨它的规律离不开渗流、有效应力这些基本概念。

如图 5-7a)所示,当渗流方向向下时,使 a-a 平面上测压管水头 h_w 低于静水头,比静水面低了 h 的高度,这个高度就是水的渗流对应的水头降。a-a 平面上的孔隙水压力应表达为:

$$u = \gamma_w h_w = \gamma_w (h_1 + h_2 - h) \tag{5-4}$$

而平面上的总应力不会改变，即：

$$\sigma = \gamma_w h_1 + \gamma_{sat} h_2 \tag{5-5}$$

根据有效应力原理，a-a 平面上的有效应力为：

$$\sigma' = \sigma - u = \gamma' h_2 + \gamma_w h \tag{5-6}$$

显然，与静水情况相比，当有向下渗流发生时，土层中 a-a 平面上的总应力虽保持不变，但孔隙水压力减少了 $\gamma_w h$，而有效应力相应地增加了 $\gamma_w h$，有效应力的增加等于孔隙水压力的减少。

同理，如图 5-7b) 所示，当渗流方向向上时，与静水情况相比，孔隙水压力增加了 $\gamma_w h$，而有效应力相应地减少了 $\gamma_w h$。

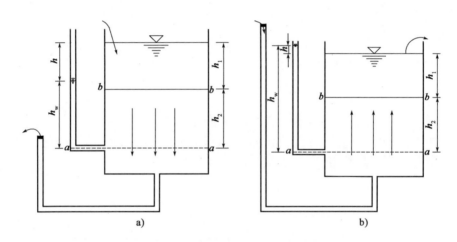

图 5-7 渗流与孔隙水压力的关系示意图

从上述分析可以看出，孔隙水压力按照其起因可以分为两种：一种是静水位引起的，通常把它称为静孔隙水压力；另一种是由超过静水位的一部分水头引起，通常把它称为超静孔隙水压力。而渗流情况下的孔隙水压力即为上述两种孔隙水压力之和，向下渗流时的超静孔隙水压力为负值，向上渗流时的超静孔隙水压力为正值。另外，还可从中发现，所谓孔隙水压力与有效应力可以互相转化，都是对超静孔隙水压力而言的，而静的孔隙水压力一般并不存在转化的问题。因为它主要是由静水位决定的，而通常在讨论孔隙水压力与有效应力的关系时，均把静水位当作定值。因此外水压力折减并不意味着静水位的降低，它实际是一个地下水渗流的动力学效应，如果把水压力折减理解为是静水头的降低那就在概念上模糊了。

事实上，一方面，由于地质条件的复杂性，在看似稳定的地下水位中，大多伴随有地下水的渗流现象；另一方面，由于隧道施工和运营期间排水的影响，都会带来不容忽视的渗流作用，引起隧道结构附近长期的渗流方向为由上至下由远至近的渗流场，而根据上述分析显然这个渗流场对隧道衬砌结构的外水压力折减是有利的。

所以，不论是山体内部的自身渗流，还是隧道施工或运营排水引起的渗流，都会对隧道衬砌结构的外水压力产生影响，当其方向为向下时，就可以折减；但外水压力折减并不意味着静水位的降低,它实际是一个地下水的渗流动力效应。

5.3.2 隧道水荷载的"渗流效应"分析

1)渗流场解析公式

吴金刚(2006)借鉴映射函数(陆文超,2002),利用保角变换推导了各向同性均匀连续围岩介质中隧道渗流场的解析解。其假设条件如下:

(1)隧道的排水不会影响到地下水位线的位置,即认为地下水位不变,设为 H_2。

(2)圆形断面隧道,围岩为均匀、各向同性介质。

(3)地下水不可压缩,且渗流符合稳定流规律。

(4)隧道洞周为等水头(或等水压) H_1。

图5-8中,其边界条件为:

(1)地下水位线边界:$y=0$,即 $H=H_2$;

(2)隧道洞周边界:$x^2+(y+h)^2=r_0^2$,$H=H_1$。

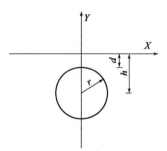

图5-8 隧道渗流场计算区域

假定地下水密度为 $1\times10^3\,\text{kg/m}^3$,并考虑地下水自身重力场的作用,经数学推导,可得该区域的水头为:

$$P = H_2 - \frac{H_2 - H_1}{2\ln\alpha} \cdot \ln\frac{a^2(x^2+y^2)+b^2h^2+2abhy}{a^2(x^2+y^2)+b^2h^2-2abhy} - y \tag{5-7}$$

表示成隧道排放量的函数则为:

$$P = H_2 + \frac{Q}{4\pi k} \cdot \ln\frac{a^2(x^2+y^2)+b^2h^2+2abhy}{a^2(x^2+y^2)+b^2h^2-2abhy} - y \tag{5-8}$$

上述诸式中:P 为各点压力水头,Q 为隧道排水量,k 为围岩渗透系数,x、y 为坐标值,$a=1+\alpha^2$,$b=1-\alpha^2$,$\alpha=\dfrac{h-\sqrt{h^2-r^2}}{r}$,$h$ 为隧道中心距离地下水位线的深度,r 为计算点距隧道中心的距离。

此时,只需确定隧道排水量就可确定隧道周围渗流场的水压分布。

2)渗流场模拟结果与分析

由式(5-8),按表5-3中的有关参数进行了渗流场的模拟。前四种工况探讨隧道排放量对渗流场的影响,后四种则探讨围岩渗透系数对渗流场的影响,具体计算模拟结果示例如图5-9~图5-15所示。

渗流场解析解模拟工况　　表5-3

序号	h(m)	隧道半径(m)	围岩渗透系数(m/d)	隧道排放量[$\text{m}^3/(\text{d}\cdot\text{m})$]
1	100.0	5.50	0.42	0.00
2	100.0	5.50	0.42	1.00
3	100.0	5.50	0.42	5.00
4	100.0	5.50	0.42	10.00
5	100.0	5.50	0.05	5.00

续上表

序号	h(m)	隧道半径(m)	围岩渗透系数(m/d)	隧道排放量[m³/(d·m)]
6	100.0	5.50	0.42	5.00
7	100.0	5.50	0.75	5.00
8	100.0	5.50	1.00	5.00

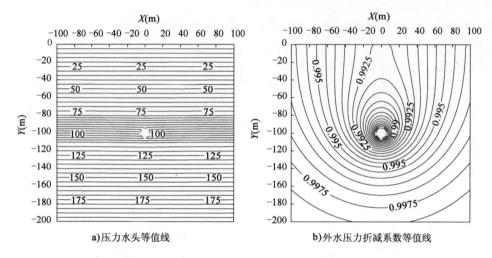

图 5-9　工况 2 渗流场模拟结果

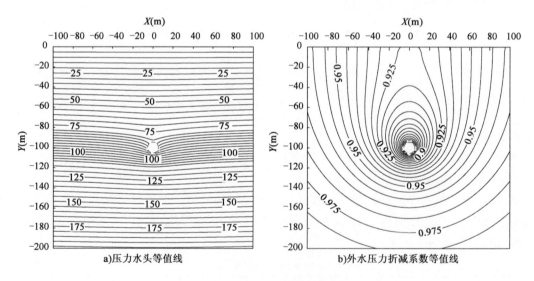

图 5-10　工况 4 渗流场模拟结果

由图 5-9、图 5-10 可知,隧道排放量为零时,如隧址区周围也无其他的地下水排放点,则水压不能折减;隧道一旦存在排放量,隧道周边的外水压力就可以折减,其折减的影响范围随排放量的增加而增广。由图 5-11、图 5-12 可知,围岩渗透系数与隧道周边的外水压力呈明显的正相关关系,且拱部以上的区域更易受影响,其折减的影响范围随渗透系数的减小而更广。

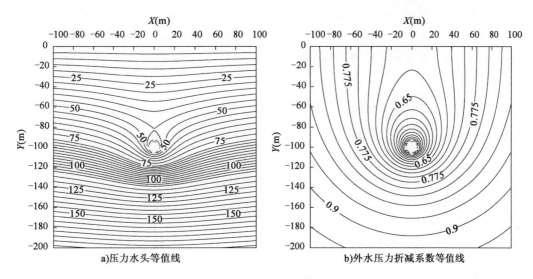

图 5-11 工况 5 渗流场模拟结果

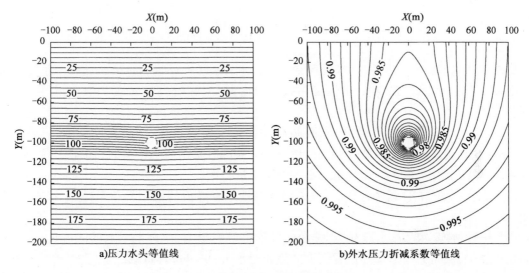

图 5-12 工况 8 渗流场模拟结果

为便于进一步分析,特选取拱顶处的外水压力与围岩渗透系数、水头高度、排放量进行了关系比较,如图 5-13～图 5-15 所示。

图 5-13～图 5-15 表明,拱顶处的外水压力和折减系数与围岩渗透系数,以及地下水埋深呈明显正相关关系;拱顶处的外水压力和折减系数与隧道排放量呈明显负相关关系。特别地,当通过注浆等措施减小围岩渗透系数到一定值后,将会明显地减小隧道衬砌外水压力。例如,当围岩渗透系数为 0.25m/d 时,如渗透系数减小 80%,

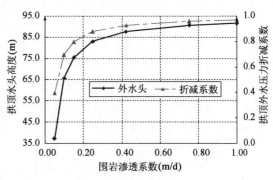

图 5-13 围岩渗透系数—拱顶水压关系

则可降低外水压力55.1%;如增大300%,则可增加外水压力10.3%。

故此,增大隧道排放量和减小围岩渗透系数均有利于减小隧道外水压力。对于某一具体的隧道工程,保障注浆的施工质量,确保浆材对围岩孔(裂)隙封堵的有效性,是减小衬砌外水压力的至关重要环节。

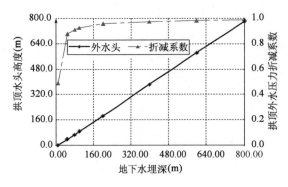

图5-14 地下水埋深—拱顶水压关系

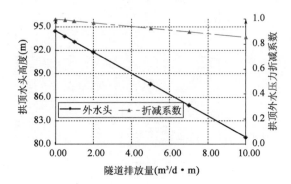

图5-15 隧道排放量—拱顶水压关系

5.4 小 结

综上所述,将隧道外水压力的三种效应"蚁群效应"(Ant-colony Effect)、"动态效应"(Dynamic Effect)、"渗流效应"(Seepage Effect)归纳为"ADS效应"(ADS Effect),其主要要点包括:

(1)岩体是发育裂隙的孔隙介质,孔隙总体积较大但渗透性相对弱,而裂隙总体积虽较小,但渗透性却相对较强。因此岩层中的地下水流大部分是由裂隙传输的。也就是说,地下水主要是储存在孔隙中,但水的运动主要是在裂隙中进行的。

(2)隧道周边的岩体裂隙越窄,这些裂隙参与地下水渗流的概率就越小,地下水通过隧道排放的水量就越少。

(3)由于"喉管"效应、水源补给、排水构造等因素的影响,使得地下水的渗流具有明显的动态变化特征,从而无法形成理论意义上的静止全水头,可以进行折减。

(4)不论是山体内部的自身渗流,还是隧道施工或运营排水引起的渗流,都会对隧道衬砌结构的外水压力产生影响,当其方向为向下时,就可以折减。隧道外水压力的折减并不意味着静水位的降低,它实际是地下水的渗流动力效应。

(5)隧道排放量为零,且隧址区周围也无其他的地下水排放点,则水压不能折减;一旦隧道存在排放量,外水压力就可以折减。

(6)增大隧道排放量和减小围岩渗透系数均有利于减小隧道外水压力。

(7)通过对隧道周边的围岩进行注浆,可以有效地封闭其裂隙或减小裂隙宽度,使地下水转而寻找其他更宽的裂隙通道,进而在某种程度上改变地下水的渗流途径,从而达到减小隧道衬砌外水压力的效果。

(8)对于隧道周边发育的较大规模的富水洞穴、溶蚀带或断层带等,均是长期以来地下水渗流的主要通道,一旦采取了封堵的处治措施后,外水压力对隧道支护的结果必须考虑。

6 隧道外水压力的模型试验

6.1 试验背景及目的

由于隧道围岩介质、水文地质条件及排放系统的复杂性,难以通过理论和数值分析方法对外水压力得到满意的解答,因此依据相似理论,采用具一定近似性的相似模型试验,通过多工况下外水压力的测试,探讨原型的自然规律。

6.2 基本原理

科学试验从古至今都是研究和解决许多实际问题的有力手段,它不仅为理论分析提供重要的依据,而且始终是探索自然现象、发展新的科学概念的重要方法。模型试验指不直接研究自然现象或过程的本身,而是用与这些自然现象或过程相似的模型来进行研究的方法。经过前人对模型试验的不懈研究,目前已经建立了较为完善的两套学术理论体系:相似理论和量纲分析。具体说,用方程分析或量纲分析法导出无量纲,并在根据相似原理建立起的模型上,通过试验求出无量纲之间的函数关系,再将此函数关系推广到自然界,得出自然现象的规律的一种试验研究方法。采用模型试验研究方法时,首先要用数学物理语言把自然现象或过程描述清楚,任何一种现象或一个过程,都可根据自然界的物理力学定律等,把表征该现象的各种量,结合成一组方程式或未知的函数关系,方程式即反映了各种量之间的依赖关系,即对现象进行了数学物理描述。其次,根据相似定律,彼此相似的现象必定具有数值相同的无量纲,从而原型和模型的无量纲必定相同,因而导出无量纲是模型试验设计的重要内容之一。导出无量纲通常有两种方法:方程分析法和量纲分析法。若描述物理过程的方程式已知,则可运用方程分析法,由平衡微分方程、物理方程、几何方程、边界条件等求得相应的相似判据;否则,则需运用量纲分析法,采用量纲均衡性分析、量纲矩阵分析等求得相似判据。

模型试验方法在隧道与地下工程中得到广泛应用,因为采用该法常常可以抓住事物的主要因素,避开次要复杂因素,研究出条件相对复杂的地下工程的主要规律。模型试验研究方法的主要优点有:①作为一种研究手段,可以严格控制试验对象的主要参数而不受外界条件或自然条件的限制;②典型性好,突出主要因素,略去次要因素,便于改变因素和进行重复试验,有利于验证或校核新的理论;③经济性好,与直接试验或原型试验相比省钱、省时;④对于某些正在设计的结构,可用模型试验来比较设计方案和校核方案的合理性;⑤在工程问题的数学模型难以建立时,模型试验是研究问题规律的最重要手段。

模型试验是按一定的几何、物理关系,用模型代替原型进行测试研究,并将研究结果应用于原型的试验方法。它是建立在相似理论基础上的试验方法,有一定的适用条件和范围。同时具有以下缺点:①试验周期长、工作量大、费工多;②一些细节因素难以模拟;③模型与原型难以完全相似;④由于模型的刚度、尺寸一般比原型小,因此对测试环境、量测手段要求较高。另外,模型试验的结果有一定的误差。造成误差的因素主要包括:模型材料特性、制造精度、加载技术、量测手段及试验结果的整理等。

在模型试验中,所讨论的相似是指两系统(或现象),如原型、模型,如果它们相对应的各点及在时间上对应的各瞬间的一切物理量成比例,则两个系统(或现象)相似。包括几何相似、载荷相似、刚度相似、质量相似、时间相似、物理过程相似等。在此基础上,建立了相似理论的三个相似定理(Sabans,G. M.,1989):

1) 相似第一定理

相似第一定理又称相似正定理,其表述为,彼此相似的现象,单值条件相同,其相似判据的数值也相同。

2) 相似第二定理

相似第二定理又称 π 定理,其内容为,当一现象由 n 个物理量的函数关系来表示,且这些物理量中含有 m 种基本量纲时,则能得到 $n-m$ 个相似判据;描述这一现象的函数关系式,可表示为如下过程:

一般物理方程

$$f(x_1,x_2,x_3,\cdots,x_n)=0 \tag{6-1}$$

按相似第二定理,可改写成

$$\varphi(\pi_1,\pi_2,\pi_3,\cdots,\pi_{n-m})=0 \tag{6-2}$$

这样,就把物理方程转化为判据方程,使问题得以简化。同时,因为现象相似,在对应点和对应时刻上的相似判据都保持同值,则它们的 π 关系式也应相同,即

$$\left.\begin{array}{l}原型:\quad f(\pi_{p1},\pi_{p2},\pi_{p3},\cdots,\pi_{p(n-m)})=0\\ 模型:\quad f(\pi_{m1},\pi_{m2},\pi_{m3},\cdots,\pi_{m(n-m)})=0\end{array}\right\} \tag{6-3}$$

其中

$$\left.\begin{array}{l}\pi_{p1}=\pi_{m1}\\ \pi_{p2}=\pi_{m2}\\ \pi_{p3}=\pi_{m3}\\ \cdots\\ \pi_{p(n-m)}=\pi_{m(n-m)}\end{array}\right\} \tag{6-4}$$

3) 相似第三定理

相似第三定理又称相似逆定理,其内容为,凡具有同一特性的现象,当单值条件(系统的几何性质、介质的物理性质、起始条件和边界条件等)彼此相似,且由单值条件的物理量所组成的相似判据在数值上相等,则这些现象必定相似。

4) 量纲分析法

然而,当并不知道系统(现象)的物理量间的函数关系,只知道影响该系统的物理量时,则需用量纲分析法模拟该系统。量纲分析法有瑞利(Rayleigh)法和布金汉(Buckinghan)π 定理方法,本试验采用布金汉(Buckinghan)π 定理方法。量纲分析能够帮助我们得到流动的相似准数,又可以将模型试验的数据和结论转换到原型上。

6.3 相似设计

1)相似准则

注意到试验模拟平面效应,水流渗流速度较小,且相似模型应突出主要因素,略去次要因素,因此忽略流体黏滞系数对试验的影响。因而在相似准则中,共考虑12个物理量:水头高度h、模拟流体重度γ、竖向渗流量Q_1和Q_2、水平向渗流量Q_3和Q_4、渗透系数k、时间t、竖向水压Y_1和Y_2、水平向水压X_1和X_2(图6-1)。

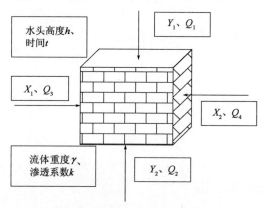

图6-1 模型试验物理关系图

依据量纲分析法的π定理,该试验的物理方程为:

$$\Phi(X_1, X_2, Y_2, t, \gamma, Q_1, Q_2, Q_3, Q_4, h, Y_1, k) = 0 \tag{6-5}$$

选择"FLT"为基本量纲,式(6-5)的无量纲形式为:

$$\Pi = (FL^{-2})^{a_1} \cdot (FL^{-2})^{a_2} \cdot (FL^{-2})^{a_3} \cdot (T)^{a_4} \cdot (FL^{-3})^{a_5} \cdot$$
$$(L^3 T^{-1})^{a_6} \cdot (L^3 T^{-1})^{a_7} \cdot (L^3 T^{-1})^{a_8} \cdot (L^3 T^{-1})^{a_9} \cdot$$
$$(L)^{a_{10}} \cdot (FL^{-2})^{a_{11}} \cdot (LT^{-1})^{a_{12}} \tag{6-6}$$

建立量纲方程组,据相似定理,经过矩阵变换及相应的数学方法(徐挺,1995)运算,可得本模型试验的各π项为:

$$\pi_1 = \frac{X_2}{X_1};\ \pi_2 = \frac{X_2}{X_1};\ \pi_3 = \frac{Q_1 \cdot \gamma^3 \cdot t}{X_1^3};\ \pi_4 = \frac{Q_2 \cdot \gamma^3 \cdot t}{X_1^3};\ \pi_5 = \frac{Q_3 \cdot \gamma^3 \cdot t}{X_1^3};\ \pi_6 = \frac{Q_4 \cdot \gamma^3 \cdot t}{X_1^3};\ \pi_7 = \frac{H \cdot \gamma}{X_1};\ \pi_8 = \frac{Y_1}{X_1};\ \pi_9 = \frac{k \cdot \gamma \cdot t}{X_1}。$$

经过变换,则本试验的相似准则为:

$$C_{Y_1} = C_{Y_2} = C_{X_1} = C_{X_2} = C_\gamma \cdot C_h \tag{6-7}$$

$$C_{Q_1} = C_{Q_2} = C_{Q_3} = C_{Q_4} = C_k \cdot C_h^2 \tag{6-8}$$

$$C_t = \frac{C_h}{C_k} \tag{6-9}$$

式(6-6)中$a_i(i=1,2,\cdots,12)$为待定系数,式(6-6)~式(6-9)中C_i表示物理量i的模型相似比。

2) 相似比

根据依托工程的实际水头高度，按几何尺寸相似比 C_h 为 100 制作了模型试验装置，根据式(6-7)～式(6-9)有：

$$h_{实际水头高度} = 100 \cdot h_{试验水头高度} \tag{6-10}$$

$$Q_{实际排放量} = 10000 \cdot C_k \cdot Q_{试验排放量} \tag{6-11}$$

$$N_{实际水压} = 100 \cdot C_\gamma \cdot N_{试验水压} \tag{6-12}$$

6.4 试验装置

试验装置由供水系统、渗流系统、测量系统三部分组成。

1) 供水系统

供水系统(图6-2)包括水泵、升降轨道、供水箱。供水箱可自由升降，下用软管接试验箱，以模拟隧道顶部不同的水头高度。

2) 渗流系统

渗流系统包括试验箱(图6-3)、砂(图6-4)、隧道模型(图6-5)、试验流体、排水孔、排水阀。

图6-2 供水系统

图6-3 试验箱立体图

图6-4 试验砂

图6-5 隧道模型

试验箱为长700mm×宽200mm×高600mm的有机玻璃制作而成，箱内填满级配良好、混合均匀的中砂或细砂,渗透系数分别为 9.5m/d、5.2m/d,以模拟两种不同渗透系数的围岩介质。试验流体采用水。隧道模型也采用有机玻璃制作,模拟隧道二次衬砌,此外,还通过隧道模型周边的开孔、外面包扎的弹簧和纱布,模拟隧道防排水系统。在试验箱内不同位置设置了 7 个排水孔(图 6-6),外接排水阀,通过调节排水阀可模拟隧道的不同排放条件。如以 1 号孔为例,若 1 号孔匝阀关上,排水量为 0,即模拟隧道采用全封堵措施;如打开匝阀,通过对阀门的调节,可模拟隧道采用不同排放量的控制排放措施。又以 6、7 号孔为例,则模拟在隧道边墙远处分布有两处过水通道(如管道式溶洞、地下暗河、涌出泉等),通过对阀门的控制,可模拟隧道对这些原有过水通道采用的不同处治措施。同理,2、3、4、5 号孔则分别对应拱部、顶部及底部。

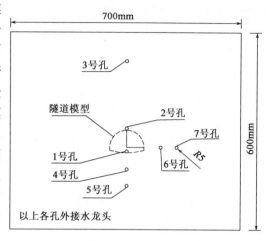

图 6-6　试验排水孔

3)测量系统

测量系统包括渗压计(图 6-7)、量筒(图 6-8)、秒表、钢尺,可测量渗水压力、排放流量、水头高度,其中渗压测量主要通过埋设在试验箱内不同位置的渗压计完成。

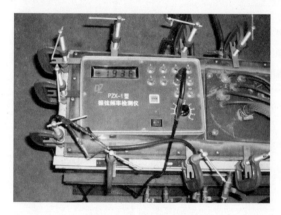

图 6-7　试验测试频率仪

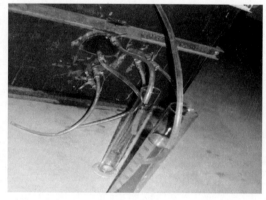

图 6-8　试验量筒

6.5　试验步骤

1)渗压计标定

本试验测试水压元件采用江苏省丹阳市岩泰工程仪器厂的 YT-300B 型振弦式渗压计,测试渗压计的频率采用频率读数仪。渗压计测试水压的计算公式为:

$$P = K(F_i^2 - F_0^2) + B \tag{6-13}$$

式中:K——标定系数;

　　B——计算修正值;

　　F_i——渗压计受力状态频率读数;

F_0——渗压计自由状态频率读数。

振弦式渗压计在不同的温度、气压条件下元件的最小值和自由状态读数会有所不同,并且室内模型试验要求测试数据尽量精确。因此,试验不能直接采用出厂的参数,每隔一定时间应该对元件进行标定试验。标定试验在试验箱中,测试在不同静水头高度的水压下进行标定。

标定试验的基本步骤是:首先把渗压计放好在试验箱中;安装好试验装置,并关闭好试验箱中所有的放水阀;打开放水箱中的放水阀向试验箱中放满水后并关闭;打开试验箱中的放水阀,逐级放水降低水头,并测试各水头下的渗压计频率和计算各自的理论水头。

2) 围岩模拟材料渗透系数的测定

本试验模拟材料主要采用中砂。为了尽量保证模拟材料被压实的程度和模型试验时相同,以及和模型试验时保持在同一水压条件,模拟围岩材料的渗透系数利用试验系统装置来进行测试。

测试试验砂渗透系数的步骤是:将配置好的试验砂装入试验装置中;加上水压并保持水箱水位稳定;打开放水阀放水,直到水流变清稳定后,开始测试水压和流量;再逐级关闭放水阀一部分,等到水流稳定后,测试水压和流量。

3) 试验工况步骤

每种试验工况的试验步骤总流程图如图6-9所示。

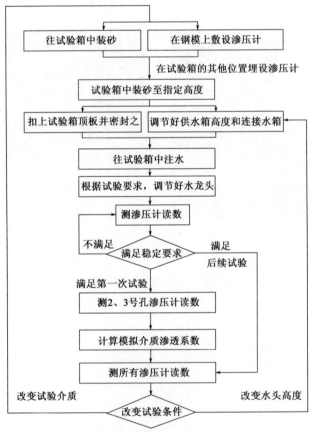

图6-9 模型试验步骤流程图

以工况一(2号孔排水)为例,其主要试验过程是:
(1)一边埋设测试元件一边在设计指定高度装入模拟围岩材料——中砂。
(2)安装好试验装置系统,打开放水阀向试验箱中注入水。
(3)保持水头高度不变,逐级打开排水阀放水,用秒表计时间,用量杯测水量,频率仪测渗压计频率,从而可计算出该工况下的折减系数和渗流量之间的关系。

其他工况的试验过程,除排水位置和排放量不同外,其他基本和工况一相同。

6.6 试验方案

通过调节排水阀门、供水箱高度、换填中砂或细砂,在不同介质、不同水头高度、不同排水条件下,共进行了38种工况的试验。试验工况见表6-1。

试验工况　　　　　　　　　　　　　　　　　　　　表6-1

介　质	水头高度(种)	排水孔(个)	排放量(种/孔)	组数(组)
中砂	5	7	3~6	22
细砂	4	7	3~5	16

6.7 试验结果及其特征

1)水头高度的影响

不同的水头高度,其达到稳定的渗流量是不同的,水头高度越大,达到稳定的渗流量也越大。以中砂一试验2号孔排放为例进行分析(图6-10),2.0m水头高度达到稳定的渗流量为 $3.3941 \times 10^{-5} m^3/s$,而1.1m水头高度只能达到 $1.463 \times 10^{-5} m^3/s$。又以中砂二试验1号孔排放为例进行分析(图6-11),2.4m水头高度达到稳定的渗流量为 $3.1117 \times 10^{-5} m^3/s$,而1.2m水头高度只能达到 $1.6421 \times 10^{-5} m^3/s$。

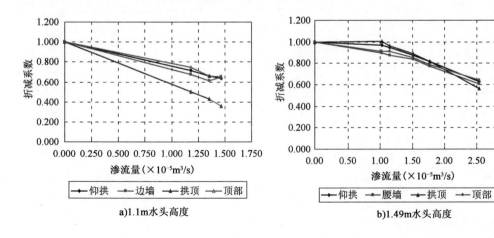

图 6-10

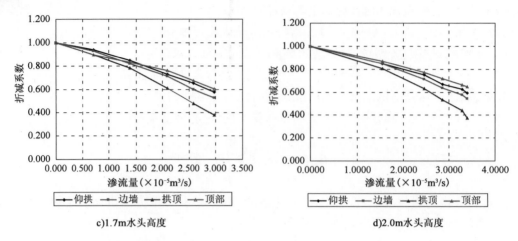

c) 1.7m水头高度　　　　　　　　　d) 2.0m水头高度

图6-10　中砂一2号孔排放时不同水头高度的排放试验

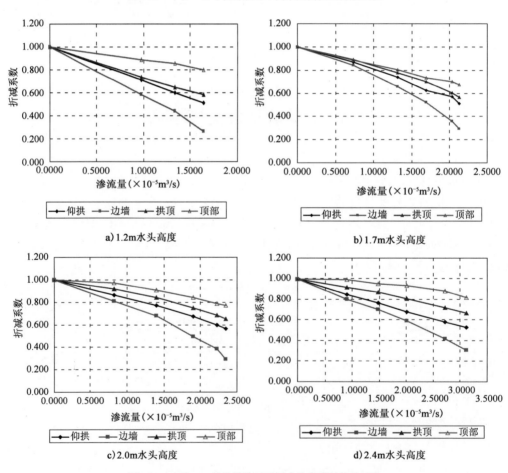

图6-11　中砂二1号孔排放时不同水头高度的排放试验

2）排放量的影响

以中砂一1.7m水头高度在1号和2号孔排放下为例进行分析（图6-12），不管是在1号孔排放的情况下,还是在2号孔排放的情况下,随着渗流量的增大,隧道各个部位的折减系数也在减小。

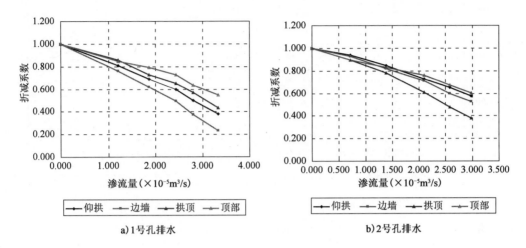

图6-12 中砂一1.7m水头高度的排放试验

3) 围岩渗透系数的影响

利用围岩渗透系数不一样的中砂一(渗透系数为 1.1×10^{-4} m/s)和中砂二(渗透系数为 6.0×10^{-5} m/s)在同样高度的水头下(分别为1.7m 和2.0m)进行分析。

图6-13显示,在同样的水头高度(为1.7m)和同样的排放量下(如为 $0.00002 m^3/s$),中砂一中隧道周边的折减系数分别为:仰拱处为0.668、边墙处为0.587、拱顶处为0.706。中砂二中隧道周边的折减系数分别为:仰拱处为0.574、边墙处为0.378、拱顶处为0.616。

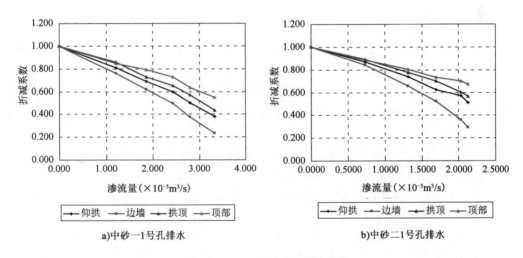

图6-13 1.7m水头高度的排放试验

图6-14显示,在同样的水头高度(为2.0m)和同样的排放量下(如为 $0.00002 m^3/s$),中砂一中隧道周边的折减系数分别为:仰拱处为0.737、边墙处为0.674、拱顶处为0.779。中砂二中隧道周边的折减系数分别为:仰拱处为0.653、边墙处为0.461、拱顶处为0.729。

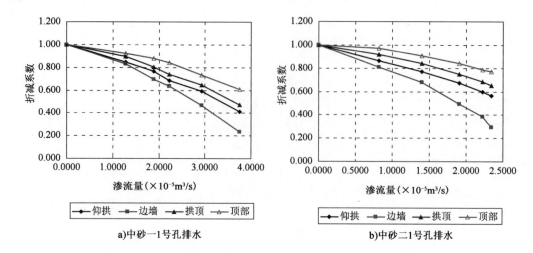

图6-14 2.0m水头高度的排放试验

从以上分析可以看出,若水头高度和排放量相同,隧道衬砌外水压力大小随围岩渗透系数的减小而减小。

由第5章中式(5-1)进行推导,可得衬砌外水压力折减系数公式:

$$\beta = \frac{\ln \frac{r_1}{r_0}}{\ln \frac{r_1}{r_0} + \frac{k_1}{k_r}\ln \frac{r_2}{r_g} + \frac{k_1}{k_g}\ln \frac{r_g}{r_1}} \quad (6\text{-}14)$$

若不考虑注浆,令 $k_g = k_r$,则:

$$\beta = \frac{\ln \frac{r_1}{r_0}}{\frac{k_1}{k_r}\ln \frac{r_2}{r_1} + \ln \frac{r_1}{r_0}} = f\left(\frac{k_1}{k_r}\right) \quad (6\text{-}15)$$

显然,式(6-14)、式(6-15)也表明,当注浆圈的渗透系数等于围岩的渗透系数时,衬砌外水压力随着围岩渗透系数的减小而减小,这和试验结论是一致的。

4)排放系统的影响

本试验还进行了外水压力与排放系统的关系研究,以探讨下列两种情况下的变化规律:①隧道是否采用完全封堵措施?②隧道周边是否存在天然排水点?

对于第一个问题,多种工况的试验结果显示,当关闭所有7个排水孔的阀门时,测得的折减系数均为1。这说明当隧道采用完全封堵措施,且地下水在隧道周边无其他排水点时,外水压力不能折减。但是,一旦隧道周边存在天然排水点,且隧道在其渗流影响范围之内时,不论隧道是否封堵,外水压都可以折减(见图6-15中的2号孔曲线)。该图还说明,在单一孔排放下,离排放点越近,其折减系数越小。例如,对于1号孔,其排放水主要来源于边墙的纵向排水孔,故边墙处较拱顶、仰拱处的折减系数最小;而2号孔排放时,则拱顶处折减系数最小。但2号孔排放时各处的平均折减系数仍较1号孔大,这说明,排水点位于拱顶虽减小了拱顶外水压力,但隧道衬砌的平均外水压力并未减小,因此设置防排水系统时,不宜盲目地为追求减小拱顶外水压力,于拱顶设置排水点,而应结合隧道本身边墙的纵向排水沟及衬砌的力学响应特征综合考虑。

对于第二个问题,则采用组合排放的试验方法,即同时打开两个排水孔的阀门,进行测试。如图 6-16 所示,在 1、2 号孔同时排放的情况下,折减系数会随着 2 号孔排放量的增大而减小,即有利于减小衬砌外水压力。

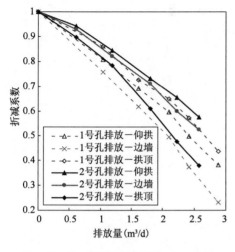

图 6-15 单一排放下的排放量—折减系数

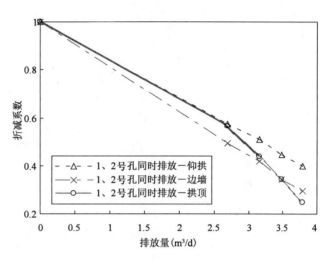

图 6-16 组合排放下的排放量—折减系数

事实上,在工程实践中,遇到图 6-17 所示的小型富水洞穴时,为施工方便,往往采用泵送混凝土一次填满整个空腔。但根据上述试验的分析,这种处治相当于堵塞了原有的 2 号天然排水孔,造成仅剩下隧道自身的 1 号孔进行排放减压,从某种程度上说,反而会增大衬砌的外水压力。

因此,基于上述试验认识,对隧道周边分布的富水洞穴,应采用"复合回填"的方式进行处治,其要点为:

(1)对富水洞穴的回填断面宜采用双层回填结构。

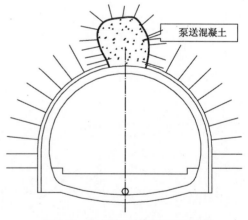

图 6-17 富水洞穴的常规处治示意图

(2)对于回填材料,远离衬砌的一层应选用具一定渗透性,不会造成原有排水通道堵塞的透水材料,例如砂袋、干码片(块)石等;而紧靠衬砌的另一层,则应选用强度较高、渗透系数较小的隔水材料,如泵送混凝土或浆砌片石、片石混凝土等。

鉴于此,在兼顾衬砌和路面结构安全的前提下,对于发育于隧道周边不同部位时的富水洞穴,提出了基于"复合回填"理念的实施建议(图 6-18)。这样,既保障了隧道结构的安全,又尽可能地保留了天然过水通道,相当于在隧道周边又保留了一处排水孔,它与隧道自身排水系统形成组合排放,从而能更大程度地减小衬砌外水压力。

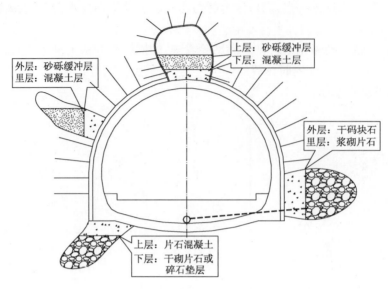

图 6-18　富水洞穴的"复合回填"处治示意图

6.8　试验模型的外水压力

由式(6-12)可知,如忽略本试验流体(水)的重度与实际地下水重度的差异,则有：

$$\frac{N_{实际水压}}{N_{试验水压}} = 100 \tag{6-16}$$

再根据折减系数的定义(蒋忠信,2005),知试验所得的折减系数与实际工程的折减系数相等。

又由式(6-11)得：

$$\frac{Q_{实际排放量}}{k_{实际渗透系数}} = \frac{Q_{试验排放量}}{k_{试验渗透系数}/10000} \tag{6-17}$$

显然由式(6-17)可知：

若 $k_{实际渗透系数} = k_{试验渗透系数}/10000$,则 $Q_{实际排放量} = Q_{试验排放量}$。

因此,$(k_{试验渗透系数}, Q_{试验排放量})$ 的试验工况与 $(k_{实际渗透系数} = k_{试验渗透系数}/10000, Q_{实际排放量} = Q_{试验排放量})$ 的实际情况所揭示的物理规律是相似的。

因此,可以认为图 6-19(中砂在不同水头高度、1号孔不同排放量下的折减系数—排放量的关系)实际上模拟了渗透系数为 9.5×10^{-4} m/d 的围岩在隧道不同排放量下的工况。同理,图 6-20 则模拟了渗透系数为 5.2×10^{-4} m/d 的围岩在隧道不同排放量下的工况。

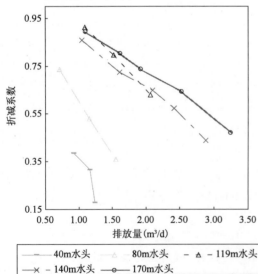

图 6-19　排放量—折减系数(渗透系数:9.5×10^{-4} m/d)

图6-19、图6-20均表明,不论围岩渗透性如何,地下水头高度越小,隧道排放量越大,折减系数越小,衬砌外水压力越小。图6-21为隧道排放量为1.4m³/d时的水头高度与折减系数的关系曲线,它揭示出,渗透系数越小,折减系数越小,衬砌的外水压力越小。

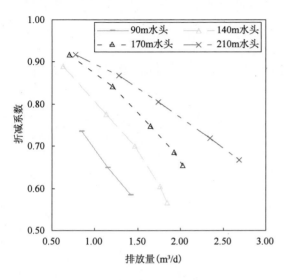
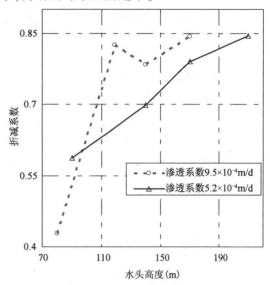

图6-20 排放量—折减系数(渗透系数:5.2×10^{-4}m/d)　　图6-21 水头高度—折减系数

总体上看,水头高度越小、排放量越大、渗透系数越小,衬砌的外水压力则越小。

事实上,对于某一具体的实际隧道工程,其围岩的渗透系数和地下水头高度已确定,按照隧道的排放标准,利用图6-19~图6-21,就可以通过统计分析、拟合内插等方法,得到在不注浆的情况下隧道衬砌外水压力的折减系数。例如对于渗透系数为5.2×10^{-4}m/d的围岩,拱顶地下水头高度150m,隧道的排放标准为1m³/(d·m),计算得其折减系数约为0.825,衬砌外水压力约为1.24MPa。这对于普通厚度的衬砌是难以承受的,因此在不改变排放标准的情况下,必须实施注浆等有效措施减小围岩渗透系数,以减小衬砌外水压力。由于本试验主要按依托工程的实际情况、试验条件等综合设计,因此获得的关系曲线很有限。但这种模型试验的方法对确定具有复杂条件的隧道外水压力仍具有借鉴意义。

此外,根据式(6-8),在进行工程类比而确定衬砌外水压力时,必须注意水头高度的相似关系为平方关系。例如有甲、乙两工程,围岩地质条件类似,其中甲工程的排放标准为1m³/(d·m),地下水头高度为200m;而乙工程的地下水头高度为400m,由工程类比,如也按甲工程的同等措施进行设计与施工,且排放标准也定为1m³/(d·m)。显然,这是极不合理的。根据平方相似关系,应将排放标准降至4m³/(d·m),才能确保在与甲同等设计与施工条件下隧道衬砌结构的安全。

6.9 小　　结

综上所述,由上述模型试验的数据分析及相似准则的应用,可以得到如下认识:

(1)水头高度越小、隧道排放量越大、围岩渗透系数越小,衬砌的外水压力则越小。

（2）在进行工程类比来确定衬砌外水压力时,必须注意水头高度的相似关系为平方关系。

（3）无论隧道是否采用完全封堵,只要周边已存在排水点,且隧道在其渗流影响范围之内,衬砌外水压力都可以折减。

（4）设置防排水系统时,不宜盲目地为追求减小拱顶外水压力,于拱顶设置排水点,而应结合隧道本身边墙的纵向排水沟及衬砌的力学响应特征综合考虑。

（5）对于发育于隧道周边不同方位的富水洞穴,应按"复合回填"的理念进行处治。

（6）根据本试验数据,可以建立水头高度、围岩渗透系数、隧道排放量和外水压力折减系数的关系曲线,进而利用之确定隧道外水压力。

（7）由于本试验是建立在孔隙介质稳定渗流理论的基础上的,这与岩体隧道的实际情况存在差异,但采用这种相似模型试验确定的衬砌外水压力应是其上限值,按此进行设计完全能够保障结构安全。

7 计算承水压支护结构设计理论与方法

7.1 外水压力作用下的衬砌结构计算方法

对于抗水压衬砌结构的计算,外水压力选择"面力"还是"体力"的处理方式,采用水—岩分算的物理模型还是水—岩耦合的物理模型来模拟,将直接影响到计算分析结果的可靠性。

从理论上讲,基于"体力"和"水—岩耦合"的计算理论更能反映水在围岩体中运动的规律,但对于工程岩体结构而言,其作为一种地质材料,内部包含随机分布的各种缺陷,包括微裂纹、孔隙及节理裂隙等,因而既非严格的离散介质,也非严格的连续介质。因此,选用合理的物理介质模型、采用有效的物理力学参数,进行合理的数学抽象及简化,本身就是仍有待研究的技术问题,而且存在参数的获取工作量和计算工作量均太大等原因,因而制约了其大规模的工程应用。

此外,结合目前隧道工程的施工现状分析可知,围岩超欠挖的现象十分普遍,二次衬砌的浇筑质量以及超挖回填的施工质量也难以保证二次衬砌与初期支护和围岩之间结合紧密,而且公路隧道还需在二次衬砌与初期支护之间铺设一层防水板,因此,二次衬砌与初期支护和围岩之间往往会形成事实上存在的不连续的"空隙"界面。

所以,相对而言,基于"面力"和"水—岩分算"的计算理论更符合当前的工程实际,也是当前工程应用最为广泛的方法。

在施工过程中因不透水边界的存在而产生的外水荷载,应在相应的增量步中用施加增量荷载表示,其计算式为:

$$[K]\{\Delta\delta\} = \{\Delta P\} \tag{7-1}$$

式中:K——外水荷载作用前系统的刚度矩阵;

$\{\Delta\delta\}$——位移增量;

$\{\Delta P\}$——外水荷载的等效节点力。

外水荷载的等效节点力的计算式为:

$$P_i = \beta_i \gamma h_i \tag{7-2}$$

其计算模型图如图 7-1 所示。

若仅能确定拱顶处的折减系数,则可将上式近似地改写为:

$$P_i = \beta_{拱顶} \gamma h_i \tag{7-3}$$

以上式中:P_i——不透水边界节点 i 处的外水荷载的等效结点力;

β_i——不透水边界节点 i 处的外水荷载的折减系数;

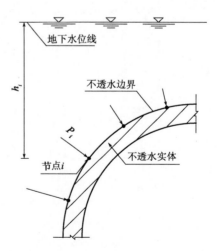

图 7-1 外水荷载等效节点力计算模型示意图

$\beta_{拱顶}$——不透水边界节点 i 处的外水荷载的折减系数;

γ——地下水的重度;

h_i——不透水边界节点 i 处的地下水位埋深。

采用式(7-3)进行近似处理,虽与实际情况可能存在差异,但根据前述关于隧道外水压力与周边排水点相对位置关系的试验规律,基于公路隧道的排水点设置于边墙底的一般特点,采用该式计算的外水压力应比实际数值大,从而其衬砌结构的安全性则更有保障。

7.2 面力法下外水压力的边界条件

7.2.1 边界条件的影响

对于外水压力边界条件,根据外水压力的加载方式、隧道防水板的铺挂形式和注浆堵水的施工质量等因素而存在差异,具体如表7-1 所示。

外水压力边界条件一览表　　表7-1

序号	影响因素	边界条件处理方式	备注
1	外水压力的加载方式	二次衬砌边界外水压力按各点实际水头值的大小施加"渐变"荷载	图7-2
2		衬砌边界外水压力拱顶水头值为基准统一施加"均布"荷载	图7-3
3	防水板的铺挂形式	全断面铺挂防水板(全包式),二次衬砌全断面边界均加载水压	图7-4
4		拱墙部铺挂防水板(半包式),二次衬砌拱墙部的边界加载水压,仰拱部不考虑水压	图7-5
5	注浆堵水的施工质量	注浆堵水效果良好,外水荷载完全作用于注浆堵水圈边界上,二次衬砌未直接承受水荷载	图7-6
6		注浆堵水失效,外水荷载最终完全作用于二次衬砌边界上	图7-7

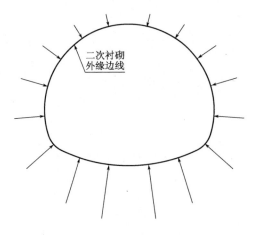 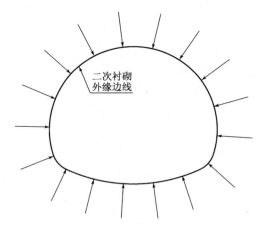

图7-2 施加"渐变"水荷载　　　　　图7-3 施加"均布"水荷载

通过算例计算与分析可知:

1) 外水压力加载方式的影响

(1) 渐变加载下的内力值远大于均布加载,其安全性也相应远小于均布加载;内力的分布特征也不同,渐变加载下的内力极大值和最不利单元基本位于起拱线以下。

(2)从实际情况看,对于两车道公路隧道,尽管拱顶和仰拱底的水头差仅为11m左右(若不考虑折减,近似为隧道开挖高度),水压差约0.11MPa,与深埋隧道的地下水头相比,似乎很小;但正是由于这种不均匀的水压作用,使得二次衬砌的内力值增大了2倍以上,其最不利的单元和力学状态也发生了显著变化,受拉单元的最小安全系数降低了50%以上。

因此,在进行相关计算分析时,不能简单地将二次衬砌边界的外水压力简化为均布荷载,应按实际渐变的加载方式进行模拟。

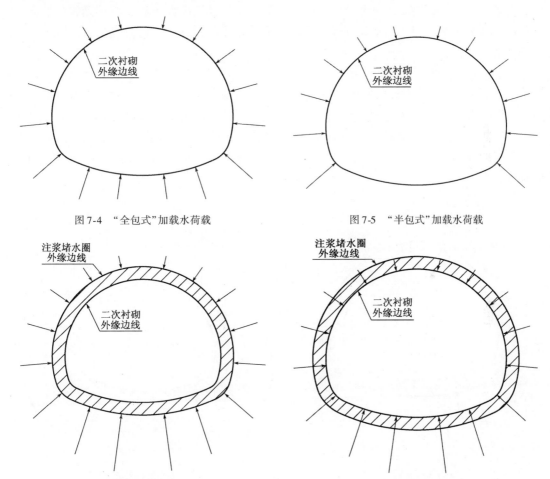

图7-4 "全包式"加载水荷载　　　　图7-5 "半包式"加载水荷载

图7-6 堵水圈直接承受水荷载　　　图7-7 二次衬砌直接承受水荷载

2)防水板铺挂形式的影响

在同等条件下,全包式结构二次衬砌所能承受的外水压力远小于半包式,且这种差异随外水压力的增大而增大。总之,半包式铺挂下的衬砌结构受力性能及承载能力优于全包式,若以0.002作为二次衬砌混凝土的极限压应变,则前者对应的外水压力极限承载值比后者大67.3%。因此应根据具体工程的实际条件,选择合理的防水板铺挂形式。本节的依托工程为龙潭隧道的富水地段地处断层溶蚀带,围岩地质条件较差,溶蚀充填物以"泥夹石"为主,且与地下暗河相通,地下水力联系密切,水量丰富,地下水流通缓慢,宜选用全包式铺挂。

3）注浆堵水施工质量的影响

外水压力的施加对象不同，二次衬砌的内力和安全性则存在显著差异，尤其若注浆堵水完全失效，且不考虑水压折减，则在软弱围岩的地层条件下，二次衬砌的安全度急剧降低，其配筋量剧增。

7.2.2 与荷载结构法的比较

计算结果表明，随着外水压力增大，荷载结构法与地层结构法相比，二次衬砌轴力值为前者大于后者，弯矩值为前者先小、再大于后者，安全度为前者先远大于后者至逐渐接近后者，破坏形态为前者绝大多数以受拉破坏为主、后者拉压破坏并存。总体上看，荷载结构法的计算结果更不安全。

事实上，可利用图7-8形象解释上述计算结果的差异。该图表明，在外水荷载的作用下，一方面，一部分二次衬砌单元会发生向隧道净空一侧的变形，另一部分单元会发生向围岩一侧的变形；另一方面，围岩会通过自身内部应力调整，又反过来作用于衬砌，包括最初向隧道净空一侧变形的衬砌外的围岩单元。而荷载结构法，从其计算流程看，容易剔除最初向隧道净空一侧变形的衬砌外围岩的弹性抗力，难以反映围岩与衬砌结构之间的变形协调与力学传递相互联系的全过程。

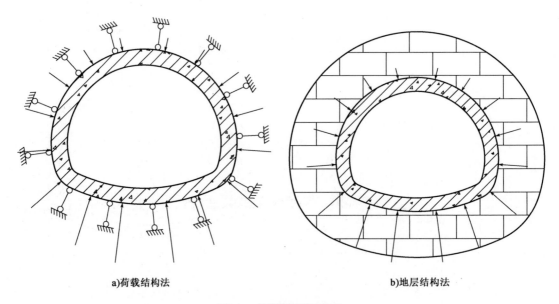

a）荷载结构法　　　　　　　　　　b）地层结构法

图7-8　计算模型示意简图

此外，如果再考虑注浆堵水圈的外水压力，则其弹性抗力的模式也不一定合适，衬砌与注浆圈内围岩的相互作用也更趋复杂，而且荷载结构法也无法计算外水压力仅作用于注浆堵水圈边界的工况。

由上所述，对于抗水压衬砌结构的计算，尽管荷载结构法的计算方法简单、工作量小，但其计算结果更不安全，从原理上也不适用。所以，基于力学计算模式能否指导工程实践的一个根本前提在于其能否适合并反映工程的基本特点，对于抗水压衬砌结构计算，应采用地层结构法。

7.3 外水压力的确定方法

7.3.1 确定方法的种类

在采用地层结构法进行外水压下衬砌结构的计算时,除了该节中讨论的计算方法外,衬砌结构外水压力的确定,也就是外水压力折减系数的确定,也是一个至关重要的问题。本节将结合上述对外水压力研究现状的分析,以及本节对模型试验和渗流数值分析的研究比较成果,提出数值分析模型外水压力折减系数的确定方法。

总体上,公路隧道衬砌结构的外水压力折减系数的确定方法主要包括经验类比法、参照规范法、解析公式法、数值分析法、模型试验法及现场实测法等,具体应根据围岩的地质条件、水头高度、实际所能掌握的资料和数据以及允许时间等因素来选用最适宜的方法。

在采用经验类比法确定外水压力折减系数时,除应注意岩性、工程地质与水文地质条件外,还应充分考虑隧道排放量和隧道洞顶水头高度的影响。

解析公式法主要指前人通过渗流理论以及工程经验,进行一些假定,而通过公式推导或推论而得的外水压力折减系数的简化公式的方法。数值分析法主要指通过引入各种渗流理论或渗流—应力耦合理论等建立数学模型,进行基于有限元法或有限差分法等数值方法的计算分析,从而根据计算结果可得到外水压力的折减系数。对此,研究现状中已有相关论述。

至于模型试验法,本书第6章就是典型反映。现场实测法既包括传统的利用渗压计进行现场测试,也包括前述的利用水化学原理进行实测的方法。

关于参照规范法,需进一步说明。由于公路隧道在此领域的研究成果尚不多,因此可参照现行《水工隧道设计规范》进行查表确定。但考虑到公路隧道与水工隧洞的差异性,本节提出确定外水压力折减系数 β 的如下方法:

$$\beta = \beta_1 \beta_2 \tag{7-4}$$

式中:β_1——折减系数,主要通过隧道洞壁周围的地下水的活动状况进行分类,它是隧道水文地质条件的一种间接的、综合的表征,一般可借鉴水工隧洞的工程经验参照表7-2确定;

β_2——折减系数,主要反映排水设施的影响,若隧道衬砌背后设置有足够的排水设施时一般可参照表7-3确定外水压力的折减系数,否则 β_2 均设为1.0。

外水压力折减系数建议表一   表7-2

级别	地下水活动状况	地下水对围岩稳定的影响	折减系数 β_1
1	洞壁干燥或潮湿	无影响	0~0.20
2	沿结构面有渗水或滴水	软化结构面充填物质,降低结构面的抗剪强度,对软弱岩体有软化作用	0.10~0.40
3	沿裂隙或软弱结构面有大量滴水,线状流水或喷水	泥化软弱结构面的充填物质,降低抗剪强度,对中硬岩体有软化作用	0.25~0.60
4	严重滴水沿软弱结构面有小量涌水	地下水冲刷结构面中的充填物质,加速岩体风化,对断层等软弱带软化泥化,并使其膨胀崩解,以及产生机械管涌。有渗透压力,能鼓开较薄的软弱层	0.40~0.80
5	严重股状流水,断层等软弱带有大量涌水	地下水冲刷带出结构面中的充填物质,分离岩体,有渗透压力,能鼓开一定厚度的断层等软弱带,能导致围岩塌方	0.65~1.00

外水压力折减系数建议表二　　　　　　　　表 7-3

级别	围岩水文地质条件	洞壁的地下水现状	折减系数 β_2
1	岩体完整,发育少量裂隙,透水性弱,水源贫乏	洞壁干燥或潮湿	0.00~0.30
2	岩体较完整,裂隙发育,少量裂隙闭合,透水性弱,水源较贫乏	沿结构面有渗水或滴水	0.30~0.50
3	岩体较完整,裂隙较发育,透水性较弱,水源较丰富	沿裂隙或软弱结构面有线状流水或大量滴水	0.40~0.70
4	岩体较破碎,裂隙较发育,透水性较强,水源较丰富	沿软弱结构面有少量涌水	0.50~0.80
5	岩体破碎,裂隙极发育或发育断层破碎带、溶穴等,透水性强,水源丰富	严重股状流水至大量涌水	0.80~1.00

此外,由于注浆可减小隧道渗水量,从而改善隧道的排水效果,因此对于注浆下的折减系数的取值,本节提出如下建议:

(1)若实施的注浆方式为超前预注浆,外水压力可以以面力的方式作用于注浆堵水圈上,其折减系数可参照表 7-2 确定,当然对应的 β_2 则为 1.0。至于二次衬砌背后是否也施加外水压力,宜根据现场实测的结果进行注浆堵水效果的评估。

(2)若实施的注浆方式为后注浆或补注浆,则一般认为此种注浆的堵水效果要差于预注浆,因为这两种注浆方式难以有效地将地下水完全封堵于注浆堵水圈外,只能减小围岩的渗透系数,因此,此时注浆圈外可不考虑外水压力,仅需要在二次衬砌背后考虑施加外水压力,其折减系数的取值可参照表 7-2、表 7-3 确定。

7.3.2　方法选择标准的建议

上述方法各有其特点,对计算所需获取的资料和数据的要求也不一样,进而其确定的时间成本、人力成本和资金成本也有较大区别。因此,应根据各种方法的潜在要求、各种方法的准确程度、隧道的实际特点以及设计阶段进行选择。根据笔者及前人的研究成果,本节提出方法选择标准的建议见表 7-4。

确定外水压力折减系数的方法选择标准建议表　　　　　　　　表 7-4

设计阶段	隧道实际条件		外水压力的确定方法					
	工程地质条件	水文地质条件	经验类比法	参照规范法	解析公式法	数值分析法	模型试验法	现场实测法
初步设计	①围岩岩性以可溶盐岩为主;②富水段位于可溶盐岩与非可溶盐岩的接触带;③富水段位于断层破碎带,节理裂隙极发育;④富水段围岩级别在Ⅳ、Ⅴ级以下	①地下水以岩溶水为主;②隧道洞周存在地下暗河、江河、湖泊或水库等;③存在向斜富水构造;④富水段的隧道洞顶地下水头大于 20m	○	○	○	√	√	√
	①围岩岩性以非可溶盐岩为主;②富水段围岩级别在Ⅱ、Ⅲ级以上	①地下水以裂隙水为主;②隧道洞顶无地下暗河、江河、湖泊或水库等;③富水段的隧道洞顶地下水头小于 20m	○	○	●	×	×	×

7 计算承水压支护结构设计理论与方法

续上表

设计阶段	隧道实际条件		外水压力的确定方法					
	工程地质条件	水文地质条件	经验类比法	参照规范法	解析公式法	数值分析法	模型试验法	现场实测法
施工图设计	①围岩岩性以可溶盐岩为主;②富水段位于可溶盐岩与非可溶盐岩的接触带;③富水段位于断层破碎带,节理裂隙极发育;④富水段围岩级别在Ⅳ、Ⅴ级以下	①地下水以岩溶水为主;②隧道洞顶存在地下暗河、江河、湖泊或水库等;③存在向斜富水构造;④富水段的隧道洞顶地下水头大于20m	○	○	○	√	√	√
	①围岩岩性以非可溶盐岩为主;②富水段围岩级别在Ⅱ、Ⅲ级以上	①地下水以裂隙水为主;②隧道洞顶无地下暗河、江河、湖泊或水库等;③富水段的隧道洞顶地下水头小于20m	○	●	×	×	×	×
变更设计	①围岩岩性以可溶盐岩为主;②富水段位于可溶盐岩与非可溶盐岩的接触带;③富水段位于断层破碎带,节理裂隙极发育;④富水段围岩级别在Ⅳ、Ⅴ级以下	①地下水以岩溶水为主;②隧道洞顶存在地下暗河、江河、湖泊或水库等;③存在向斜富水构造;④富水段的隧道洞顶地下水头大于20m	×	×	×	√	√	√
	①围岩岩性以非可溶盐岩为主;②富水段围岩级别在Ⅱ、Ⅲ级以上	①地下水以裂隙水为主;②隧道洞顶无地下暗河、江河、湖泊或水库等;③富水段的隧道洞顶地下水头小于20m	○	○	×	×	×	×

注:"√"表示一般情况下应采用,"○"表示一般情况下可采用,"●"表示特殊情况下采用,"×"表示一般情况下不采用。

表 7-4 中,关于富水段隧道洞顶地下水头确定为 20m 是基于两车道公路隧道的研究对象而言,此外还考虑了富水段的围岩级别,主要原因如下:

1)已有研究成果

高新强(2005)采用荷载结构法,对于深埋单线铁路隧道衬砌的高水压分界值进行了计算研究。计算结果表明,当水压力增大到 0.2MPa 时,曲墙式衬砌结构按铁路隧道标准图设计已不能满足安全系数的要求;当水压力继续增大到 0.4MPa 时,即使通过改变衬砌厚度、衬砌混凝土强度或增加配筋量,也不能满足安全要求。也就是说,当水压力大于 0.2MPa 时,需要进行衬砌结构计算。但该文的衬砌结构安全评价标准是基于素混凝土衬砌结构的,未考虑配筋加强的影响,未考虑围岩级别的影响,未考虑荷载结构法计算方法的合理性。

2)借鉴规范

可将浅埋隧道的岩土荷载与外水荷载进行类比,以此为借鉴:

现行《公路隧道设计规范》在讨论隧道深埋与浅埋的分界标准时,按下式进行判定:

$$H_p = (2 \sim 2.5)h_q \tag{7-5}$$

$$h_q = \frac{q}{\gamma} \tag{7-6}$$

式中：H_p——浅埋隧道分界深度；
　　　h_q——荷载等效高度；
　　　q——深埋隧道垂直均布压力；
　　　γ——围岩重度。

以两车道公路隧道的宽度按11m计为例，根据上式计算可知，V级围岩的浅埋与深埋分界标准约为28.8m，Ⅳ级围岩的浅埋与深埋分界标准约为14.4m。也就是说，在洞顶埋深小于上述深度时，需要进行结构计算；而且浅埋隧道衬砌往往需要进行配筋，以提高结构承载能力。

3) 外水压力下围岩级别影响的数值分析

选取龙潭隧道Ⅱ、Ⅲ类围岩的典型断面，根据前述地层结构法的计算方法，进行了在不同拱顶水头高度下的隧道衬砌结构计算，其结果对比如图7-9所示。

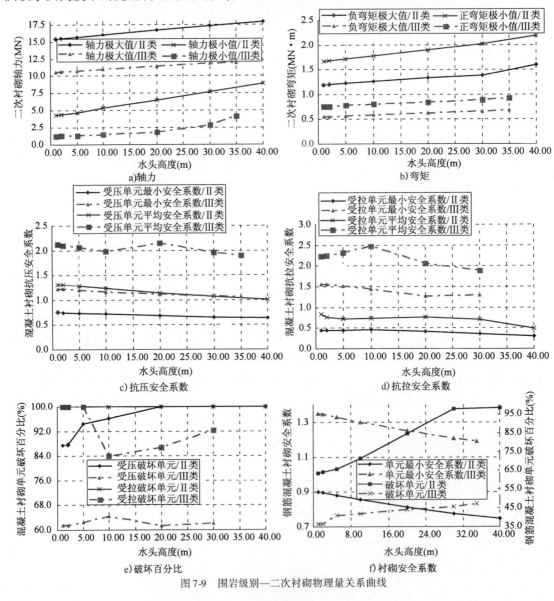

图7-9　围岩级别—二次衬砌物理量关系曲线

由图7-9可知,在同等条件下,围岩级别越低,地质条件越差,二次衬砌的弯矩和轴力越大,且最值部分越来越集中于仰拱角隅以下的部位;仰拱的受压范围越大,整体受拉范围越大,最不利单位也越来越集中于仰拱角隅处,且其安全度越低。

所以,当围岩较差时,衬砌承载外水压力的能力也较弱,故此对于Ⅳ、Ⅴ级(Ⅱ、Ⅲ类)及以下的低级别围岩一旦处于富水段时,需要进行抗水压衬砌结构计算;另,考虑到外水压力呈"渐变"加载在衬砌结构上,且其薄弱部位为仰拱及仰拱角隅部,因此结合上述三种分析,建议拱顶水头一旦超过20m时,就需要进行结构计算。此时,外水压力的确定也就自然而然成为关键问题,其方法的选择则应更倾向于精确度更高的手段。

7.4 承水压衬砌结构的力学响应

7.4.1 衬砌背后地下水形态简化

水压特征分析:根据水力学原理,管道和沟渠中水压的分布与管道的高水头、低水头有关,也和管道沟渠内壁水的阻力系数有关,所以衬砌背后水压需要明确其表征参数,目前主要了解的有衬砌背后水压力、出水位置等参数,计算模型和表征参数等不够完全。实际上,应该建立更加完善的存在水压的隧道计算模型,根据水力学原理可知,水压的分布主要和衬砌背后可存水空间范围、可存水区域以及存水区域与排水通道的联通性有关,所以隧道衬砌结构上的水压与衬砌背后密实情况及其性态紧密关联。无排水时地下水水压一致,衬砌水压为静水压,即衬砌结构承受全部外水压力,是最不利承载状态,且目前设计上较少采用,这里不予考虑。

隧道衬砌背后空洞形状一般为极不规则形状,根据衬砌背后空洞实际集合情况提出二维简化模型(缝隙模型),如图7-10所示。

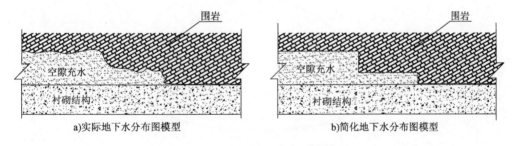

a)实际地下水分布图模型   b)简化地下水分布图模型

图7-10 水体几何特征及简化模型

在水体几何特征及简化模型的基础上,进而可提出以下简化的管道水力学模型(图7-11),并利用该模型研究外水荷载压力规律。

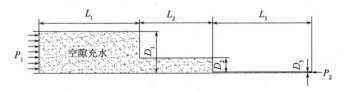

图7-11 简化的管道流模型

7.4.2 外水荷载的"千斤顶"效应及仰拱破坏的机理解释

帕斯卡定律是由法国数学家、物理学家、哲学家布莱士·帕斯卡首先提出的。该定律表明流体力学中,由于液体的流动性,封闭容器中的静止流体的某一部分发生的压强变化,将大小不变地向各个方向传递,压强等于作用压力除以受力面积。根据帕斯卡定律,在水力系统中的一个活塞上施加一定的压强,必将在另一个活塞上产生相同的压强增量。如果第二个活塞的面积是第一个活塞的面积的 10 倍,那么作用于第二个活塞上的力将增大为第一个活塞的 10 倍,而两个活塞上的压强仍然相等。这个定律在生产技术中有很重要的应用,液压机就是帕斯卡原理的实例,它具有多种用途,如液压制动等。帕斯卡还发现静止流体中任一点的压强各向相等,即该点在通过它的所有平面上的压强都相等。这一事实也称作帕斯卡原理。

隧道工程中,该定律同样适用并给隧道工程造成巨大的麻烦。地下水在围岩体内赋存,通过岩溶管道、节理裂隙联通,当地下水处于静止状态时,由于连通器原理和帕斯卡定理的存在,地下水水头相同时外水压力相等,但不会造成任何危害。但是当隧道开挖施作后,地下水达到重新的平衡后,如果地下水无法及时排出则全部作用在支护结构上,根据帕斯卡原理可知外水荷载作用的大小等于与支护结构接触的面积,所以存在较大面积背后回填不密实或空洞时的外水荷载分布图,而衬砌结构背后回填密实时,外水荷载数量则非常小。静止外水荷载分布图如图 7-12 所示。

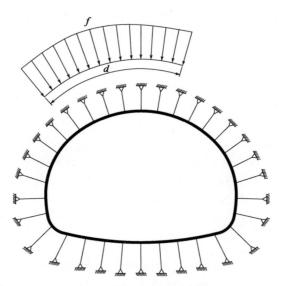

图 7-12 静止外水荷载分布图

根据图 7-12 可知,外水荷载的大小实际上不尽与外水压力的大小直接相关,还直接与外水荷载的作用面积直接相关。

对于一个小净距隧道如图 7-13 所示,外水荷载为 2.0MPa 时,如果左洞隧道衬砌结构整体回填密实,仅拱顶个别点不密实时(宽度小于 10cm 时)或作用范围仅仅是溶隙本身范围时,外水荷载为:

$$F_w = P \times w = 2.0 \times 10^6 \times 0.1 = 200 \text{kN} \approx 20\text{t} \tag{7-7}$$

计算结果表明,衬砌断面承受较大的外水压力,但是总体荷载可能尚在结构承载能力范围内。

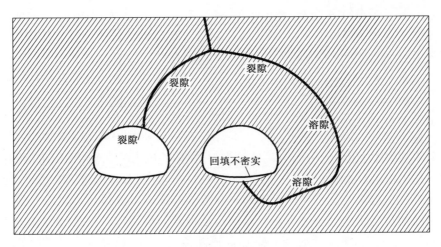

图 7-13 小净距隧道外水荷载示意简图

右洞仰拱结构整体回填不密实或全部用虚渣回填时,仰拱横向跨度超过 10m,同样大小的外水压力作用下,则整个仰拱承受的外水荷载为:

$$F_w = P \times 10 = 2.0 \times 10^6 \times 10 = 20000 \text{kN} \tag{7-8}$$

如此大的外荷载将导致结构破坏。由于仰拱结构曲率较小,承受外水荷载时外力荷载方向作用比较一致,造成仰拱结构承受不合理的巨大破坏荷载。这也解释了为何诸多承压富水隧道易发生仰拱裂损和变形。

根据以上的计算分析可知,隧道运营过程中应避免使支护结构承受外水荷载,同时,承压富水隧道施工过程中应该加强衬砌背后回填,并且仰拱施作前应做好隧道底部的清理工作,保证衬砌或仰拱与围岩紧密接触,防止底部存在虚渣,使衬砌和仰拱承受外(泥)压力,导致隧道衬砌结构和仰拱破坏。另外隧道仰拱施作后,应做好路面排水和整平层的施工质量控制,路面排水系统有利于仰拱、路面及衬砌结构承受过大的外水荷载,路面整平层的施工质量有利于增强隧道底部结构的整体刚度,保证隧道运营安全。

7.4.3 缝隙流水头损失计算模型

由于黏滞性的作用,实际流体在流动时各地下水质点之间以及流体与边界之间产生阻碍流水流动的黏滞力,这些黏滞阻力做功造成流体流动中的机械能损失。流体由于自身存在一定的黏滞性,属于黏性流体,根据能量方程可知,黏性流体主要体现于能量损失大小的水头损失项 h_w。如何计算水头损失 h_w,是应用能量方程时所必须解决的问题。大量研究表明,水头损失 h_w 与地下水的流动形态、流动地下水的内部结构以及边界特征等都有关系。

在黏性流体(图 7-14)管内,流体速度径向分布公式为:

$$u_x = \frac{\rho g J}{4\eta}(r_0^2 - r^2) \tag{7-9}$$

剪切应力分布(图 7-15)可根据牛顿内摩擦定律可得:

$$\tau = -\mu\frac{du}{dr} = -\mu\frac{d}{dr}\left[\frac{\Delta p_f}{4\mu l}(r_0^2 - r^2)\right] = \frac{\Delta p_f r}{2l} \tag{7-10}$$

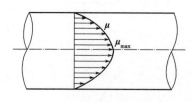

图 7-14　黏性流体运动规律

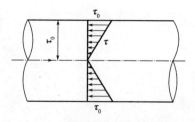

图 7-15　黏性流体剪切应力分布规律

隧道衬砌背后围岩流体的分布与黏性管类似,流体的压力受到侧壁阻力的影响,流体可能存在较大的压力差。缝隙流可根据接触面的几何形状分为平面间的缝隙流和非规则面的缝隙流,其中非规则面的缝隙流最常用的是圆形缝隙流。缝隙流中流体可以是由于缝隙两端流体压力差产生,也可以是由于其中一个接触面的运动引起的剪切流。根据缝隙流产生的原因可以将缝隙流分为压差流(泊肃叶流)和剪切流(库艾流)。考虑到篇幅关系和隧道地下排水的应用,这里仅介绍压差流的水头计算方法和公式。

假设缝隙流很薄,缝隙内流体处于层流状态,在这样的平行平面中间,任意过水断面上的速度 v 是按抛物线规律分布的,根据计算模型可知,流体压力差和流量的计算公式为:

$$Q = \frac{bh^3}{12\mu l}\Delta p \tag{7-11}$$

平均流速

$$v = \frac{Q}{bh} = \frac{h^2}{12\mu l}\Delta p \tag{7-12}$$

平均流速与最大流速之比

$$\frac{v}{v_{max}} = \frac{2}{3} \tag{7-13}$$

流体流过缝隙的压力降(压力损失)

$$\Delta p = \frac{12\mu l v}{h^2} \tag{7-14}$$

由式(7-14)可知,缝隙流的压力损失与缝隙的宽度、长度、阻力系数和液体流速有直接关系,且地下水水头差与速度呈线性关系,则缝隙流的水压力可简化为如下三种情况:

(1)假设缝隙另外一端为自由流通状态,即出水点与排水管连通,出水压力为 $p_2 = 0$,则水压力分布规律如图 7-16 所示。

(2)假设缝隙另外为一端封闭状态,则衬砌背后空洞腔体内水压力相同,即 $p_1 = p_2$,水压力分布如图 7-17 所示。

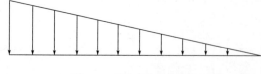

图 7-16　开放水体压力分布　　　　　图 7-17　封闭水体水压分布

(3)假设缝隙另外一端与其他管道连接,或部分阻塞,存在部分水压力,即 $p_2 = p < p_1$,压力分布如图 7-18 所示。

按照上述模式可知,不等厚缝隙流开放型水体衬砌压力分布(假设出口水头为零)如图 7-19 所示。

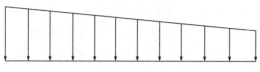

图 7-18　部分阻塞型压力分布　　　　图 7-19　不等型厚开放水体压力分布

7.4.4　考虑外水压力的公路隧道力学模型

高新强(2004)采用地层结构法,分析了隧道断面上 8 个不同位置、10 种不同水压突水条件下衬砌结构的受力特征。结果表明:突水位置发生在仰拱或墙脚位置时,对衬砌结构的受力影响显著;突水对衬砌结构上的最大正弯矩和最大剪力影响最显著,而对最大负弯矩和最大轴力影响要相对小一些。2005 年,高新强(2005)采用地层结构法计算分析指出,衬砌内力与塑性区随着外水压力折减系数的增大而明显增大,随着总水压力的增加而增大,随着加固圈厚度的增大而减小;外水压力折减系数是影响衬砌内力和围岩塑性区的重要因素。高新强(2005)还采用荷载结构法对隧道的高水压力分界值进行了计算,研究结果显示高水压力分界值与围岩级别的关系不大,而与衬砌断面形状关系密切,曲墙式衬砌承受水压力的能力远远超过直墙式衬砌。湛正刚(2000)将外水压力作用在引水隧道衬砌围岩的固结圈上,是优化结构设计、保证结构安全的一种有效分析方法。

国内外铁路隧道地下水测试情况见表 7-5。

国内外铁路隧道地下水测试情况　　　　表 7-5

	隧道名称		水压力测试值 (MPa)	测试方法	测试点埋深 (m)	折减系数
渝怀线	圆梁山隧道	DK354+460	2.73	渗压计法	560	0.49
	歌乐山隧道	PDK3+633	1.6	压力表法	250	0.64
宜万线	野三关隧道	DK124+869	0.74	压力表法	400	0.19
	齐岳山隧道	PDK361+870	0.14	压力表法	410	0.03
		PDK362+060	0.1	压力表法	480	0.02
		PDK362+144	0.22	压力表法	510	0.04
		PDK362+267	3.1	压力表法	360	0.86
	别岩槽隧道	DK404+005	0.9	压力表法	330	0.27
	马鹿菁隧道	PDK255+987	1.2	压力表法	415	0.29
	云雾山隧道	DK244+241	0.2	压力表法	575	0.03
	高阳寨隧道	DK113+113	1.1	压力表法	240	0.46

修正计算模型：

1）考虑渗流压力的简化计算模式

隧道结构属于地下结构,地下环境中结构、围岩、地下水及空隙同时存在,隧道承受的附加荷载包括岩体压力即围岩压力,也包括地下水等流体介质产生的渗流压力。并且围岩压力中即包含由重力引起的岩体松散荷载、岩体变形压力,同时包含渗流压力引起的附加围岩压力,渗流作用不仅增加了围岩压力,而且会影响岩体结构的稳定性,所以隧道结构计算模型中应该包含渗流压力的作用和影响,富水承压隧道尤其如此。目前地层结构法计算隧道围岩结构的稳定性一般都忽略了渗流影响,或将渗流作用建立在衬砌结构或注浆圈上的等效荷载,其力学模式如图 7-20、图 7-21 所示。

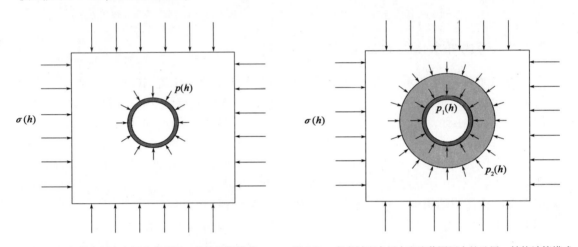

图 7-20　仅考虑衬砌水压力的地层—结构计算模式　　图 7-21　考虑衬砌水压力和注浆圈压力的地层—结构计算模式

2）衬砌水压力与围岩互反作用力

值得指出的是,隧道围岩内存在丰富的地下水时,由于衬砌与围岩之间总存在一定的空隙和缝隙,不考虑排水时,考虑到流体力学的连通器原理,衬砌结构和围岩同时承受一定的水压力,衬砌结构及围岩水压力荷载等于最大水荷载。此时由于水压力的存在,衬砌结构与围岩的相互作用机理发生改变,即围岩压力可能减小（图 7-22）。

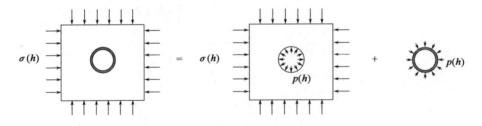

图 7-22　隧道荷载作用计算模式

3）渗流计算模型

考虑围岩、注浆圈、衬砌支护结构时渗流计算模型可简化为如图 7-23 所示的理想各向同性计算模型,其中外水荷载为 $\sigma(h)$。

对于对称计算模型,外水渗流压力实际上都是均布面力荷载,存在裂隙出水点且存在排水点时,同样外水荷载是面力,但是是非均布面力。工程实践中地下水外水荷载计算时,为了避免复杂的渗流计算和渗流压力的复合耦合场,一般将股状水压力简化为集中荷载,分析衬砌结构在外水压力下的响应,建立模型模式如图7-24所示。

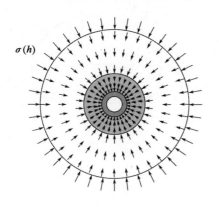 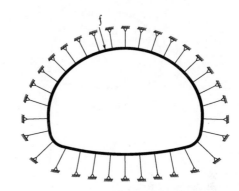

图 7-23　考虑渗流荷载的隧道计算模型　　　图 7-24　简化为集中荷载的隧道承压计算模型

高新强(2005)等分析了在不同等级水压力作用下,深埋单线铁路隧道衬砌高水压分界值研究,分析了水压分界值和防范高水压的设计措施。丁浩(2008)等分析了公路高水压下公路隧道设计优化措施;但是对高水压公路隧道衬砌结构承载特征尚未进行深入的分析,对不同特征水压下可采取的工程措施未进行方案比选和分析。另外,目前基于数学模型分析的高水压下衬砌结构响应分析多在二维空间中进行分析,计算模型的合理性值得进一步的探讨和深入研究。

根据计算简化的要求,一般来讲考虑水压的公路隧道衬砌结构计算模型一般简化如图 7-25所示。目前的试验和数值分析都集中在水压为 f、出水点范围为 d 时的响应特征,且多数研究集中在水压的折减系数的确定方法上,并利用隧道设计规范给出的断面验算方法验算结构安全特征。

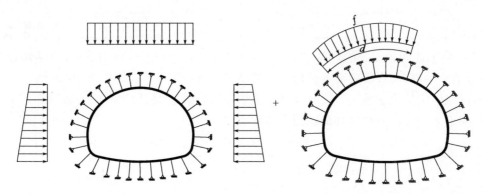

图 7-25　考虑水压的公路隧道力学模型简图

实际上,不仅需要深入研究作用在衬砌结构上水压力折减系数,水压作用范围和分布规律也要分析不同特征的水压力作用时衬砌结构的响应特征。考虑到实际水压力的大小和影响范围规律,可以建立图 7-26 所示的计算模型。

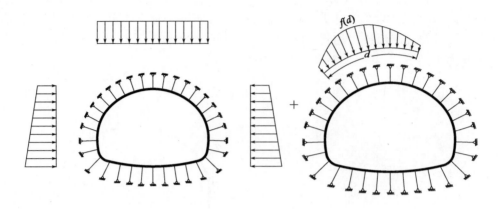

图 7-26　考虑水压的公路隧道修正力学模型简图

7.4.5　荷载宽度效应

高新强(2004)根据将水压力简化为集中力,分析了铁路隧道突水对衬砌结构受力的影响。根据结构力学和材料力学基本原理可知,分布荷载和集中荷载作用在结构上时结构弯矩规律是不同的,所以简单地将荷载分布压力简化地等效为集中力是不合适的,得到的结果不具备指导意义。为研究分布荷载的宽度效应,现建立了如表 7-6 所示的四种隧道承载状态。

考虑荷载宽度效应的隧道承载状态　　　　　　　　　　　表 7-6

工　况	荷 载 大 小	分布范围(m)	荷载作用位置
集中荷载	1.0×10^6 N	—	拱腰
均布荷载	2.0MPa	0.5	拱腰
均布荷载	1.0MPa	1.0	拱腰
均布荷载	0.5MPa	2	拱腰

表 7-7 是上述四种工况的计算结果。计算结果表明,集中荷载作用下,衬砌结构在荷载作用断面弯矩急剧增大,而集中荷载作用影响的范围略小;分布荷载作用下,衬砌结构集中弯矩略小,而荷载影响的范围较大。同时计算结果表明,将水压力简化为集中荷载计算结果偏于保守,且不利于水压力作用机理和荷载的宽度效应。

考虑荷载宽度效应的算例计算结果　　　　　　　　　　　表 7-7

工　况	集中荷载(N)	分布荷载(N)		
		0.5m	1.0m	2.0m
弯矩	220049	138802.8	135976.7	73445.9

根据水压模式和基于地层结构法的隧道计算模型,通过算例计算,分析不同荷载模式作用下计算结果。算例计算工况荷载说明见表 7-8,计算模型荷载分布见图 7-27 和图 7-28。

算例计算工况荷载说明 表 7-8

工况	最大水压力（MPa）	最小水压力（MPa）	荷载作用位置/水压作用宽度范围
三角形水压	1.0	0	拱腰/2.0m
梯形水压	1.0	0.5	拱腰/2.0m
矩形水压	1.0	1.0	拱腰/2.0m

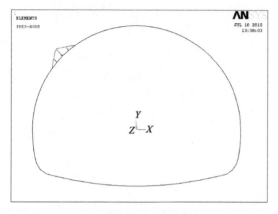

图 7-27 三角形水压分布计算模型　　　　图 7-28 梯形水压分布计算模型

算例计算结果对比见表 7-9。计算结果表明，矩形水压、三角形水压和梯形水压作用对衬砌结构承载压力大小是不同的，其中三角形水压和矩形水压作用下，二次衬砌承受的正向弯矩和反向弯矩的数值远远小于矩形水压力情况下结构荷载，说明衬砌背后结构承载特征不仅与围岩水压有关，还与容纳水体空腔的连通性有直接关系，即衬砌背后脱空的连通性能够有效地降低作用在衬砌结构上的水压，计算结果与渗流计算结果是一致的，说明不同联通模式下水压力力学假设模式是合理的。

计算结果对比表 表 7-9

工况	最大正向弯矩(N·m)	最大反向弯矩(N·m)
无水压	203.9	-19211.1
三角形水压	111746.4	-60901.2
梯形水压	204392.7	-113799
矩形水压	334977.2	-192356

7.4.6 拱顶水压力和结构承载

根据模型计算结果可知，矩形水压力模式既能够考虑水压的宽度效应，且计算结果不至于过于保守，同时隧道衬砌背后空腔内地下水连通性难以预知，故利用均布荷载模拟地下水压力。图 7-29 和图 7-30 是不同宽度水压力作用在拱顶时，水压力与衬砌结构弯矩值对比结果。

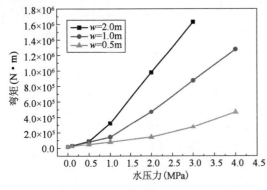

图 7-29　不同宽度时隧道水压力拱顶正弯矩

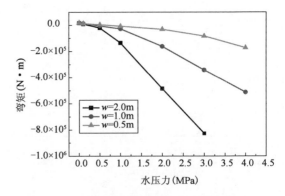

图 7-30　不同宽度时隧道水压力结构负弯矩

计算结果表明，随着水压力增大和作用范围的增大，衬砌结构承受弯矩也迅速增大。水体宽度为 0.5m 时钢筋混凝土衬砌结构可承受最大水压为 4.0MPa 时，水体宽度为 1.0m 时可承受最大水压为 2.0MPa，水体宽度为 2.0m 时可承受最大水压为 1.0MPa。拱顶存在水压力时，反向弯矩出现在拱腰处，影响范围较小，主要在水体附近，环向影响范围小于 3m，除水体影响范围外，其他位置受到影响较小。

7.4.7　拱腰水压力和结构承载

图 7-31 和图 7-32 是不同宽度水压力作用在拱腰时，水压力与衬砌结构弯矩值对比结果。据图可知，水压增大或作用宽度增大时，衬砌结构承受弯矩。

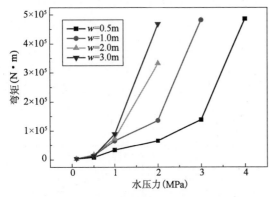

图 7-31　不同宽度时隧道水压力拱腰正弯矩

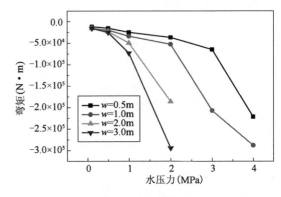

图 7-32　不同宽度时隧道水压力拱腰负弯矩

7.4.8　拱脚水压力和结构承载

不同宽度水压力作用在拱脚时，水压力与衬砌结构弯矩值对比结果见图 7-33 和图 7-34。据图可知，隧道地下水压力作用于墙脚时，如果作用范围较小(小于 1m 时)，水压力小于 3MPa 时，结构轴力增大而弯矩减小，有利于结构承载；水压力作用范围大于 2m，水压大于 2.0MPa 时，则结构承压弯矩明显增大，影响结构安全。

水压力及其作用范围增大时，主要影响水体作用 2m 范围内，同时对侧拱脚反向弯矩有所增大，即一侧拱脚承受水压，不利于对侧拱脚衬砌结构承载。钢筋混凝土衬砌拱脚承受水压范围小于 1.0m 时，衬砌可承受 4.0MPa 水压；拱脚承受水压范围小于 3.0m 时，衬砌可承受

2.0MPa水压。

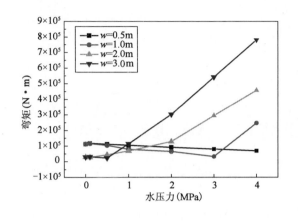

图 7-33 同侧拱脚反向弯矩与水压的关系　　　图 7-34 对侧拱脚反向弯矩与水压的关系

7.4.9 仰拱水压力和结构承载

图 7-35 和图 7-36 表示不同宽度水压力作用在仰拱时,水压压力与衬砌结构弯矩值对比结果。

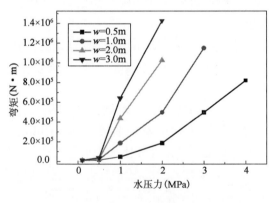
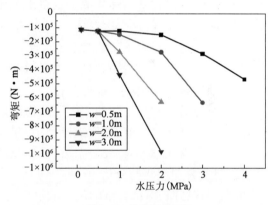

图 7-35 仰拱正向弯矩　　　图 7-36 仰拱反向弯矩

计算结果表明,隧道仰拱存在水压力时,仰拱及衬砌拱脚区承受荷载迅速增加,影响到隧道结构安全。

7.4.10 水荷载下的衬砌与围岩的力学耦合效应分析

1) 基于确定性有限元法的参数敏感性分析

通过第 4 章中所述各参数对二次衬砌承载外水压力的影响分析,结果表明,围岩弹性模量、围岩泊松比、围岩黏聚力、围岩内摩擦角、二次衬砌厚度、二次衬砌弹性模量和外水荷载等参数均与外水荷载作用下的二次衬砌安全性存在一定的相关性。

为更加明确相应的设计技术与工程处治措施的有效性与针对性,有必要对上述参数进行敏感性与相关性分析。

(1) 定义

所谓敏感性分析,就是假定一个系统,其系统特性为

$$F = f(x_1, x_2, \cdots, x_n) \tag{7-15}$$

设定某一基准状态

$$X' = (x'_1, x'_2, \cdots, x'_n) \tag{7-16}$$

则此时,该系统特性为

$$F' = f(X') \tag{7-17}$$

令各参数在可能的范围内移动,分析各因子的变化对 F 的影响程度,并以近似相关系数来表征其影响程度。

由于各因子是不同的物理量,单位各不相同。为了比较系统中各因子对系统特性的影响,需要对参数做无量纲处理,其处理过程为:

$$\Delta X_i = [x_i(第 m 种工况) - x_i(第 n 种工况)] / x_i(第 n 种工况) \tag{7-18}$$

$$\Delta F_j = [F_j(第 m 种工况) - F_j(第 n 种工况)] / F_j(第 n 种工况) \tag{7-19}$$

则其近似相关系数为:

$$D_{ji} = \frac{\Delta F_j}{\Delta X_i} \tag{7-20}$$

式中:ΔX_i——与因子 x_i 对应的无量纲的绝对变化量;

ΔF_j——二次衬砌物理量 F_j 对应的无量纲的绝对变化量;

D_{ji}——二次衬砌 F_j 物理量与 X_i 的近似相关系数;

x_i——分别对应不同的参数,包括围岩弹性模量、围岩泊松比、围岩黏聚力、围岩内摩擦角、二次衬砌厚度、二次衬砌弹性模量、外水头高度、注浆圈厚度、注浆加固指标和注浆堵水指标等;

F_j——分别对应不同的二次衬砌物理量,包括二次衬砌的轴力极大值、轴力极小值、负弯矩极大值、正弯矩极大值、最小压安全系数、平均压安全系数、压破坏单元百分比、最小拉安全系数、平均拉安全系数、拉破坏单元百分比和配筋量等。

(2) 计算成果整理与分析

根据上述思路,对第4章的计算成果进行了相应整理与分析,具体见表7-10、图7-37。

近似相关系数一览表　　　　表7-10

近似相关系数	轴力极大值	轴力极小值	负弯矩极大值	正弯矩极大值	最小压安全系数	平均压安全系数	压破坏单元百分比	最小拉安全系数	平均拉安全系数	拉破坏单元百分比	配筋量
围岩弹性模量	-0.220	-0.328	-0.249	-0.276	0.581	0.787	-0.450	1.215	1.003	-0.083	-0.386
围岩泊松比	-0.056	2.998	0.236	-0.066	0.104	0.153	-0.263	0.148	-1.036	4.321	-0.179
围岩黏聚力	0.004	-0.016	0.021	-0.003	0.006	0.029	0.000	0.014	0.024	0.000	0.000
围岩内摩擦角	0.001	0.000	-0.013	-0.002	0.003	0.001	0.000	0.006	0.007	0.000	-0.003
衬砌厚度	0.526	1.353	0.492	0.790	0.293	0.703	-0.690	4.073	-0.603	2.431	-0.791
衬砌弹性模量	0.555	1.264	0.583	0.811	-0.568	-0.696	-3.157	-0.916	-2.509	0.495	2.392
外水压力	0.449	0.794	0.523	0.560	-0.658	-0.713	1.083	-1.913	-4.996	0.919	0.963

7 计算承水压支护结构设计理论与方法

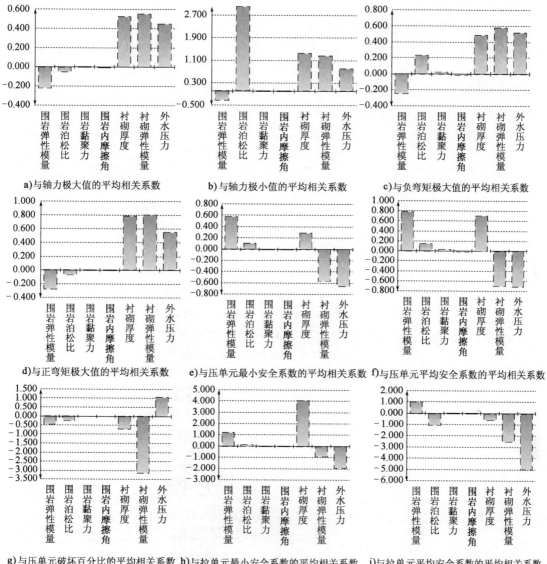

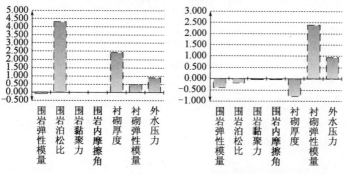

图 7-37 不考虑注浆因素的参数敏感性

① 不考虑注浆因素。

以上图表说明,围岩黏聚力和内摩擦角对衬砌结构的影响较小,其近似相关系数均小于 0.1,因此可忽略不计,仅对剩余其他因子敏感性排列如表 7-11 所示。该表揭示,提高围岩弹性模量、降低衬砌弹性模量是减小衬砌内力的最有效手段;减小外水压力、增大衬砌弹性模量和厚度是确保素混凝土衬砌结构抗压安全性的最有效手段;提高围岩弹性模量、减小围岩泊松比、增大衬砌厚度是确保素混凝土衬砌结构抗拉安全性的最有效手段;增大衬砌厚度、提高围岩弹性模量、减小衬砌弹性模量、减小外水压力是减小钢筋混凝土衬砌结构配筋量的最有效手段。

不考虑注浆的参数敏感性排序表　　　　　表 7-11

相关关系	敏感性排序	衬砌内力物理量				素混凝土衬砌的安全性物理量						钢筋混凝土衬砌
		轴力极大值	轴力极小值	负弯矩极大值	正弯矩极大值	最小压安全系数	平均压安全系数	压破坏单元百分比	最小拉安全系数	平均拉安全系数	拉破坏单元百分比	配筋量
正相关	1	衬砌弹性模量	围岩泊松比	衬砌弹性模量	衬砌弹性模量	衬砌弹性模量	衬砌弹性模量	外水压力	衬砌厚度	围岩弹性模量	围岩泊松比	衬砌弹性模量
	2	衬砌厚度	衬砌厚度	外水压力	衬砌厚度	衬砌厚度	衬砌厚度		围岩弹性模量		衬砌厚度	外水压力
	3	外水压力	衬砌弹性模量	衬砌厚度	外水压力	围岩泊松比	围岩泊松比		围岩泊松比		外水压力	
	4		外水压力	围岩泊松比								衬砌弹性模量
负相关	1	围岩弹性模量	围岩弹性模量	围岩弹性模量	围岩弹性模量	外水压力	外水压力	衬砌弹性模量	外水压力	外水压力	围岩弹性模量	衬砌厚度
	2	围岩泊松比			围岩泊松比	衬砌弹性模量	衬砌弹性模量	衬砌厚度	衬砌弹性模量	衬砌弹性模量		围岩弹性模量
	3							围岩弹性模量		围岩泊松比		围岩泊松比
	4							围岩泊松比		衬砌厚度		

总体上说,提高围岩弹性模量、增大衬砌厚度、减小外水压力和减小衬砌弹性模量是提高衬砌抗水压能力的较敏感因子。而对于实际隧道工程,提高围岩弹性模量一般对应注浆的工程措施,减小外水压力也与注浆措施对应,减小衬砌弹性模量即降低衬砌混凝土的强度等级。因此,为增大衬砌结构的抗水压能力,注浆、加大二次衬砌厚度是最有效的手段,而提高二次衬砌混凝土的强度等级应谨慎采用。

这揭示出,衬砌抗水压的能力不仅与二次衬砌和外水压力有关,而且与围岩的工程地质条件密切相关;在外水压力的作用下,围岩和二次衬砌存在明显的力学耦合效应;所以,在进行抗水压衬砌结构设计时,不能孤立地仅仅考虑加强、加厚二次衬砌,而应将围岩与衬砌结构按一个整体考虑,共同作为抗水压结构,特别是在围岩级别较低的段落,更应重视此点。

②考虑注浆因素。

同上,针对注浆圈厚度、注浆加固指标和注浆堵水指标的计算成果也进行了整理与分析,如图7-38、表7-12所示。

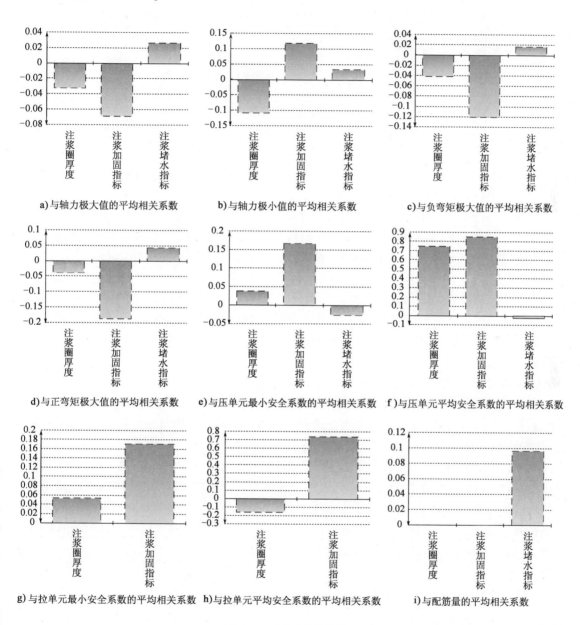

图7-38 注浆参数的敏感性

表7-12揭示,实施预注浆后,若堵水效果良好,使得二次衬砌背后不考虑外水压力时,注浆加固指标将是确保二次衬砌安全性的最敏感因素,但总体均不需进行配筋设计;一旦二次衬砌背后存在外水压力后,注浆堵水指标就是决定二次衬砌抗水压能力的最重要因素。

表 7-12　注浆参数敏感性排序表

相关关系	敏感性排序	衬砌内力物理量				素混凝土衬砌的安全性物理量				钢筋混凝土衬砌的配筋量
		轴力极大值	轴力极小值	负弯矩极大值	正弯矩极大值	最小压安全系数	平均压安全系数	最小拉安全系数	平均拉安全系数	配筋量
正相关	1	注浆堵水指标	注浆加固指标	注浆堵水指标	注浆堵水指标	注浆加固指标	注浆加固指标	注浆加固指标	注浆加固指标	注浆堵水指标
	2		注浆堵水指标			注浆圈厚度	注浆圈厚度	注浆圈厚度		
负相关	1	注浆加固指标	注浆圈厚度	注浆加固指标	注浆加固指标	注浆堵水指标	注浆堵水指标		注浆圈厚度	
	2	注浆圈厚度		注浆圈厚度	注浆圈厚度					

2) 基于随机有限元法的参数敏感性分析

众所周知,确定性有限元理论和随机有限元理论均是分析隧道支护结构安全的主流方法。但事实上,当探讨某个自变量(如围岩弹性模量等)对表征隧道衬砌结构安全的因变量(如衬砌最大拉应力等)的影响时,采用确定性有限元理论与随机有限元理论相比,存在以下几个突出问题:

①前者反映的自变量梯度信息仅只是局部信息,而后者可考虑因变量在某一自变量整个随机参数空间内的所有梯度值,因而后者能更好地反映这一自变量对因变量的影响程度。

②为获得足够数据,前者需输入大量变化参数,而后者可依靠程序自动实现对自变量的概率输入,因此人为工作相对简单。

③前者对自变量的选取多采用有限差分法,忽略了变量之间的相互作用影响;而后者可同时改变所有自变量,且能考虑变量之间的相关性,因此其分析结果更为合理。

鉴此,下文还选用随机性有限元理论进行了参数敏感性的分析研究。

(1) 计算方法

当前,常用的随机有限元计算方法包括一次二阶矩法、JC 法、RSM 法、Monte-Carlo 法等。

前两种方法的应用前提是能用显式表达自变量与因变量的关系函数,但实际上,隧道围岩与结构的相互作用极其复杂,再考虑外水压力的作用,无法实现显式表达。而 RSM 法将各随机变量看作试验因子,用有限次结构计算的结果来拟合一个响应面以代替未知的真实的关系函数,并给出明确表达式,从而可在此基础上进一步分析。响应面的表达式一般为:

$$g(X) = a_0 + \sum_{i=1}^{n} a_i X_i + \sum_{i=1}^{n} b_i X_i^2 + \sum_{i \neq 1}^{n} \sum_{j=1}^{n} c_{ij} X_i X_j \tag{7-21}$$

式中: X_i——基本随机变量;
a_0, a_i, b_i, c_{ij}——待定系数。

对于随机变量的试验点选取,可采用中心指数设计法和 Box-Behnken 矩阵抽样法(小飒工作室,2004)。对于存在二次项的响应面方程,后者取样次数要少于前者。

至于 Monte-Carlo 法,其理论基础是大数定理,它的应用范围几乎没有限制,但同样需要显式关系函数,且需耗费大量时间,因而也较少采用。

故此,本节先基于 RSM 法得出显式函数,再采用 Monte-Carlo 法实现随机有限元分析,其步骤具体如下:

①生成确定性有限元数据库;
②确定随机输入变量和输出变量;
③采用 Box-Behnken 法进行输入变量的试验点设计;
④进行仿真循环,计算对应随机输入变量空间样本点的随机输出变量的数据;
⑤拟合响应面方程;
⑥基于响应面方程进行 Monte-Carlo 随机模拟。

(2) 计算模型

选取龙潭隧道 ZK72+752 断面为典型断面,进行全施工过程的确定性有限元分析。计算过程贯穿隧道开挖至二次衬砌承受外水压力的整个施工过程,共 6 个阶段。其中,前 5 个阶段按"地层—结构"法模拟隧道从原始地应力状态到施作二次衬砌,第六阶段采用水岩分算法(王建秀,2002)模拟二次衬砌承受外水压力(图 7-39),折减系数取 0.4,即拱顶外水压力为 0.4MPa。计算参数中,对于注浆锚杆、型钢等支护措施采用提高围岩弹性模量、黏聚力和内摩擦角的方法(4.2 节所述方法)进行等效,未考虑超前预注浆的影响。

图 7-39 水岩分算法计算模型

利用上述计算生成的确定性有限元数据库,着重对第六阶段的数据库模型进行了随机有限元计算。

(3) 随机变量的确定

结合研究主要目的及常规经验(李敏,2005),在不影响分析精度的前提下,为简化计算仅将变异性相对较大的参数设置为随机输入变量。对变异性较小的参量,如混凝土和岩体的重度、线膨胀系数及泊松比、几何尺寸等均按定值处理。对混凝土及岩体弹模、抗剪强度参数等变异性一般较大的参数按随机变量考虑,确定涉及岩体、衬砌混凝土两种材料共 6 个参数为随机输入变量,其随机分布及其特征值见表 7-13,各变量统计特征主要根据室内试验及前人的研究成果综合确定。

随机输入变量统计特征　　　　　　　表 7-13

介质材料	变量名称	分布类型	均值	标准差	变异系数
围岩	弹性模量 TM_YS	正态分布	5.5GPa	0.88GPa	0.16
	黏聚力 C_YS	正态分布	1.1MPa	0.11MPa	0.1
	内摩擦角 FI_YS	正态分布	38.66°	6.19°	0.16
衬砌	弹性模量 TM_GXW	正态分布	31GPa	2.64GPa	0.0853
	黏聚力 C_GXW	正态分布	2.5MPa	0.375MPa	0.15
	内摩擦角 FI_GXW	正态分布	53.8°	10.76°	0.2

根据确定性有限元分析的结果,选取二次衬砌最大拉应力与最大压应力,为随机输出变量,探讨在外水压力下上述6个因素对它们的影响。

(4)响应面方程拟合与Monte-Carlo模拟

基于RSM法的思想,采用ANSYS软件,编制了APDL程序,分别拟合了二次衬砌所有单元中最大拉应力与最大压应力的显式表达式。计算中,先对两个随机输出变量进行Box-Cox变换[见式(7-22)],再根据Box-Cox变换的参数λ最终确定合理的变换函数。

$$Y_i^* = \begin{cases} \dfrac{Y_i^\lambda - 1}{\lambda} & \lambda \neq 0 \\ \ln(Y_i) & \lambda = 0 \end{cases} \quad (7\text{-}22)$$

式中:Y_i——第i次样本循环时得到的随机输出变量;

Y_i^*——变换后的数值;

λ——Box-Cox参数。

例如,对最大拉应力响应面进行Box-Cox变换时,参数λ为0.7,接近1,故方程拟合不需采用任何变换函数,见式(7-23);而对最大压应力响应面进行Box-Cox变换时,确定采用指数变换函数,见式(7-24)。式中$S_{1\max}$表示最大拉应力,$S_{3\max}$表示最大压应力,EXP表示指数函数,其余符号意义见表7-13。

$$\begin{aligned} S_{1\max} = &\, 1.4 - 0.4 \times (1.0 \times 10^{-3} \times TM\_YS - 5.8) + \\ & 0.1 \times (8.4 \times C\_YS - 9.2) + 0.1 \times (3.5 \times 10^{-4} \times TM\_GXW - 10.8) + \\ & 0.2 \times (1.0 \times 10^{-3} \times TM\_YS - 5.8)^2 + 0.1 \times (0.1 \times FI\_YS - 5.8)^2 - \\ & 0.3 \times (1.0 \times 10^{-3} \times TM\_YS - 5.8) \times (8.4 \times C\_YS - 9.2) \end{aligned} \quad (7\text{-}23)$$

$$\begin{aligned} \text{EXP}(S_{3\max}) = &\, 4.2 - 9.5 \times 10^{-2} \times (1.0 \times 10^{-3} \times TM\_YS - 5.8) + \\ & 5.2 \times 10^{-2} \times (3.5 \times 10^{-4} \times TM\_GXW - 10.8) + \\ & 0.2 \times (8.6 \times 10^{-2} \times FI\_GXW - 4.6) - \\ & 8.6 \times 10^{-2} \times (8.6 \times 10^{-2} \times FI\_GXW - 4.6)^2 - 1.7 \times 10^{-2} \times \\ & (8.6 \times 10^{-2} \times FI\_GXW - 4.6) \times (2.5 \times C\_GXW - 6.2) \end{aligned} \quad (7\text{-}24)$$

基于式(7-23)、式(7-24)的响应面方程,进行了100万次Monte-Carlo模拟,得到结果如图7-40所示,其中$S_{1\max}$均值为1.66MPa,标准差为0.54MPa,$S_{3\max}$均值为63.83MPa,标准差为11.9MPa。由此说明,在前面所述条件下,外水压下衬砌的破坏形式主要表现为受压破坏,同时伴随有受拉破坏。

(5)敏感性与相关性分析

图7-41、图7-42分别给出了在显著性水平为0.025的情况下,影响衬砌最大拉应力和最大压应力的显著因素和非显著因素。

图7-41表明,对$S_{1\max}$影响最大的因素是围岩的弹性模量,之后依次是二次衬砌的弹性模量、围岩的黏聚力,而围岩的内摩擦角、衬砌的黏聚力和内摩擦角则为不敏感因素。

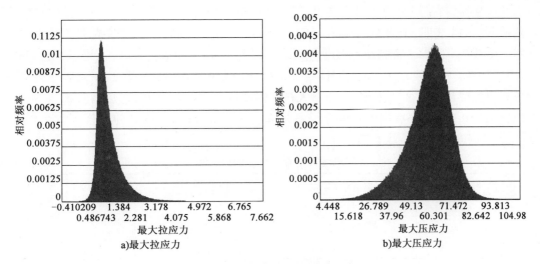

图 7-40 随机输出变量的概率分布

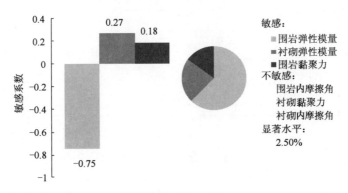

图 7-41 随机输入变量与 $S_{1\max}$ 的敏感关系

图 7-42 表明，对 $S_{3\max}$ 影响最大的因素是二次衬砌的内摩擦角，之后依次是围岩的弹性模量、二次衬砌的弹性模量、二次衬砌的内摩擦角，而围岩的黏聚力、围岩的内摩擦角则为不敏感因素。

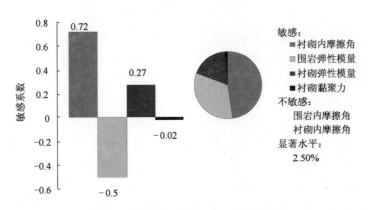

图 7-42 随机输入变量与 $S_{3\max}$ 的敏感关系

为进一步探讨,又对上述较敏感变量进行了线性相关分析。

其中,表7-14表明,围岩弹性模量与S_{1max}负相关,即增大围岩弹性模量有利于减小S_{1max},线性相关系数为-0.74。而衬砌弹性模量、围岩黏聚力均与衬砌S_{1max}正相关,即增大衬砌弹性模量、围岩黏聚力反而会增大S_{3max},线性相关系数分别为0.20、0.24。表7-15则表明,衬砌内摩擦角和弹性模量均与S_{3max}正相关,即增大衬砌内摩擦角、弹性模量反而会增大S_{3max},线性相关系数分别为0.72、0.26。而围岩弹性模量与S_{3max}负相关,即增大围岩弹性模量也有利于减小S_{3max},线性相关系数为-0.65。

随机输入变量与S_{1max}的相关性　　　　表7-14

敏感次序	随机输入变量	敏感系数	线性相关系数
1	围岩弹性模量	-0.75	-0.74
2	衬砌弹性模量	0.27	0.20
3	围岩黏聚力	0.18	0.24

随机输入变量与S_{3max}的相关性　　　　表7-15

敏感次序	随机输入变量	敏感系数	线性相关系数
1	衬砌内摩擦角	0.72	0.72
2	围岩弹性模量	-0.50	-0.65
3	衬砌弹性模量	0.27	0.26
4	衬砌黏聚力	-0.02	-0.01

注意到,表7-14、表7-15中的共同因素包括围岩弹性模量和衬砌弹性模量,且前者变化对输出变量的敏感度更高。此外,两者与随机输出变量的相关性相反。

3) 耦合效应

根据上述随机有限元分析,对衬砌拉、压应力最大值均较敏感的因素依次是围岩弹性模量和衬砌弹性模量。并且,围岩弹性模量越大,外水压下的衬砌拉、压应力的最大值越小,而衬砌弹性模量越大,拉、压应力的最大值反而越大。

鉴此,特引入物理量"似刚度比"以进一步分析:

$$似刚度比 = \frac{衬砌弹性模量}{围岩弹性模量} \qquad (7-25)$$

显然,似刚度比反映了衬砌与围岩变形能力的差异,其值越大,则衬砌与围岩的变形刚度相差越大,两者之间协调变形的能力就越差。

据此定义,根据确定性有限元的计算结果绘制图7-43。

图7-43表明,在相同条件下,似刚度比越大,二次衬砌结构的内力就越大;二次衬砌素混凝土结构的受压单元的最小安全系数和平均安全系数均越小,且其压破坏单元的数量总体也呈现越多的趋势;受拉单元的平均安全系数先越小,拉破坏单元的数量也呈现先越多后越少的趋势,但二次衬砌素混凝土结构的受拉单元的最小安全系数均表现为随之变小的特点,再注意到混凝土结构的安全是根据最不利截面进行考虑的,因此,也可以认为似刚度比与二次衬砌素混凝土结构的拉安全性呈负相关关系;二次衬砌钢筋混凝土结构的配筋量也越大,两者呈现明显的正相关关系。

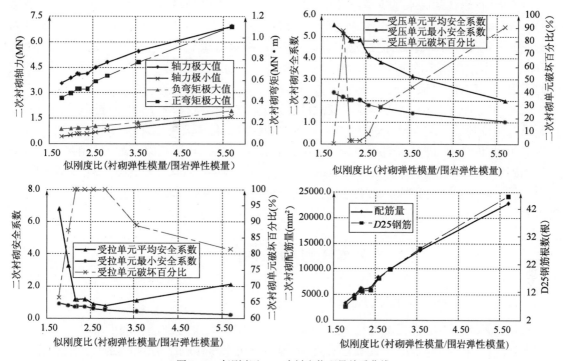

图 7-43　似刚度比—二次衬砌物理量关系曲线

对于上述分析结论,可借鉴具有层间压力的双层组合环的弹性力学模型(图 7-44)来深入理解。在图中,若内环为完全刚体,则内环将承担全部的层间压力;若内环的弹性模量远大于外环的弹性模量,则层间压力将主要由内环承担,内环的应力集中程度将远高于外环;若内环的弹性模量与外环的弹性模量接近,则内、外环会有良好的协调变形,外环能"分担"更大比例的层间压力,并且两者力学性能越接近,内环的应力集中程度就会越弱。

事实上,隧道衬砌结构(类似于图 7-44 中的内环)与围岩(类似于图 7-44 中的外环)的弹性模量相差一般已很大,因而在此基础上,如仅仅只提高衬砌的强度,就会造成两者力学性能的差距越明显,围岩对外水压力(类似于图 7-44 中的层间压力)的分担作用就越小。

从另外一个角度看,新奥法的核心思想之一就是,围岩是荷载、建筑材料和承载结构的统一体。因此,仅仅提高衬砌的强度并采用荷载结构法进行设计的这种理念却恰恰忽视了这点,未能充分利用围岩的承载性能。尤其在外水压力的作用下,其设计模式与施工方法更应突出围岩的这种可以"分担外水压力"的承载结构特性。

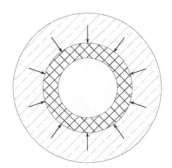

图 7-44　双层组合环的弹性模型

所以,一味通过加厚衬砌、提高混凝土强度等级等来提高衬砌强度,却不较好地改善围岩的力学性能,是一种片面措施,有时甚至适得其反,降低外水压下衬砌的安全度。而应充分注意到在外水压力的作用下衬砌和围岩存在着明显耦合效应的客观规律,采取注浆等更全面的有效措施,较好地改善围岩的力学性能,减小似刚度比,增强由注浆圈围岩、初期支护、防排水网络系统和二次衬砌共同组成的支护结构的承载外水荷载的能力。

事实上,在以往的高水压隧道施工中,常常仅仅考虑注浆的堵水作用,而忽视了注浆圈对承受水压的力学贡献,认为外水压力完全由衬砌承担;从而,采取了堵水注浆、加厚衬砌、提高衬砌混凝土强度等级等措施,但运营一段时间后,衬砌就出现了不同程度的裂缝病害现象。这一方面反映出注浆堵水的施工质量耐久性不高,另一方面其实就是上述片面措施不尽合理之处的工程实例佐证。

因此,基于上述分析,对于考虑水荷载的隧道建设应摒弃仅仅提高衬砌强度的片面措施,衬砌设计应按地层—结构模式进行计算;对围岩预注浆不仅需要考虑堵水效果,还需注重加固围岩的作用;设计中可考虑全断面帷幕超前预注浆,或先用 CS 双液浆堵水、后用超细水泥单液浆加固的二次注浆,或分层注浆(Dar-Jen Tseng,2001)等措施,这样既保障了注浆堵水质量,又提高了加固围岩的耐久性。只有这样,才能充分发挥围岩的承载性能,有效确保外水压下衬砌的安全度。

7.5 承水压衬砌结构的优化选型

7.5.1 抗水压衬砌结构比选方案

根据对外水压下隧道衬砌结构力学响应特征的分析,二次衬砌最薄弱的部位是仰拱和仰拱隅角处。结合龙潭隧道的工程实际特点,需要研究抗水压衬砌结构的断面选型方法,鉴此提出四种衬砌结构方案进行比选分析,见表 7-16。

衬砌断面比选方案　　　　表 7-16

方案序号	断面差异参数		对应图形	备注
	仰拱角隅半径	二次衬砌厚度		
B1	内轮廓为 1.5m,外轮廓为 2.1m	等厚,60cm	图 7-45	改变仰拱隅角半径
B2	内轮廓为 1.0m,外轮廓为 1.5m	不等厚,仰拱处为 65cm	图 7-46	改变仰拱处衬砌厚度
B3	内轮廓为 1.0m,外轮廓为 1.6m	等厚,60cm	图 7-47	普通段衬砌断面
B4	内、外轮廓均为 1.0m	不等厚,边墙处最大为 85cm,仰拱处为 60cm	图 7-48	改变边墙处衬砌厚度

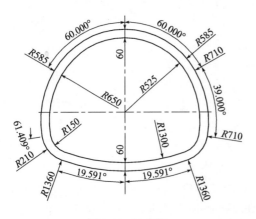

图 7-45　B1 方案

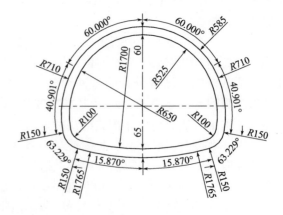

图 7-46　B2 方案

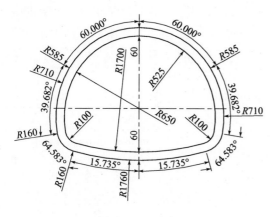

图 7-47　B3 方案　　　　　　　　　　图 7-48　B4 方案

7.5.2　结构选型对策

综上计算分析结果可得：

(1) 在外水压力的作用下，衬砌仰拱是拉应力最集中的位置，最易发生受拉破坏。

(2) 在外水压力的作用下，衬砌仰拱角隅及边墙部位是压、剪应力最集中的位置，尤其是仰拱角隅为最薄弱之处，最易发生受压屈服和塑性破坏。

(3) 通过比较变形和应力各物理量来看，抗水压衬砌的破坏主要受强度控制，因此通过采取有效措施增大衬砌的强度是最有效手段。

如图 7-49 所示，以衬砌外轮廓断面的最大跨度处为界，分为上半断面和下半断面。为便于说明，特引入一个新概念——"下半断面矢跨比" S，其表述为：

$$S = \frac{H}{D} \tag{7-26}$$

式中：D——衬砌外轮廓断面的最大跨度；

H——下半断面最大高度。

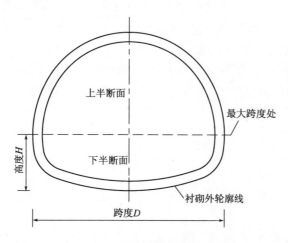

图 7-49　下半断面矢跨比示意图

根据各结构方案,由于断面形状的改变,主要造成了隧道开挖、喷射混凝土、防水板、仰拱回填、二次衬砌等 5 项工程量的改变,而锚杆等工程量变化不大。因此,特选取了以上 5 项工程量作为比较的主要对象,依据龙潭隧道实际的经济指标进行了技术经济对比分析,具体见表 7-17。

衬砌结构方案技术经济性对比 表7-17

方案序号	经济指标							技术指标			
	开挖量(m^3/m)	喷射混凝土(m^3/m)	防水板(m^2/m)	二次衬砌(m^3/m)	仰拱回填(m^3/m)	工程造价(元/m)	工程造价排序(按从低到高)	跨度D(m)	下半断面高度H(m)	下半断面矢跨比S	下半断面矢跨比排序(按从大到小)
B1	107.33	9.49	35.72	20.31	11.85	27689	4	12.03	3.55	0.295	1
B2	104.28	9.44	35.48	20.71	8.59	26908	2	12.03	3.17	0.264	2
B3	103.63	9.41	39.7.16	20.29	8.59	26572	1	12.03	3.12	0.260	3
B4	105.16	9.55	35.93	21.48	8.59	27269	3	12.33	2.57	0.209	4

表 7-17 反映了"下半断面矢跨比"是评价抗水压衬砌对外水压力承载能力的一个重要技术指标。在同等衬砌厚度、围岩条件、外水压力下,该值越大,其抗水压衬砌的强度越高,所能承受的外水压力越大。例如,B1、B2 的"下半断面矢跨比"分别较 B3 增加了 13%、2%,其抗拉(压)安全性也相应增加了 64%(13%)、17%(1%)。

事实上,若衬砌全断面厚度增加 d,且保持衬砌为等厚衬砌,则下半断面矢跨比 S_{HD} 为:

$$S_{HD} = \frac{H+d}{D+d} \qquad (7\text{-}27)$$

若仅增加仰拱处的拱圈厚度 d,其余部位衬砌厚度不变,则下半断面矢跨比 S_H 为:

$$S_H = \frac{H+d}{D} \qquad (7\text{-}28)$$

若仅增加边墙处的厚度 d,其余部位的衬砌厚度不变,则下半断面矢跨比 S_D 为:

$$S_D = \frac{H}{D+d} \qquad (7\text{-}29)$$

显然,式(7-26)~式(7-29)中,$S_H > S_{HD} > S > S_D$,即通过增加衬砌厚度从某种程度上说,也是一种提高下半断面矢跨比的措施。

综上所述,不考虑其他因素,由于影响衬砌承受外水压力性能的关键因素是衬砌强度,而提高衬砌强度最有效的措施是增大"下半断面矢跨比",其具体对策包括:

(1)增大仰拱隅角处半径;
(2)减小仰拱处半径;
(3)增大仰拱拱圈厚度;
(4)增大衬砌全断面厚度。

在进行外水压力衬砌断面结构的选型时,应按上述对策依次或组合采用,并结合数值仿真最终确定方案。

实际上,以上 4 种断面方案中,相对 B3 断面(图 7-47)的衬砌结构而言,B1 断面(图 7-45)、B2 断面(图 7-46)均是贯彻上述理念;且 B1 断面采取的"增大仰拱角隅处半径"和

"减小仰拱处半径"的措施排在第一和第二,故最有效;B2 断面采取的"增大仰拱拱圈厚度"的措施排第三,故次之;而 B4 断面(图 7-48)思路模糊,采取了增大边墙厚度的措施,尽管增强了衬砌的强度,但背离"增大下半断面矢跨比"的断面设计理念,其提高衬砌强度的技术和经济性能的综合效率最低,故不可取。

7.6 外水压力的控制措施

通过计算分析,隧道衬砌结构外水压力的控制措施主要包括:
1)减小衬砌背后的外水压力的措施
(1)增大隧道排放量,加强隧道自身的排水能力,可通过加密或改善排水构造实现;
(2)减小围岩渗透系数,可通过注浆实现;
(3)不堵塞隧道周边原有的过水通道(溶洞、地下暗河等),如通过复合式回填处治富水溶洞等。
2)改变外水压力作用于衬砌结构方式的措施
(1)有条件宜优先采用半包式防排水结构,以减小仰拱部的外水压力;
(2)确保注浆堵水质量,可通过合理选择注浆材料、改进注浆工艺等实现,以将外水压力转移至注浆堵水圈上或减小衬砌直接承受的外水压力;
(3)富涌水和高水压地段,宜优先采用预注浆堵水措施。
3)提高衬砌结构对外水压力承载能力的措施
(1)加固软弱围岩,提高围岩力学性能,可通过注浆加固实现;
(2)加厚衬砌或加大配筋量;
(3)优化衬砌结构断面形状。

7.7 小　结

本章主要对外水压作用下的衬砌结构计算方法、外水压的确定方法、承水压衬砌的力学响应和对衬砌结构的优化进行介绍,并得出如下结论:
(1)通过对基于地层结构法和荷载结构法的外水压力下隧道衬砌结构计算的基本原理、方程和过程的研究,并结合算例分析,建立了按面力考虑外水压力的地层结构法计算体系,同时指出了应用荷载结构法的不合理性。
(2)在前人已有研究基础上,结合本章研究成果,提出了确定外水压力的系统方法,给出了不同方法选择标准的建议,并据此给出了依托工程的外水压力计算式。
(3)通过分析外水压力下隧道衬砌结构的力学响应规律以及不同参数的敏感性,从减小衬砌背后外水压力、改变外水压力作用方式和提高衬砌结构承载能力三个方面,提出了隧道衬砌结构外水压力的控制技术。

8 隧道排放水的处治与利用

8.1 隧道施工废水的处治

8.1.1 地表水污染防治

1）生活污水

（1）为防止隧道施工影响地下水,隧道施工前,应在隧道口附近打好深水井,将水抽至用水地点的蓄水池,保证居民饮用和施工用水不间断供应,并在施工结束后无条件地留给当地居民使用。

（2）加强生活污水的处理。驻地的住房、办公室等临时驻地必须采取二级生化处理后达标排放,或经化粪池处理后用于农灌。污水处理系统的位置、容量与设计均应能满足正常使用的要求。不得在饮用水源保护区设置临时驻地,避免污染水源。同时应制订有效的节水措施,降低生活及施工用水量,减少污水排放量及污水处理量。

2）施工废水

（1）每一处临时施工现场均应备有临时污水汇集设施,对拌和场清洗砂石料的污水应收集并进行过滤、沉淀处理,调整 pH 值后方可排放或回用,不得直接排入农田、河流、水库和渠道。

（2）采取清污分流方法。对于隧道涌水量大的地段,设截水管经由衬砌背后引出并导入蓄水池,避免和洞内施工污水汇合外排。这样,可充分利用水资源以充实施工用水,而且可以减少污水处理量。隧道施工过程中产生的废水,应在洞口修建污水池进行处理后达标排放或回用。

（3）由施工机械产生的废油、废水,采取隔油池等措施加以处理,不得超标排放。

（4）化学注浆时应注意药液的选择,同时要设观测井以监测水质状况。如担心会有污染时,则可重新研究施工计划,采取其他施工法或改变药剂等。

（5）将污染的地下水抽出净化达标处理后,供作他用或再注入地层,促进稀释净化,加速地下水质的恢复。

8.1.2 地下水防治

1）隧道选线

（1）隧道选线应尽可能绕避或远离顶部为居民集中区及农田集中分布区等山体地带,防止隧道开挖对居民生产、生活用水造成影响。

（2）岩溶斜坡地带存在一个岩溶安全带,岩溶水以最短途径向河流等排泄基准面排泄,斜坡地带以横向岩溶水为主，岩体内岩溶较不发育，隧道通过的最佳位置应为岩溶斜坡地带。

(3) 岩溶垂直渗流带相对水平循环带岩溶发育较弱，而且地下水主要为雨季下渗的"过路水"，应抬高线路高程，岩溶隧道从岩溶垂直渗流带内通过。

(4) 岩溶洼地、槽谷、地表串珠状漏斗及洼地有利于地表水汇集，往往是地下水的循环通道，地下水相对较发育，有条件时，应以绕避为主，将路线选在岩溶发育相对轻微的地区；无法绕避时，应抬高线路高程以路基方式通过岩溶洼地、槽谷，使隧道绕避岩溶洼地及槽谷。

(5) 岩溶发育主要受地层岩性和地质构造控制，一般可溶岩含量越多，岩溶越发育，在条件允许的情况下，应尽可能让隧道洞身从岩溶相对不发育地层通过。

(6) 断层破碎带、褶皱的轴部往往是地下水循环通道或储水构造，可溶岩和非可溶岩接触带也有利于地下水的富集，通常岩溶和岩溶水特别发育，隧道路线应尽量避开构造发育地带及可溶岩和非可溶岩接触带，或以大角度通过。

(7) 岩溶发育地区暗河分布较广泛，隧道与暗河平行走向或下穿暗河段可能会袭夺暗河水，隧道高程应位于暗河顶板之上大角度与地下暗河相交，并保证安全顶板厚度，防止暗河与隧道联通。

2) 隧道施工及防排水

(1) 隧道施工方案应贯彻"以堵为主、限量排放、有效利用"的原则。在施工前，制订好防排水方案，在施工期间加强地质、水文地质研究，加强超前地下水预测，较其他常规探水仪器，瞬变电磁法在远距离探水方面具有一定优势，激发激化法则是探测富水区的有效方向，EH4和高速钻孔具有很高的实用价值。施工中应按现场施工方法、机具设备等情况，选择不妨碍施工的防排水措施。隧道进洞前应先做好洞顶、洞口、辅助坑道口的地面排水系统，防治地表水的下渗和冲刷。对于地下水量较丰富的隧道，在隧道建设早期就对区域内的地下水系受隧道建设的影响程度进行评估，以确定该线位是否合理。施工前详细调查该地区的水文地质情况，包括地下水的分布、类型、储存、补给、径流和排泄条件等，研究合理的施工方法。

(2) 隧道施工应制订完善的施工方案，对围岩应进行超前预注浆处理，加固围岩、形成止水帷幕，注浆效果达到预定要求后方可继续开挖。加强对软弱围岩和断层破碎带的支护，严密监测隧道涌水量与位移量。

(3) 弱富水——富水段环向施工缝采用中埋橡胶止水带+外贴止水带的复合防水构造；纵向施工缝采用中埋钢边橡胶止水带+外贴止水带的复合防水构造；贫水带环向施工缝采用遇水膨胀橡胶止水条+外贴止水带的复合防水构造；纵向施工缝采用中埋边橡胶止水带+外贴止水带的复合防水构造。

(4) 在穿越可溶岩层、断层、断裂带以及节理裂隙发育的地下水发育地段，采用超前注浆或结合地形、富水情况采用径向注浆堵水；对地下水较丰富路段，加密环向盲沟间距，限量排放。在岩溶富水区地段采用全断面深孔帷幕注浆堵水卓有成效，可有效地防止地表水和地下水的流失，保护隧道区域的自然生态环境。

(5) 通过压气、化学注浆等辅助施工方法挡水，使隧道开挖面周围的围岩得以封闭，保持地下水位，且可防止未预料到的地下水对新线路的渗透。注浆用原材料配选须考虑长期的环保要求，应避免采用可能造成地下水污染的有毒化学浆液。

(6) 视围岩条件，当岩石中的重金属矿物等的溶解而出现水质污染问题时，在矿山附近、矿床地带等应研究重金属等溶解而污染的可能性，含重金属等有害成分的隧道弃渣应按危险废物加强管理，由具相关资质的单位对弃渣进行储存及处置，并应出具该危险废物样品的物理和化学性质的分析报告。

3）地下水环境监控及补偿

①施工期间对于出现涌水状况的部位，应加强地下水涌水量的观测和水质分析，对涌水位置、涌水形态、涌水量大小、涌水量动态变化、含泥沙情况、水的侵蚀性等进行详细监控，及时评价涌水对地下水环境的影响。

②开展地下水位的动态观测，一是建立健全隧道内长期地下水压观测网（设施），以确定各含水层地下水位的恢复情况；二是开展水质监测工作，监测地下水大量排放后对水环境特别是水质的影响；施工期应加强对隧道顶部村庄生活饮用水源、生产用水的监测，同时预留费用用于隧道顶部居民生活、生产用水受工程影响的补偿，若发现引起地下水变化和影响农田、植被生长时，应及时改进和完善施工方案，同时采取必要的经济补偿措施，若发现因隧道施工造成饮用的山泉水水量减少时，应即时停止施工、优化隧道施工方案，并在水量恢复以前采取水管抽水供给或送水车运水供给措施。预计因隧道涌水引起的枯水会对周围产生影响时，有必要在事前研究用自来水、储水池等作为代替水源的计划。在农田区施工时，对既有的排灌系统加以保护，必要时修建临时水渠、水管等，保证排灌系统的完整性。

③施工期应在隧道进口、出口、岩溶发育段、构造破碎带、地表出露泉点、背斜轴部等处设监测点，对外排水变化情况和顶部村庄周围水田及植被进行监督性监测，并适时进行补偿。

(1) 监控工作计划

由建设单位委托具资质和技术能力的单位开展地下水环境监控工作，并由施工单位配合进行；监控方法采取定点观测与现场巡查法。

定点观测：隧道顶部有居民区采取地下水井取水方式供生产、生活用水的隧道，采取对地表泉眼、居民饮用的山泉水设置观测点进行定点观测；由监控单位编制监控方案，并负责实施。

现场巡查法：对施工隧道采取巡查法，控制隧道漏水，保证地表生态用水。

(2) 监控技术要求及成果

①监控时段划分及点位确定。

地表水环境观测的实施结合隧道施工时段分为三个时段，第一时段为隧道施工前各观测点初始状态的确认；第二时段为隧道施工过程中和各观测点的各项观测内容动态变化观测；第三时段为隧道竣工后三个月内各观测点各项观测内容动态变化的继续观测。

观测内容为隧道顶部可溶岩地段的地下水及地表水，选择有代表性的泉、暗河、塘堰等的水位和流量进行观测。

重点观测范围初步定为线路两侧各500m，必要时适当扩大观测范围；观测布点根据工地现场调查确定的观测范围进行布设，并根据实际需要，适当扩大观测范围。

施工前分丰、平、枯三个周期确认水量及水位的初始状态，隧道从开工至竣工全过程对敏感点进行观测，保存文字记录，确认水量及水位的状态，编制监控报告；工程竣工后三个月内进行观测，保存文字记录或照片资料，确认水量及水位的状态，编制监控报告。

观测频次为隧道开始施工后，每天定时观测一次，当水位及流量出现异常变化时，应缩短观测周期，加大观测次数，必要时全天24小时连续观测，至隧道竣工；工程竣工后三个月内观测频次为每3d观测一次,出现疏漏现象时根据需要缩短观测周期,并适当延长工程竣工后的观测时间。

②观测要求及成果。

设置的观测点均应测量地面高程和固定点(基准点)的高程,固定点按普通水准点设置。水位观测应从固定点量起,并将读数换算成从地面算起的水位埋深及水位高程值。

观测过程中同时记录或收集降雨量资料。有人工抽水、排水的观测点应同时记录抽水(排水)作业时段、抽水量及排水量等情况。

应将地面的观测同隧道洞内的涌水量观测相结合,隧道洞内观测应详细记录涌水点位置、涌水形式(突水、大股状漏水、股状漏水、滴水成线状、滴水、片状渗水等)、涌水量(需扣除施工用水量)、涌水时段(起、止时间)、有无泥砂等资料,应附有相关照片、录像等记录。

当隧道洞内发生突发性大量涌水突泥时,应加大地面各观测点的观测频次,密切关注水量、水位变化情况,并适当扩大观测区域及增加观测点位,同时准备相关资料,及时向建设、监理、设计等各方报告,以便及时采取相应对策及措施。

固定专业人员观测和整理成果;固定使用满足精度要求的仪器;使用固定的观测点;按设计的日期、规范要求进行观测;当地表水、地下水疏漏引起地表塌陷或裂缝时,应立即进行地表沉降及位移观测,应附有相关照片、录像等记录,并通报建设、监理及设计单位。

由监测单位向建设单位提交项目实施水土流失监测报告,报告内容包括:
①隧道堵水防渗漏措施落实情况;
②地表地下水漏失状况;
③隧道涌水对地表地下水影响状况;
④隧道堵水效果分析;
⑤隧道施工的有关防范措施和应急措施以及要求;
⑥存在的问题和建议及整改措施。

8.2 运营隧道地下水的综合利用

1)运营期长期监测

运营期间,在隧道附近居民分布较密集、水资源需求量大的地区布置地下水水位变化的长期监测点,若发现有地下水位持续下降,则应采取有效的措施减少地下水的渗漏,或找到居民用水备用水源,以避免隧道在运营过程中降位漏斗逐渐扩大,导致含水层疏干,给居民生活用水带来影响。

运营初期,应在隧道进口、出口、岩溶发育段、构造破碎带、地表出露泉点、背斜轴部等处设监测点,对外排水变化情况和顶部村庄周围水田及植被进行监督性监测,并适时进行补偿。

2)隧道地下水综合利用

隧道运营期排水主要和隧道涌水、地下水渗漏有关,为了更好地了解隧道运营期排水水质的特征和污染物含量,应对隧道涌水进行调查。

根据隧道周边环境特征,确定地下水综合利用方向。对隧道排水及生活、生产用水水质进行对比分析,最终确定隧道排放水的综合利用方向。综合确定污水处理方法。

8.3 小　　结

隧道建设环境影响防治涉及隧道区内的地表水、地下水,并由于隧道工程的规模、水文地质、自然环境,以及隧道区的社会经济条件表现出不同的影响形式和强度。因此,隧道建设环境影响防治应坚持针对性、预防性和综合性原则,在隧道建设的各个阶段,采取预防、管理、治理相结合的思路,从生态、水、景观、大气、噪声等角度,提出隧道建设生态环境影响防治综合对策及技术。隧道排放水处治与防治对策参见表8-1。

隧道排放水处治与防治对策　　表8-1

影响因素	主要防治对策
隧道涌水	开展地下水位和生态环境的动态观测,并采取有效措施减少隧道建设引起的地下水的渗漏,同时为可能受影响的居民提供备用水源
植物对地下水的利用	若植物对地下水依赖度高,应严格控制隧道建设造成的地下水的渗漏
地表存水	从控制隧道建设造成的地下水的渗漏,和阻断洞顶地表存水向下渗漏两个方面保护地表存水
灌溉土地	控制隧道建设造成的地下水的渗漏,控制灌溉水源渗漏,寻找新水源
自然植被	进行长期监测
生态敏感	洞顶竖井与斜井的选址设计及施工区域的布置应首先符合相关法律法规要求,并采取专项措施严格限制施工活动,并对其影响进行长期监测
化学污染	综合确定污水处理方法

9 工程实践案例

9.1 龙潭隧道

9.1.1 工程规模

龙潭隧道位于沪蓉国道主干线湖北宜昌至恩施公路白氏坪至榔坪段,左洞起止桩号为 ZK65+515~ZK74+209,长 8694m;右洞起止桩号为 YK65+515~YK74+114,长 8599m,双洞总长 17.3km,属超特长隧道。据不完全统计,2004 年在建时为我国第三长公路隧道(第一为陕西秦岭终南山公路隧道,第二为台湾雪山隧道),目前为我国第七长公路隧道。

该隧道左右线均设置 1 座竖井和 1 座斜井,分三段联合纵向式通风,共 4 座斜(竖)井,其中,1 号斜井长 417.8m,2 号斜井长 465.8m,3 号竖井深 332m,4 号竖井深 355m,总长 1.6km。在斜井、竖井井口设置地面风机房。

9.1.2 主要技术标准

(1)公路等级:高速公路(双洞四车道)。
(2)计算行车速度:80km/h。
(3)隧道建筑限界(单洞):净宽 9.75m,净高 5.0m。

9.1.3 工程地质条件

1)地形地貌

龙潭隧道位于长阳县贺家坪镇与榔坪镇境内,属构造溶蚀、侵蚀低中山沟谷地貌区。隧道穿越堡镇~碑坳分水岭。区内山脊走向以南北向为主,多呈尖棱状,山顶浑圆,众山峰峰顶高程多在 1000~1400m 之间。区内冲沟发育,分水岭两侧的主要冲沟(以东的头道河、以西的龙潭沟、清岩沟)走向均与地层构造线基本平行,呈近东西向展布,主冲沟两侧次级冲沟呈树枝状发育,多沿南北向与主冲沟交汇,分水岭东西两侧谷底高程分别为 920m、830m。隧道穿越段的微地貌特征描述如下:

隧道进口至 K69+800 附近段,洞身位于碑坳分水岭以东、头道河北侧山体中,山脊呈尖棱状,坡面主要冲沟有碑坳~堡镇~新山湾~铁场湾冲沟以及头道河,前者沟谷宽缓,谷底宽 40 余米,沟深 50~150m,沟谷两侧山体坡度多在 30°~50°之间,后者属区内深切冲沟,沟谷左侧上陡下缓,呈折线形,右侧陡峻,总体呈不对称的"V"字形。此外,区内次级冲沟与山脊相间,呈树枝状展布,多呈狭窄的"V"字形。该段坡面植被发育,以乔木、灌木为主,居民点在堡镇带比较集中,此外在宽缓冲沟地带稀疏分布,地势总体呈上升态势,最高山脊处洞身埋深约

500m。区内除 318 国道外,从堡镇有支线公路通香溪,此外还有简易公路与马鹿池一带相通。

K69+800～72+700 附近段,洞身位于碑坳分水岭以西、龙潭沟以北山体之下,区内发育的主要冲沟有龙潭沟、清岩沟,次级横向主要冲沟有茶店子、蒋家坟、芦子坪,沟底宽缓,山体植被较发育,沟底高程依次为 1295m、1240m、1160m,相应洞身埋深为 370m、330m、260m 左右。区内山体植被较发育,居民点稀疏分布于 318 国道两侧及主要冲沟地带。

K72+700 至隧道出口段隧道顺青岩沟南坡坡脚展线,青岩沟为深切"V"形窄谷,工区内沟底宽一般 10～20m,沟长约 1.5km,两侧坡角 50°。大部分地谷坡陡峻,其北侧冲沟较发育,南侧呈总体朝北的单面坡,局部形成坡面凹沟,沟底高程从 1100m 降至 838m,左洞居南侧坡角稍上,右洞贴沟底溪流南侧,近出口段埋深仅 10 余米。

2) 地质构造

龙潭隧道位于扬子淮地台上扬子台坪内的五级构造单元——长阳背斜的北翼,该背斜属秦昆构造体系,轴线近东西走向,为区内最大的构造形迹,它东起宜都,西经长阳、椰坪至杨柳池、官店口一带,全长 130km,宽 5～10km,在椰坪以东,背斜轴总体为南东东向,椰坪以西转北北东北东向,形成向北西凸出,平面呈"S"形的弧形褶皱。其核部主要由震旦系组成,两翼为寒系～志留系地层。背斜东段地层产状较平缓,倾角在 15°左右,两翼较陡,倾角一般在 30°～45°,呈宽阔的箱形褶皱;背斜西段则逐渐变窄,由北向南,核部倾角由 20°～30°变为 70°～80°,两翼倾角变化为 20°～40°,形成伞状褶皱。断裂构造发育,导致地层发生缺失现象。龙潭隧道工程场址处长阳复背斜之北翼,穿越段地层呈单斜构造,产状较稳定。

根据两阶段工程地质勘察,发现隧道区发育有两条规模不大的次级断层 F_1、F_2,其中:

F_1 断层发育于蒋家墓附近,走向约 315°,为推测右行平移断层,水平错动距离约 15m。在 ZK71+570(YK71+643)附近地表与路线相交,地表可见明显的地层错动证据,其东盘地层为五峰组(O_{3w})炭质页岩夹硅质岩,产状 2°∠35°,西盘地层为临乡组(O_{3l})瘤状灰岩,产状 322°∠44°,该断层规模不大,无活动迹象,物探成果显示其对洞身影响范围较小。

F_2 断层见于核桃树屋场以东,在地表与路线交于 ZK72+750(YK72+800),断层产状 80°∠80°,为推测右行平移断层,水平错动距离约 200m,断层两侧地层时代明显不同,物探成果异常明显,该断层洞身影响范围较大。

3) 场区构造应力

详勘在洞身深孔 ZK2(ZK70+900)进行了地应力测试,测试采用水压致裂法。测试成果表明,隧道区构造应力场最大水平主应力值在 6.67～15.27MPa 之间,最小主应力在 4.87～10.17MPa 之间,属中等偏高地应力场区,根据陶振宇提出的岩爆分级表,经统计计算,$R_b/\sigma H$ 值一般在 5.5～14.5 之间,岩爆等级为二级。

4) 地震

据《中国地震动参数区划图》(GB 18306—2001),该路段沿线地震动峰值加速度 $a=0.05g$,地震动反应谱特征周期为 0.35s。根据地震动峰值加速度分区与地震基本烈度对照表,该路段地震基本烈度为 6 度,因隧道属重要工程,抗震设计按 7 度设防。

5) 地层岩性

根据工程地质调绘、工程物探、钻探等综合勘察资料,隧道区一般为第四系覆盖层薄或基岩裸露。

第四系覆盖层包括残坡积层和冲洪积层,其中残坡积层主要分布于山体表层,厚度一般小于0.5m;冲洪积层主要分布于隧道区沟谷内,厚度不一,在局部沟谷出口处可达5m以上。

基岩包括志留系罗惹坪组、龙马溪组页岩、粉砂质页岩,奥陶系五峰组硅质页岩,属层状软质~半坚硬岩石,以及奥陶系上统临湘组中厚层状泥质灰岩、瘤状灰岩;中统宝塔组厚层状瘤状龟裂纹灰岩;下统牯牛潭组瘤状灰岩;下统大湾组中厚层状瘤状灰岩与页岩互层;下统红花园组厚层块状生物屑亮晶灰岩;下统分乡组厚层状生物屑灰岩与页岩互层;下统南津关组厚层块状微晶灰岩、白云岩,属层状坚硬~半坚硬碳酸盐岩。

9.1.4 水文地质条件

1)隧道水文地质单元特征

该隧道从K70附近至出口段进入奥陶系碳酸盐岩分布区,路线基本沿志留系砂页岩与奥陶系碳酸盐岩界面的灰岩一侧通过,隧道穿越了本区奥陶系各层灰岩。

沿上述地层界线,地下岩溶发育,北部志留砂页岩分布区,沟谷发育,大多有水流向南侧,在石灰岩界面处漏失。从岩溶水文地质角度看,属于外源水流,侵蚀性强。路线南侧黄阳坡~茅葫冲~大仙窝一带南津关岩及三游洞组白云岩中岩溶洼地、落水洞极其发育,坡面可见岩溶泉出露,至坡体下部龙潭沟、清岩沟一带未发现岩溶水排泄点。

经调查发现,沿上述岩溶发育带,有管道状地下河发育。沿318国道有多处溶洞与地下河相通,如318国道小龙潭一带,发现一溶洞,沿灰岩走向发育,内部沿南北向裂隙支洞,并发育有大厅状洞穴。据调查斜坡下去有长流水,雨季流量大,洞口处可闻见水声,该水流向西侧鱼泉河方向。

2)地表水、地下水类型

(1)地表水

隧道之上的地表主沟谷有三条,即分水岭以东的头道河,以西的清岩沟、龙潭沟;此外,次级冲沟主要有碑坳~堡镇~新山湾~铁场湾冲沟、茶店子、蒋家墓、炉子坪冲沟,除清岩沟、头道河常年性有水外,其他沟谷仅季节性有水,且随季节性降水,流量变化幅度较大。龙潭沟部分地段沟谷由灰岩组成,岩溶裂隙、管道与地下岩溶管网相通时,地表水补给对工程施工影响较大;其他沟谷均由页岩、粉砂质页岩构成,沟谷地表水少量下渗补给风化带中裂隙水,深部弱~微风化基岩裂隙不发育,地表水对其影响小或基本无影响。

(2)地下水

①孔隙水:主要分布于第四系覆盖层中,接受大气降水补给,向地势低洼处、或沿基岩裂隙带垂直渗透排泄,水量贫乏,仅于雨后进、出口坡面浅层出现,对隧道进、出口施工影响甚微。

②基岩裂隙水:主要分布于进出口段强风化岩层及构造破碎带中,接受大气降水垂直下渗和第四系孔隙水层间入渗补给,其下部弱~微风化层裂隙不甚发育,开启性差,为相对隔水层;地下水在沟谷地带或地势低凹处出露,水量较贫,对隧道的施工影响主要表现为雨后的渗淋水,危害程度较轻或影响范围较小。

③岩溶水:隧道K70附近至出口段位于灰岩分布区段,地质调查发现,该段中茶店子、蒋家墓、芦子坪三条主要冲沟溪流向西南径流,流经灰岩分布地段后,水量逐渐减小至消失,分析认为地表水一部分渗入洪积砂砾石层中成为伏流,另一部分经岩溶裂隙、管网流入地下。龙潭

沟末段北侧陡壁上可见南津关组灰岩中有溶蚀，呈蜂窝状。路线以南 2km 寒武系上统三游洞组、奥陶系下统南当关组灰岩分布区小型封闭洼地、落水洞平均 5 个$/km^2$。由该区的地形地势、灰岩地层产状等综合分析认为：岩溶水或裂隙水应顺层向西侧侵蚀基准面低凹处排泄，但受地层可溶性差异、构造等因素影响，使地下水的径流条件更加复杂。

(3) 地下水的补、径、排条件

隧道区南侧广大区域为碳酸盐岩分布区，地表覆盖层厚度小，岩溶洼地，落水洞呈星点状分布，地表水易于下渗或通过落水洞、溶蚀漏斗直接流入或灌入，此外，北侧冲沟中地表水较发育，部分地段地表水有漏失现象，表明溪沟流水对地下水有一定的补给作用。

隧道区北侧坡面有多处岩溶泉出露，但流量一般不大，至下部龙潭沟、清岩沟一带未发现明显的岩溶泉或其他形式的地下水排泄点，分析认为岩溶管网总体走势应与地层走向相一致，出露点高程较清岩沟谷底高程更低。

9.1.5　防排水设计

针对地下水流失对隧道周边环境的影响情况，龙潭隧道地下水贫瘠地段防排水采用"防排截堵相结合，因地制宜，综合治理"的原则设计；对于岩溶发育、地下水丰富、采用以排为主的防排水方法会引起地表生态环境恶化的地段，采用"以堵为主、限量排放"的原则设计，通过向围岩注浆，形成围岩注浆固结堵水圈，减少其渗透系数，以限制排水量，实现控制排放。限量排放量为 $5m^3/(m \cdot d)$。

9.1.6　施工阶段龙潭隧道岩溶涌（突）水预测研究

1) 隧道岩溶水文地质及涌（突）水分析

通过深入研究和施工监测可以得出如下认识：

(1) 根据勘设阶段的专题研究及分析判断，认为原设计线路位于强岩溶层下奥陶系南津关组强岩溶层中，可能与覃春泉地下河主通道接近，产生大量涌（突）水的可能性较大，建议隧道线向北进行调整，避开地下河主通道。实践证明，这一建议符合该区地质特征，避免了隧道施工大突水灾害。

(2) 由于隧道线路与地层走向平行，预测除了 F_2 断层外，沿强岩溶层与弱、非岩溶界面可能发育顺层溶蚀。事实证明了隧道顺层溶蚀充填带极为发育，给施工造成很大困难。

(3) 通过施工监测及补充调查，确定出口端左洞从桩号 ZK72+770 至 ZK72+167 的洞穴充填带是在 F_2 断层及 F_3 断层(新发现)影响下，沿 O_{2+3} 弱岩溶层与 O_{1n} 南津关组强岩溶层界面附近发育的洞穴充填带，由于地层走向与隧道走向相近，使至左洞始终没有避开该溶洞充填带。

(4) 该溶洞充填带是覃春泉暗河系统的组成部分，隧道左洞洞身位于覃春泉地下河系统的支洞充填物中，避开了暗河主通道，但通过横向断层(F_2、F_3、F_1)与暗河存在一定水力联系(图 9-1)。通过 ZK4 钻孔一个水文年的观测，岩溶地下水的水位高于隧洞 10~20m(枯水期)至 100m(洪水期最高水位)。根据现场观测，水压折减系数可取 0.65，作为 F_2 断层及 F_3、F_1 断层带范围涌水抗水压设计依据。

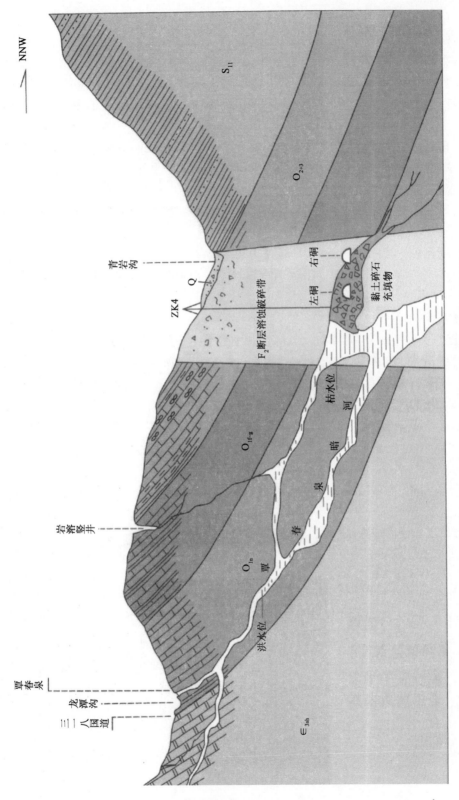

图9-1 隧道左、右洞F_2断层溶蚀破碎带与覆春泉暗河关系示意图

(5)溶洞充填物主要为棱角状砾石夹泥,角砾和砂粒占60%～85%;粉黏土占15%～35%,这种充填物基本是松散堆积物,特别是含水量大时,从软塑状态变为流塑状态,其内聚力为零,必然产生坍塌,并可能对衬砌产生附加压力,破坏衬砌的可靠性。特别是隧道底板可能产生不均匀沉降,造成衬砌断裂,目前发现的衬砌裂缝已显示了对衬砌的破坏力。建议必须按松散堆积体重新加固衬砌。此建议受指挥部高度重视并召开了专门会议,制定了加固措施。

(6)整体来看,龙潭隧道出口段左洞在F_2～F_3断层带之间共有770余米的断层溶洞充填带,整个隧道是在有一定水压力的三维空间泥夹石松散堆积物中通过,不仅给施工带来很大困难,其处理效果尚需经过一定时间的考验。龙潭隧道出口段左洞施工岩溶水文地质剖面如图9-2所示。建议即使竣工后运营期,也应作为特殊隧道进行较长时期的监测,以便保证长期安全。

(7)通过施工揭露及地质判断,隧道涌水主要是集中在F_2、F_3、F_1断层带附近,为含水溶隙及溶洞向隧道内呈多股状有压涌水,其渗流特征可以概括为有压溶洞裂隙水以渗流形式向隧道排水。

2)隧道涌水量预测

根据施工地质研究,龙潭隧道岩溶涌水主要发生在隧道出口段左洞F_2～F_3～F_1断层带及顺层溶洞充填带,但并不是普遍涌水,涌水口主要集中在F_2、F_3、F_1三条与隧道直交的断层带范围内,其中F_2断层涌水带宽40m,F_3断层涌水带宽38m,F_1断层涌水带宽35m。断层带表现为溶蚀裂隙及溶洞,多有石灰岩角砾及黄土充填,呈有压涌水,地下水位在洪水期高于隧道100m。经研究预测,尽管隧道洞身在顺层溶洞充填带内可能有770m,但真正的涌(突)水仅有上述三处共133m。上述断层带是隧道与区域地下水及覃春泉暗河地下水联系的通道。

由计算得知,龙潭隧道出口段在开挖初期,断层带涌水量在洪水期可达30000m³/d,其中F_1断层$Q_1 = 9554$m³/d、F_2断层$Q_2 = 10918$m³/d、F_3断层$Q_3 = 10372$m³/d。如果不能及时封堵处理,当黏土充填物被冲刷后,涌水量将增大。

上述结论已被施工验证。

9.1.7 FLAC-3D模拟

1)计算方案

地下水对围岩稳定性的影响程度主要是由场区地下水埋深及隧道的排水条件所决定的。根据隧道场区的水文地质条件,共模拟了11种方案:即分别进行了枯水期(水位埋深190m)、雨季(水位埋深130m)、洪水期(水位埋深70m)、最高水位(水位埋深10m)四种情况下的围岩稳定性计算;进行了最高水位条件下的五种不同排水(排水流量分别为0.795m³/s、1.06m³/s、1.59m³/s、2.12m³/s和不限制流量)方案的围岩稳定性计算;针对最高水位条件下围岩的破坏特征,提出了三种处理方案,并通过对比分析,提出最为有效的解决措施。具体计算方案见表9-1。

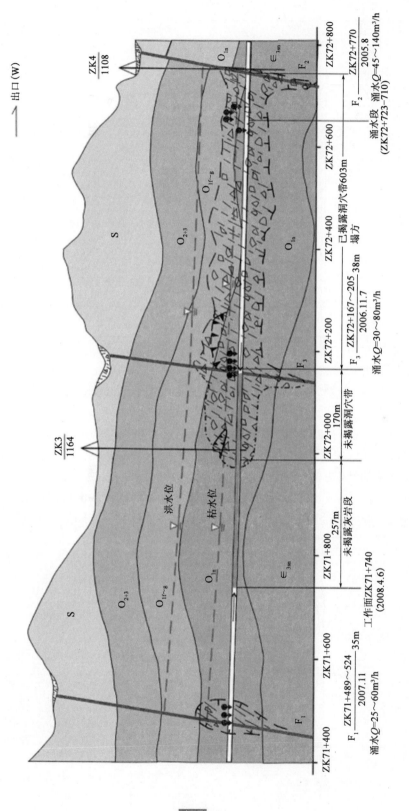

图9-2 龙潭隧道出口段左洞施工岩溶水文地质剖面图

计 算 方 案　　　　　　　　表 9-1

方案	水位(m)	支 护 参 数	排水流量(m³/s)
1	100	支护结构及参数见相关分报告	1.06
2	160		
3	220		
4(4-2)	280		
4-1	280	同上	0.795
4-3			1.59
4-4			2.12
4-5			不限制流量
4-6	280	在底板打底锚:长4.5m,纵环向间距为2.0m×2.0m	1.59
4-7		在底板下范围内进行注浆,厚为4.4m,注浆后的岩体的渗透系数为3.5×10^{-5}m/d	1.59
4-8		在洞周进行全断面注浆,拱圈厚为2.8m,底板下范围内厚为4.4m,注浆后的岩体的渗透系数为3.5×10^{-5}m/d	1.59

注:本章中的水位均是以 $Y=0$ 平面为水位基准面的。

2)计算成果分析

(1)枯水期围岩稳定性分析

图 9-3 和图 9-4 分别为枯水期隧道左洞的位移矢量图和总位移等值线图。从图中可以看到,隧道开挖支护并达到数值稳定状态后,隧道洞室周边收敛较均衡,其中底板收敛位移相对较大,但总位移也仅为 6.7mm,收敛比为 0.056%,完全可以达到工程正常运营的要求。图 9-5 为地下水在围岩体中的流速矢量图,可以清晰地看到,排水廊道位置处水的流速为最大,以外范围内水的流速都是很小的,正确反映了在隧洞拱脚处采用设定流量边界的方法来实现对隧道排水设施的模拟是可行的,而且从中也可以知道排水边界流量值可以满足隧道的排水要求。图 9-6 为隧道左洞的塑性区分布图,可以看到围岩的屈服为剪切屈服,主要发生在底板,没有

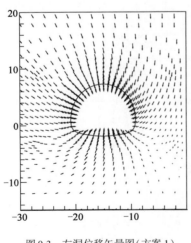

图 9-3　左洞位移矢量图(方案1)

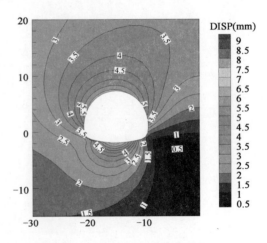

图 9-4　左洞总位移等值线图(方案1)

拉断破坏,塑性区最大厚度为 2.8m。从以上分析可以得出结论:在原设计支护强度下,枯水期隧道围岩可以达到最终的稳定状态,并具有一定的安全储备。

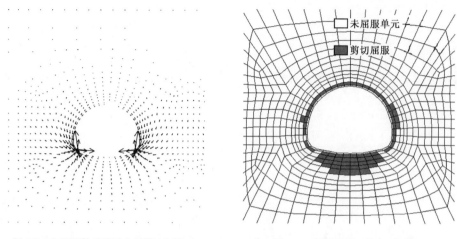

图 9-5　左洞流体的流速矢量图(方案1)　　　图 9-6　左洞塑性区分布(方案1)

根据目前所进行的现场监测工作,选取桩号 ZK72+858 和 ZK72+785 断面的位移监测结果与枯水期计算结果进行对比(表 9-2)。根据地质勘察报告,这两个断面的水文地质条件较模拟工程段的要好。因此,将这两个断面的监测结果与枯水期计算结果进行对比是合理的。根据现场监测结果显示,在桩号 ZK72+858 和 ZK72+785 位置,围岩已基本稳定。

位移计算结果与监测结果的对比　　　　　　　　表 9-2

比　较　项	水平收敛(mm)	拱顶下沉(mm)
计算值	9.61	6.13
ZK72+785 断面监测值	3.04	2.00

(2)水位对围岩稳定性的影响

为了分析水位对围岩稳定性的影响,根据隧道场区的这些特点,以下分别进行了枯水期(水位 100m)、雨季(水位 160m)、洪水期(水位 220m)、最高水位(水位 280m)四种情况下的围岩稳定性计算分析。表 9-3 为主要控制参数的计算成果表,另可参见图 9-7 ~ 图 9-9。

计算成果表　　　　　　　　表 9-3

方案	收敛位移(mm)				塑性区面积 (m^2)	最大流速 (m/s)	最大孔隙水压力*(MPa)	衬砌内最大压应力(MPa)	衬砌内最大拉应力(MPa)
	左边墙	右边墙	顶板	底板					
1	5.11	3.49	6.13	6.49	28.72	0.46	0.99	44.204	0.251
2	5.50	3.74	6.34	9.15	42.67	0.45	1.58	48.592	0.513
3	5.90	4.05	6.82	12.60	58.48	0.54	2.15	53.13	0.703
4	6.53	4.59	7.45	16.19	75.15	0.64	2.72	61.534	1.210

注:*最大孔隙水压力为作用在衬砌上的最大孔隙水压力,一般发生在顶板位置。

根据计算结果分析,高水位条件下围岩失稳的本质原因是在洞周形成的渗压梯度引起水在底板下的流速过大,主要表现为底臌量和塑性区面积过大。因此,在高水位条件下,围岩失稳的主要特征是底臌量过大。就本节计算时的工程条件而言,当水位大于 160m 时,围岩将有失稳的可能,需要对围岩的支护进行补强。

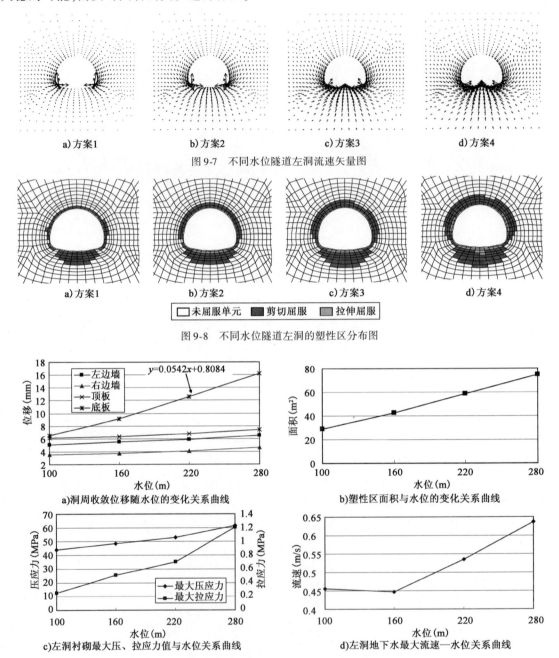

图 9-7 不同水位隧道左洞流速矢量图

图 9-8 不同水位隧道左洞的塑性区分布图

图 9-9 不同水位下的典型计算成果图

3) 排水条件对围岩稳定性的影响

计算时通过设定排水流量的方法来实现这种排水方式,进行了最高水位(280m)条件下的五种不同排水(排水流量分别为 0.795m³/s、1.06m³/s、1.59m³/s、2.12m³/s 和不限制流量)方案的围岩稳定性计算:方案 4-1~4-5。表 9-4 为计算成果表,另可参见图 9-10。

计 算 成 果 表　　　　　　　　　　　　　表9-4

方案	收敛位移(mm)				塑性区面积 (m^2)	最大流速 (m/s)	最大孔隙水压力*(MPa)	衬砌内最大压应力(MPa)	衬砌内最大拉应力(MPa)
	左边墙	右边墙	顶板	底板					
4-1	6.52	4.65	7.46	16.47	75.72	0.55	2.72	61.882	1.239
4-2	6.53	4.59	7.45	16.19	75.15	0.64	2.72	61.534	1.21
4-3	6.49	4.55	7.49	16.06	74.91	0.81	2.71	61.252	1.205
4-4	6.54	4.52	7.55	16.05	75.22	0.98	2.69	61.09	1.203
4-5	6.58	4.31	8.11	13.75	77.18	2.78	2.55	56.03	1.021

注：* 最大孔隙水压力为作用在衬砌上的最大孔隙水压力，一般发生在顶板位置。

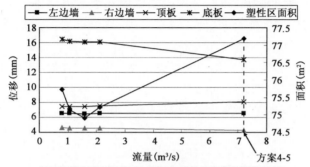

a) 左洞收敛位移和塑性区面积随排水流量变化的关系曲线

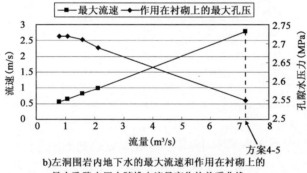

b) 左洞围岩内地下水的最大流速和作用在衬砌上的
最大孔隙水压力随排水流量变化的关系曲线

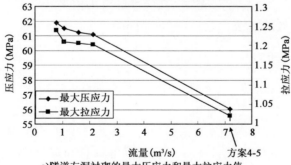

c) 隧道左洞衬砌的最大压应力和最大拉应力值
随排水流量变化的关系曲线

图9-10　不同排水条件下的典型计算成果图

计算结果表明,随着排水条件的改变,洞壁的水平收敛和顶板下沉变化不大,而底臌量则有明显减小;塑性区范围的大小并不因为边界流量的增大而减小,而是存在一个使得塑性区范围最小的最佳值;增大排水流量,减小作用在衬砌上的孔隙水压力,从而使得衬砌的压应力集中程度和最大拉应力具有不同程度的减小。在建设龙潭隧道时,由于要考虑到排水对周边环境的影响,必须对排水量进行限制。

4) 最高水位下的围岩稳定性问题的工程措施研究

岩土工程问题有许多特点,如岩体的不均质性、不连续性(如节理、裂隙及断层等)及流体和岩体的耦合作用,而锚固和灌浆是目前解决这些问题所普遍采用的手段,其中锚固的主要作用是对岩体的加固,灌浆是通过改变岩体的物理力学性质来提高岩体的强度。本节即针对最高水位(280m)条件下围岩的破坏特征,分别采用锚固和灌浆以使围岩变形得到控制,从而保证围岩的稳定。通过对围岩实施灌浆,使得具有节理、裂隙等岩体的整体性、刚度、不透水性、均质性等都得到了显著的提高。基于安全性考虑,本节只从灌浆对提高围岩的不透水性方面考虑灌浆对围岩稳定性的影响,在利用前文得到的使围岩塑性区面积最小的最佳排水流量的基础上,针对最高水位围岩的破坏特征,提出了三种解决方案(方案4-6~方案4-8),并通过对比三种方案对原方案(方案4-3)围岩变形的控制效果确定最佳的处理方案。表9-5为计算成果表,另可参见图9-11。

计 算 成 果 表　　　　　　　　　　　表9-5

方案	收敛位移(mm)				塑性区面积 (m²)	衬砌上最大压应力 (MPa)	衬砌上最大拉应力 (MPa)
	左边墙	右边墙	顶板	底板			
4-3	6.49	4.55	7.49	16.06	74.91	61.252	1.205
4-6	6.47	4.56	7.49	15.85	74.90	61.03	1.174
4-7	6.32	4.70	7.48	6.48	74.21	51.338	0.303
4-8	5.68	3.89	6.87	6.58	66.64	48.597	0.289

计算结果表明,对围岩实施灌浆可以使围岩达到最终的稳定状态:在底板塑性区范围内实施灌浆可以有效地控制围岩底臌的发生,可以使底臌缩小约60%;对在洞周塑性区范围内实施全断面灌浆,不但可以使底臌缩小约60%,同时也使得塑性区缩小了11%;而在底板打锚桩对底臌和塑性区均没有较大的改善。因此,在塑性区范围内进行灌浆是解决高水位条件下围岩稳定性问题的较为有效的方法。

9.1.8 岩溶处治预案

总体上看,根据隧道内岩溶主要的表现形式,岩溶不良地质可以分为以下三类:

1) 溶洞或管道

主要指开挖后或通过超前预报发现隧道周边发育有明显的溶蚀洞穴或管道,其处治方案主要根据溶洞或管道与隧道的相互关系及发育规模等信息确定,大型溶洞常采用跨越方案和支顶加固方案,小型溶洞常采用护拱、封闭和换填等方案。

(1) 小型溶洞处理预案

对出露于拱部、边墙及底板的,发育有限(溶洞洞径≤1/5隧道开挖洞径,一般按2.5m考虑)、溶蚀充填物易于清理的小型溶洞,原则上采用回填的方式处理。以下主要从溶洞出露的不同部位的处理建议进行分述(图9-12)。

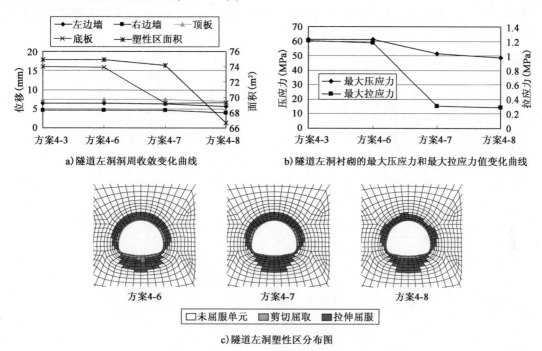

a) 隧道左洞洞周收敛变化曲线

b) 隧道左洞衬砌的最大压应力和最大拉应力值变化曲线

c) 隧道左洞塑性区分布图

图 9-11　不同排水条件下的典型计算成果图

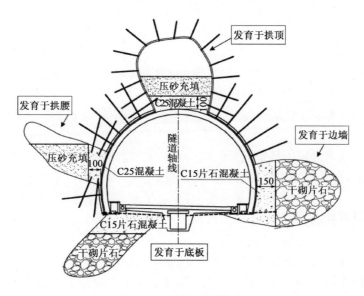

图 9-12　小型溶洞处治预案

①拱部:出露于拱部的小型溶洞,应清除洞内充填物,有条件时,可对溶壁进行喷锚防护,并保证锚杆嵌入基岩不少于1.0m。在隧道衬砌施工后,浇筑C25混凝土护拱,护拱应设锁脚锚杆,最后吹砂充填。

②边墙处:出露于边墙的小型溶洞,在隧道衬砌施工前,浇筑 C15 片石混凝土或 M7.5 浆砌片石护墙,墙背以干砌片石回填。

③底板下部:出露于底板下部的小型溶洞,在隧道底板浇筑前,应清除溶蚀充填物,自下而上,以干砌片石、C15 片石混凝土换填。

(2)大型溶洞处理预案

对洞体深浚充填丰满、或难于回填、或不宜填塞的大型溶洞,原则上应因地制宜进行处理。

①洞体深浚、充填丰满的大型溶洞,且隧道从溶蚀充填体中穿过,建议按预注浆、管超前、强支护、梁跨越的方式进行处理(图 9-13)。

②出露于隧道边墙及底板、不能堵塞的大型溶洞(岩溶管道),建议按梁跨方式处理,梁跨的具体设计根据探明的岩溶特征而定(图 9-14)。

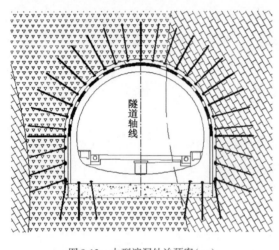 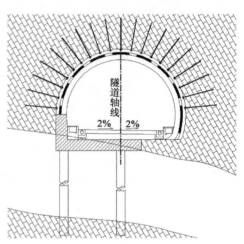

图 9-13 大型溶洞处治预案(一)   图 9-14 大型溶洞处治预案(二)

③对横穿隧道洞身、不能阻塞的大型溶洞(如地下暗河),应考虑泄水洞的方式进行处理,泄水洞的平纵面设计应根据现场情况而定,其出水口与溶洞(地下暗河)的下游相连或引自地表,应在充分的技术、经济比选后确定。泄水洞净空应考虑排水、施工等因素(图 9-15)。

2)岩溶水

主要指开挖后或通过超前预报既未发现溶洞或管道,围岩的地质条件也未明显变差,但出现岩溶地下水的涌出,其处治方案主要根据涌水量、水质、围岩地质条件等信息确定,一般采用堵水方案和排水方案,前者包括预注浆堵水、后注浆堵水和补注浆堵水等措施,后者包括依靠隧道自身的排水系统排水、涵洞排水和泄水洞排水等措施。

3)溶蚀带

主要指开挖后或通过超前预报未发现明显的溶洞或管道,但围岩自稳性极差,富含泥、砂、孤石等多种围岩山体被溶蚀后形成的充填物,其处治方案也应根据溶蚀带与隧道的相互关系及发育规模等信息确定,一般参照岩溶水和溶洞处治方案。

当然,隧道岩溶不良地质的表现形态往往并不能绝对地分为上述三类形态,多数情况下是两种或三种形态的混合体,因此岩溶处治必须考虑到复杂性,遵循"因地制宜、综合治理"的基本原则。总体处治思路如图 9-16 所示。

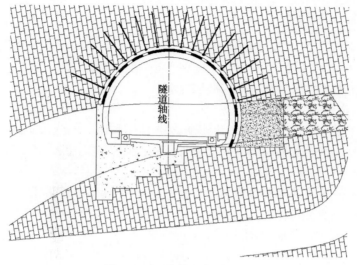

图 9-15　大型溶洞处治预案(三)

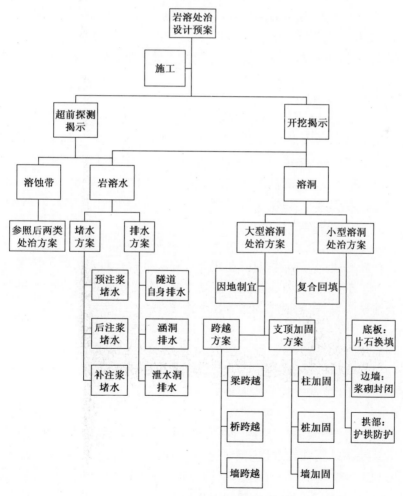

图 9-16　岩溶分类处治预案总体思路

9.1.9 帷幕注浆技术

1) 注浆参数

为保证安全,保证堵水效果,制定科学合理、切实可行的帷幕注浆方案,对注浆加固范围、注浆材料和注浆压力等方面参数进行选择和确定。

(1) 注浆加固范围

龙潭隧道 F_2 断层为孔隙性石灰岩,根据断层带地质和地下水的状况,特别是"以堵水为目的"的注浆加固设计原则,参照国内外有关工程经验,确定注浆范围为开挖线以外 5m。

(2) 注浆长度

根据龙潭隧道的地质条件和目前国产的钻机能力,为减少注浆循环次数,从而减少重复工作量和各种辅助作业的时间,满足工期要求,同时为保证注浆质量,每一注浆长度定为 35m 为宜。开挖长度为 30m,留足 5m 厚的岩盘作为止浆盘。

(3) 止浆岩盘的厚度

在注浆钻孔之前,必须对掌子面进行加固处理,以保证注浆时能承受注浆压力。

①对于围岩好的掌子面,止浆岩盘的表面喷射 20cm 厚 C20 的混凝土加强,并利用探水孔注浆作止浆岩盘,止浆岩盘厚度 5m。

②对于围岩破碎、地质差的掌子面,应施工混凝土止浆墙,墙厚度 2~3m,预埋孔口管在止浆墙内。

(4) 注浆材料

注浆材料根据要求选用具有结石强度高、可灌性好、抗渗透、抗腐蚀、无污染、耐久性好等特点的抗分散超细型 TGRM 水泥基灌浆材,水灰比 0.4~0.5;但对于局部揭示岩溶管道流,需根据具体情况选用具有快凝、早强、抗流失性能的水反应型浆材。可采用水泥及水玻璃双液注浆材料。水泥浆以新鲜 52.5 级的硅酸盐水泥制成。水灰比为 1:0.6~1:1。水玻璃的浓度为 35Be(玻梅度),模数为 2.4。水泥与水玻璃的配合比(体积比)为 1:0.6~1:1,凝胶时间 1~3min。

(5) 钻孔布置

注浆孔按开挖轮廓线向外辐射布孔,孔底形成双层重叠。对于裂隙中等发育的围岩,单孔注浆的扩散半径为 1.5~2m,为使注浆加固范围达到 5m,需沿隧道周边布置两排孔,共布置 38 个钻孔。为检查注浆效果,在断面中部布置 3 个检查孔。

(6) 注浆压力

注浆压力与岩层裂隙发育程度、涌水压力、浆液材料的黏度和凝胶时间长短有关,目前仍按工程经验确定。注浆压力按 $P=(2~3)P_0$ 关系式计算,注浆压力以不超过 5MPa 为宜。注浆压力应在注浆过程中,根据进浆量的大小进行调整。

(7) 注浆方式

根据施工经验,先注外圈,再注内圈,同一圈内由下到上间隔施作。采用分段前进式注浆或全孔一次压入式注浆。当钻孔过程中未遇见泥夹层或涌水,就一钻到底,采取全孔一次压入式注浆;在钻孔过程中遇见泥夹层或涌水,立即停止钻孔,采取注一段钻一段的分段前进式注浆,直至终孔。龙潭隧道帷幕注浆孔布置如图 9-17 所示。

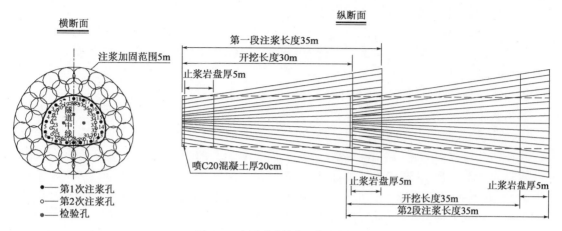

图 9-17 龙潭隧道帷幕注浆孔布置图

(8) 注浆结束标准

① 某一孔注浆结束标准：

a. 注浆压力逐步升高，达到设计终压再注浆 10min。

b. 基本达到设计注浆量，要求注浆结束时的进浆量在 20L/min 以下。

② 某一注浆循环段注浆结束标准，全部注浆孔注浆完成后，对该段注浆效果的评定和检查：

a. 对注浆过程中各种记录资料综合分析，注浆压力和注浆量变化是否合理，是否达到设计要求。

b. 设检查孔，布置 3 个检查孔，测孔内涌水量要求小于 0.4L/min，且某一处涌水量小于 20~30L/min；也可进行压水试验，在 0.75MPa 压力下，进水量小于 2L/min，若达到上述要求则可以开挖，否则进行补充注浆。

2) 施工主要步骤

帷幕注浆施工程序如图 9-18 所示。

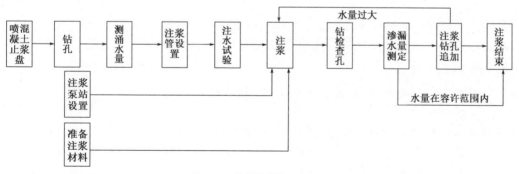

图 9-18 帷幕注浆施工流程图

(1) 超前探水确定注浆地段及位置

鉴于龙潭隧道所处的特殊地理位置，为了保证山顶居民的正常生产和生活，保护地下水资源和环境，在施工中制定了严格的注浆标准。根据超前探孔出水量来判断是否注浆及采用何种注浆方式，当隧道开挖或地质预报没有发现明显的溶洞管道，而开挖面涌水量又较大时，则应采用帷幕注浆堵水，具体标准为开挖面总涌水量超过 165L/min，或单点出水量在 50L/min

以上,如小于上述标准则进行局部预注浆。

(2) 加固掌子面

在注浆钻孔之前,必须对掌子面进行加固处理,以保证注浆时能承受注浆压力。

(3) 钻孔

①制作简易钻孔台架。

②测量放样,标出钻孔位置及方向。

③钻孔:钻眼顺序由外圈向内圈进行,同一圈孔间隔施工。

④在钻孔过程中遇到岩溶裂隙或管道大量出水时,应停止钻进,进行该孔注浆,注浆前应测涌水压力及涌水量,注浆堵水后再钻进,一直到终孔深度。

(4) 孔口管的制作安装

①孔口管的作用:一是钻孔导向,二是注浆时连接注浆管。

②孔口管的形式:一根钢管一端焊上法兰盘(与注浆管法兰盘连接),在钢管外壁可适当焊上些钢筋头,增加摩擦力。

③孔口管固定:有两种方式,一种是钻孔孔深超过孔口管长度 0.5m 时,插入孔口管,然后向孔口管内注浆(双液浆),当浆液从孔口管外侧向孔口返出时,停止注浆;另一种是先将快凝水泥砂浆灌入孔内,再插入孔口管,使水泥砂浆在外侧返流。总之,不管采取何种方式,确保孔口管固定牢固即可。

(5) 注浆

①压水试验:管路接通以后,先压水 $2\sim5\min$,一是将裂隙中泥砂冲走,二是检查注浆系统工作是否正常。

②注浆。

③达到注浆结束标准或不再进浆时,即结束注浆。

(6) 注浆效果的检查

整个注浆循环结束后,通过检查孔判断,在开挖面钻 3 个检查孔,通过孔内出水深度,判定注浆有效范围。由渗漏水量判定堵水效果。当渗漏水量小于 $20\sim30$ L/min 时,可认为达到了注浆目的。否则应追加钻孔再进行注浆。最后可通过隧道开挖后,检查浆液渗透及固结状况,取样测定固体的单轴抗压强度,以及注浆施工记录等综合分析判断注浆效果。

3) 主要机械设备

钻机:H174(二臂)和 H178(三臂)液压钻孔台车。

注浆设备:根据浆液种类的不同和出水量的大小选用两种不同的注浆设备,即 ZG6130 往复式注浆泵(单液注浆机)和 KBY50/70 全液压双液注浆泵。

搅拌设备:立式搅拌桶,容积为 $0.5 m^3$。

钻机泵:ZYG150 液压钻机泵站 4 台。

9.2 白云隧道

9.2.1 工程规模

白云隧道是重庆市境内西部大通道——长沙—重庆高速公路武隆至水江段建设条件最复

杂的控制性工程之一,其右洞起止桩号为 K42+240~K49+360,长 7120m,左洞起止桩号为 ZK42+280~ZK49+377.897,长 7097.897m,属超特长隧道。隧道按 B12、B13 两个标段实施,其中 B12 合同段长 3460m+3420m,B13 合同段长 3660m+3677.897m。隧道设有 1 座通风斜井,位于 B12 合同段内。

9.2.2 设计技术标准

(1)公路等级:高速公路(双洞四车道)。
(2)计算行车速度:80km/h。
(3)设计交通量:32588 辆/d。
(4)隧道建筑限界:宽 10.5m(单洞)、高 5.0m。

9.2.3 白云隧道工程及水文地质条件

1)地形地貌

隧道穿越构造溶蚀侵蚀中低山脉。山脉走向与构造线方向一致。山脉两侧呈垄岗脊状地形,高程 450~960m。山脉顶部为宽缓的构造溶蚀峰丛洼地地貌,高程 900~1400m,峰丛沿构造走向分布。峰丛高度 30~50m,峰丛之间有山间溶蚀洼地,洼地四周为崖壁,高出邻区 100~300m。隧道穿过地带最高点为石狮子山,高程 1392.8m,最低点为隧道进口,高程为 450m 左右,出口高程为 550m 左右,隧道穿过地带高差达 950m,隧道最大埋深约 800m。隧道区进洞口侧及山顶桐麻湾背斜核部灌木丛生,地形较陡,通行困难。

进洞口地处一斜坡近中部。地形北西高,南东低,斜坡坡向 125°,坡角 32°。最低点为坡脚铁炉沟,高程 423m,高点位于坡顶牟家沟,高程约 850m,高差 427m。斜坡上植被茂盛,灌木丛生,少有农户居住。坡脚的铁炉沟宽 5~8m,沟内可见白云质灰岩出露,接受上游煤洞水及泉水补给。目前有细小水流,流量约 400m³/d,据访问暴雨季节增大约 5 倍,最大水深小于 1m。

出口地处溶蚀垄岗地貌斜坡坡脚,斜坡坡向 310°,坡角 36°。地形南东高,北西低,低点位于洞口以西坡脚沟谷,高程 550m,高点位于斜坡坡顶,高程 630m,高差 80m。右洞右侧距离洞轴线 6m 处有一溪沟,自东向西延伸,接受上游泉水补给,溪沟内有常年性水流,目前流量 4000m³/d,雨季增大约 10 倍,水深小于 1m。地形地貌如图 9-19~图 9-22 所示。

图 9-19 隧址区地形地貌

图 9-20　地表泉水和暗河

a) 溶洞　　　　　　　　　　　　　　　　b) 漏斗

图 9-21　地表地貌（一）

a) 洼地　　　　　　　　　　　　　　　　b) 落水洞

图 9-22　地表地貌（二）

2) 地质构造

（1）桐麻湾背斜

白云隧道穿越桐麻湾背斜中段。桐麻湾背斜轴向北北东向，平面上呈"S"状发育，轴线具波状起伏特点。隧址段该背斜轴向北东30°，为北西翼陡倾倒转，南东翼缓倾的斜歪狭长背斜,背斜轴面倾向南东,核部出露最老地层为二叠系下统栖霞组,下伏隐伏有二叠系下统梁山组、石炭系中统黄龙组,志留系上统罗惹坪组地层,两翼依次分布二叠系中上统至三叠系下中统地层。东翼岩层产状110°~125°∠24°~35°,倾角变化不大,靠近核部岩层倾角变陡,岩层倾角达50°。西翼岩层产状110°~125°∠10°~70°,岩层倾角变化较大,靠近背斜核部地表岩层倾角较陡,往西翼至和尚岩断层,岩层倾角地表渐缓由50°~10°,但深部岩层倾角渐陡,达40°~70°。和尚岩断层上盘岩层倾角近直立,而北线出洞口以外及南线出洞口段岩层转向倾向北西,产状325°∠10°~25°。该背斜核部在隧址区外南、北侧均有志留系地层出露,背斜轴线具波状起伏特点,平面上呈"S"状发育。

(2) 和尚岩断层

和尚岩逆断层分布在隧址区靠出口侧斑竹园与马鞍山之间的凹沟内,倾向北西,走向20°~30°,断层下盘岩层产状200°∠20°~49°,上盘岩层产状105°∠75°,具压扭性,阻水,受断层影响,断层下盘薄层状泥质灰岩、灰岩局部有挠曲;上盘 T_1f 灰岩中沿断层面附近有岩溶泉水出露,岩石受挤压破碎明显。该断层为区域性断层,由黏土夹角砾块碎石组成,宽20~50m,倾角70°~80°。

和尚岩断层在隧道出洞口一带又派生一次生正断层,该断层走向30°~40°,倾向北西。断层上盘岩层产状123°∠69°,下盘岩层受断层牵引影响,靠近断层处岩层产状115°~120°∠45°~60°,远离断层岩层产状渐变为335°∠45°、240°∠10°、310°∠5°,到香树园趋于稳定为310°∠20°。断层破碎带宽度10~20m,倾角60°~65°,经后期重溶作用,断层破碎带已胶结成岩,由泥钙质胶结致密的角砾岩组成,角砾成分为泥岩、泥灰岩、灰岩,不具磨圆度,为张性断层性质,阻水,出洞口一带靠近断层上盘 T_1j 地层有串珠状泉水出露。

(3) 节理裂隙隧道

进口段主要发育三组裂隙:205°~226°∠68°~85°,裂面平直,微张,间距1~5m,可见长约3~40m,为主要裂隙;165°~190°∠85°,裂面较平,闭合,间距0.5~2.0m,可见长1~3m;260°∠65°,裂面较平,闭合,间距0.8~1.50m,可见长2~5m。

隧道出口段主要发育两组裂隙:212°~224°∠42°~73°,裂面较平,张开1~10cm,局部有少量泥碎石充填,间距1.5~3.0m,可见长3~5m;140°~170°∠70°~85°,裂面较平,微张,少量泥砂质充填,间距2~5m,可见长1~3m。

隧道洞身段植被发育,露头较少,在 T_1j 灰岩及 P_1m 茅口灰岩中量得两组裂隙:270°~285°∠40°~48°,裂面较平,张开1mm~30cm,局部有泥钙质物充填,裂隙间距0.5~2.0m,可见长10~20m;走向100°~110°,直立,裂面呈波状起伏,为穿层裂隙,与层面交汇处岩溶较发育。白云隧道构造纲要如图9-23所示。

9.2.4 岩溶条件下的隧道围岩与支护体系的稳定性

1) 不同溶洞分布形态下的围岩稳定性数值模拟

(1) 计算模型

分别对拱顶、拱腰、边墙、仰拱隅角、拱底的不同大小、不同距离的溶洞和分布方位情况下的隧道模型(图9-24)进行二维弹塑性分析,建模范围为:以衬砌中心线与上下台阶开挖线的交点为"0"基准,隧道左、右两侧各延伸到相当于隧道最大水平开挖洞径的3倍;隧道下部延伸相当于隧道最大开挖洞径的 3 倍;上部延伸到相当于隧道最开挖洞径的 3 倍。计算模型的左、右边界为水平方向约束,底部为竖直方向约束,顶部为自由面,并施加 5MPa 的均布压力 P,以模拟模型上部 200m 厚度岩(土)体的自重影响。

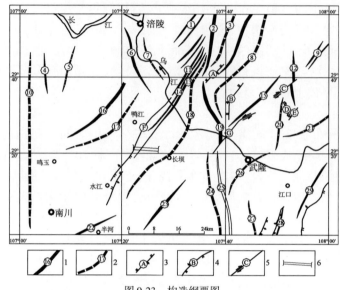

图 9-23 构造纲要图

1-背斜轴及编号;2-向斜轴及编号;3-正断层及编号;4-逆断层及编号;5-平移断层;6-拟建白云隧道

(2)计算参数

计算参数见表 9-6,采用 Drucker-Prager 模型,所有分析均由 2D-σ 软件完成,所有工况均采用全断面开挖方式来进行数值模拟,施工工序见表 9-7,隧道的衬砌结构及隧道周边的特征点如图 9-24 所示。

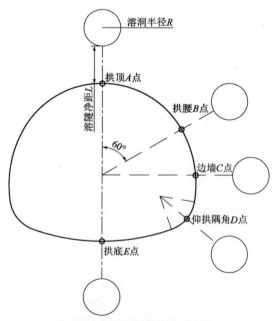

图 9-24 隧道周边溶洞分布及关键点

有限元计算的物理力学参数　　　　　　　　　　　　　　　　　　　　表9-6

介　质	弹性模量 E(GPa)	泊松比 μ	重度 γ(kN/m³)	黏聚力 c(MPa)	内摩擦角 φ(°)
C20 喷混凝土	21	0.167	22	1.848	52.643
C25 模筑混凝土	29.5	0.15	25	2.235	53.526
围岩	22.75	0.26	27.1	1.4	50.194
$\phi22$ 锚杆	200			$D=2.2$cm	$L=350$cm
18 工字钢	200			$A=30.6$cm²	$I=1660$cm⁴

注：在本次有限元计算中，隧道结构的有限元计算采用隧道与地层共同作用的受力模式，模拟分析各种施工顺序对地层和隧道结构的受力与变形的影响。

模型模拟开挖过程一览表　　　　　　　　　　　　　　　　　　　　表9-7

阶　段	模拟施工工序
第一阶段	模拟隧道未开挖情况下的原始地应力
第二阶段	模拟隧道全断面开挖，应力释放50.0%
第三阶段	模拟隧道全断面初期支护，应力再释放35.0%
第四阶段	模拟隧道施作全断面二次衬砌，应力再释放15.0%

2）顶部分布溶洞的影响

为了弄清隧道顶部溶洞的大小和距离对围岩稳定性的影响，分别计算了位于隧道顶部上方半径为0.25~4.0m、距离0.5~8.0m的多个模型。计算工况见表9-8，计算模型如图9-25所示。

隧道顶部溶洞对围岩稳定性影响的计算工况一览表　　　　　　　　表9-8

模型编号	溶—隧距离 L(m)	溶洞半径 R(m)	模型编号	溶—隧距离 L(m)	溶洞半径 R(m)
A.d1.r1	0.5	0.25	A.d3.r4	2.0	2.00
A.d1.r2		0.50	A.d3.r5		4.00
A.d1.r3		1.00	A.d4.r1	4.0	0.25
A.d1.r4		2.00	A.d4.r2		0.50
A.d1.r5		4.00	A.d4.r3		1.00
A.d2.r1	1.0	0.25	A.d4.r4		2.00
A.d2.r2		0.50	A.d4.r5		4.00
A.d2.r3		1.00	A.d5.r1	8.0	0.25
A.d2.r4		2.00	A.d5.r2		0.50
A.d2.r5		4.00	A.d5.r3		1.00
A.d3.r1	2.0	0.25	A.d5.r4		2.00
A.d3.r2		0.50	A.d5.r5		4.00
A.d3.r3		1.00			

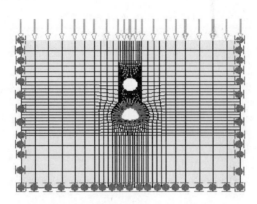

图 9-25　计算模型示例(A.d5.r5 工况)

通过对计算结果的分析、比较,可以得到:

(1)隧道顶部溶洞随溶隧距离的增大,围岩稳定性增强。其对竖向位移的影响明显大于对水平位移的影响,尤其拱顶下沉最大。

(2)溶隧距离影响的临界线为溶洞直径的 2~4 倍,如超过此范围,则溶洞的影响可忽略不计,由此可以确定隧道顶部溶洞对围岩稳定性影响的极限距离。

(3)溶洞半径与围岩开挖释放位移的关系,与通常认识不一致:在拱顶附近的周边释放位移与溶洞的大小呈负相关性;而在隧道侧壁及底部的释放位移与溶洞的尺寸呈正相关性。事实上,这一点与破坏区的结果相互印证。

(4)溶洞对二次应力场的影响主要表现在隧道顶部周边的剪应力随溶洞距离的增加而减小;随溶洞尺寸的增大而增大。隧道侧壁和底部的应力场受隧道顶部的溶洞影响不明显。

(5)随溶洞半径的增大,距离的减小,隧道底部的破坏区在减小并向两侧收缩,对隧道其他部位的破坏区影响不大。

(6)相同溶洞半径下,拱顶竖向位移随隧道边缘的距离可以回归为一条直线,a、b 是与溶洞直径有关的参数,其中 a、b 参数的取值见表 9-9。

$$U_y = aL + b \qquad (9\text{-}1)$$

a、b 参数的取值　　　　　　　　　　　　　　　　　表 9-9

溶洞半径	a	b
$R = 0.25\text{m}$	-0.0008	-3.4861
	0.0113	-0.0375
$R = 0.50\text{m}$	0.0003	-3.4886
	-0.0038	-0.0986
$R = 1.00\text{m}$	-0.0012	-3.4657
	0.0175	-0.9147
$R = 2.00\text{m}$	0.0029	-3.4463
	-0.0424	0.2310
$R = 4.00\text{m}$	-0.0226	-3.1279
	0.3610	-0.1180

3) 拱腰分布溶洞的影响

为了弄清隧道拱腰溶洞的大小和距离对围岩稳定性的影响,分别计算了位于隧道拱腰半径为 0.25~4.0m、距离 0.5~8.0m 的多个模型。计算工况见表9-10,计算模型如图9-26所示。

隧道拱腰溶洞对围岩稳定性影响的计算工况一览表　　表9-10

模型编号	溶—隧距离 L（m）	溶洞半径 R（m）	模型编号	溶—隧距离 L（m）	溶洞半径 R（m）
B.d1.r1	0.5	0.25	B.d3.r4	2.0	2.00
B.d1.r2		0.50	B.d3.r5		4.00
B.d1.r3		1.00	B.d4.r1	4.0	0.25
B.d1.r4		2.00	B.d4.r2		0.50
B.d1.r5		4.00	B.d4.r3		1.00
B.d2.r1	1.0	0.25	B.d4.r4		2.00
B.d2.r2		0.50	B.d4.r5		4.00
B.d2.r3		1.00	B.d5.r1	8.0	0.25
B.d2.r4		2.00	B.d5.r2		0.50
B.d2.r5		4.00	B.d5.r3		1.00
B.d3.r1	2.0	0.25	B.d5.r4		2.00
B.d3.r2		0.50	B.d5.r5		4.00
B.d3.r3		1.00			

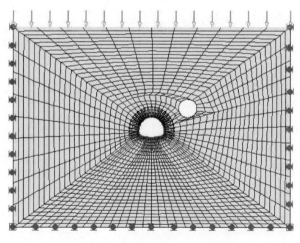

图9-26　计算模型示例(B.d5.r5 工况)

通过对计算结果的分析、比较,可以得到:

(1)隧道开挖后,剪应力集中区分别分布在拱腰附近以及仰拱隅角附近,且成对称分布;

(2)拱腰分布溶洞对 A、E 点剪应力较小,影响不明显,随着溶洞半径增大、溶洞与拱腰边缘净距的减小，B、C、D点剪应力增加。

(3) 隧道开挖后,拉应力区只分布在仰拱以及仰拱附近围岩区域,拉应力集中区分布于仰拱下侧靠近仰拱隅角附近。

(4) 拱腰分布溶洞,使得与溶洞同侧的仰拱附近围岩区域拉应力区收缩,而另一侧拉应力区扩张;随着溶洞半径的增大、溶洞与拱腰边缘净距的减小,这种影响越明显;最终,在溶洞分布一侧的二次衬砌的拱腰处会出现一定的拉应力区。

(5) 隧道开挖后,压应力集中区均分布在两侧的边墙至小仰拱部位的附近围岩区域。

(6) 拱腰分布溶洞只对拱腰附近的应力场影响较大,随着溶洞半径增大、溶洞与拱腰边缘净距的减小,B点的σ_2在增加,其他各点的σ_2变化不大。

(7) 无溶洞时,隧道开挖后,在隧道仰拱两侧对称分布两块较大的破坏区,而在隧道边墙以上对称分布很小的不连续的破坏区;而拱腰分布溶洞后,则隧道仰拱两侧对称分布的破坏区发生了不对称的变化,溶洞一侧的破坏区在收缩,另一侧在扩大,且靠近溶洞附近不连续的破坏区有连成一片的趋势;且随着溶洞半径的增大、溶洞与拱腰边缘净距的减小,这种影响越明显,显然这对围岩的稳定性会产生不利影响。

(8) 拱腰分布溶洞使拱顶下降位移量增大,而使其余各点下降位移量减小。

(9) 拱腰溶洞分布对C点的水平位移有一定的影响,随溶洞半径的增大、溶洞与隧道边缘距离的减小而增大,即边墙向隧道收缩的趋势在增大。

4) 边墙分布溶洞的影响

为了弄清隧道边墙溶洞的大小和距离对围岩稳定性的影响,分别计算了位于隧道边墙溶洞半径为0.25~4.0m、溶隧距离0.5~8.0m的多个模型。计算工况见表9-11,计算模型如图9-27所示。

隧道边墙溶洞对围岩稳定性影响的计算工况一览表　　　表9-11

模型编号	溶—隧距离L(m)	溶洞半径R(m)	模型编号	溶—隧距离L(m)	溶洞半径R(m)
C.d1.r1	0.5	0.25	C.d3.r4	2.0	2.00
C.d1.r2		0.50	C.d3.r5		4.00
C.d1.r3		1.00	C.d4.r1	4.0	0.25
C.d1.r4		2.00	C.d4.r2		0.50
C.d1.r5		4.00	C.d4.r3		1.00
C.d2.r1	1.0	0.25	C.d4.r4		2.00
C.d2.r2		0.50	C.d4.r5		4.00
C.d2.r3		1.00	C.d5.r1	8.0	0.25
C.d2.r4		2.00	C.d5.r2		0.50
C.d2.r5		4.00	C.d5.r3		1.00
C.d3.r1	2.0	0.25	C.d5.r4		2.00
C.d3.r2		0.50	C.d5.r5		4.00
C.d3.r3		1.00			

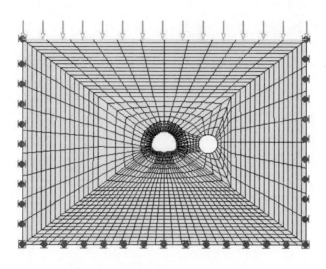

图 9-27　计算模型示例(C.d5.r5 工况)

通过对计算结果的分析、比较,可以得到:

(1)边墙分布溶洞主要对溶洞一侧的应力场影响较大。

(2)边墙分布溶洞使 B、D 两点的剪应力增大,与溶洞半径呈正相关性、与溶隧距离呈负相关性,对其他各点的影响不大。

(3)无溶洞时,隧道开挖后,拉应力区只分布在拱底的仰拱以及仰拱附近围岩区域,拉应力集中区对称分布于仰拱下侧靠近仰拱隅角附近;一旦边墙处分布溶洞后,则与溶洞同侧的仰拱附近围岩区域拉应力区内的拉应力增大,但对隧道周边各点的 σ_1 影响不大。

(4)无溶洞时,隧道开挖后,压应力集中区均对称分布在两侧的边墙至仰拱隅角附近的围岩区域;一旦边墙处分布溶洞后,则对溶洞同侧的应力场影响较大,且随着溶洞半径增大、溶隧距离减小,B、C、D 三点的 σ_2 在增加,其中边墙 C 点影响最大,而其他各点的 σ_2 变化不大。

(5)无溶洞时,隧道开挖后,在隧道仰拱两侧对称分布两块较大的破坏区,而在隧道边墙以上对称分布很小的不连续的破坏区;一旦边墙处分布溶洞后,则溶洞同侧的破坏区增大,但另一侧变化不大,且随着溶洞半径增大、溶隧距离减小,这种影响越明显。显然,这对围岩的稳定性产生了不利影响。

(6)位移变化的总体趋势为隧道顶部位移受溶洞影响相对较大,其他各点位移受溶洞的影响均较小。

(7)溶洞对拱顶下沉位移和水平位移的影响随溶隧距离的增加而减小、随溶洞直径的增大而增大。

5)仰拱隅角分布溶洞的影响

为了弄清隧道仰拱隅角溶洞的大小和距离对围岩稳定性的影响,分别计算了位于隧道仰拱隅角溶洞半径为 0.25~4.0m、溶隧距离 0.5~8.0m 的多个模型。计算工况见表 9-12,计算模型如图 9-28 所示。

隧道仰拱隅角溶洞对围岩稳定性影响的计算工况一览表　　　表9-12

模型编号	溶—隧距离 L(m)	溶洞半径 R(m)	模型编号	溶—隧距离 L(m)	溶洞半径 R(m)
D.d1.r1	0.5	0.25	D.d3.r4	2.0	2.00
D.d1.r2		0.50	D.d3.r5		4.00
D.d1.r3		1.00	D.d4.r1	4.0	0.25
D.d1.r4		2.00	D.d4.r2		0.50
D.d1.r5		4.00	D.d4.r3		1.00
D.d2.r1	1.0	0.25	D.d4.r4		2.00
D.d2.r2		0.50	D.d4.r5		4.00
D.d2.r3		1.00	D.d5.r1	8.0	0.25
D.d2.r4		2.00	D.d5.r2		0.50
D.d2.r5		4.00	D.d5.r3		1.00
D.d3.r1	2.0	0.25	D.d5.r4		2.00
D.d3.r2		0.50	D.d5.r5		4.00
D.d3.r3		1.00			

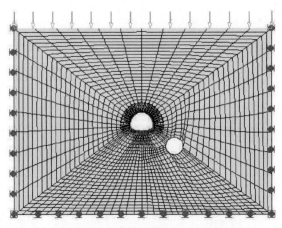

图9-28　计算模型示例(D.d5.r5工况)

通过对计算结果的分析、比较,可以得到:

(1)溶洞主要影响分布溶洞一侧的围岩应力场。

(2)仰拱隅角分布溶洞使 C、D、E 三点的剪应力增大,A、B 两点的剪应力减小,这种变化趋势与溶洞半径呈正相关性、与溶隧距离呈负相关性。

(3)无溶洞时,隧道开挖后,拉应力区只分布在仰拱及仰拱附近的围岩区域,拉应力集中区对称分布于仰拱下侧靠近仰拱隅角附近;一旦仰拱隅角分布有溶洞后,与溶洞同侧的仰拱附近围岩区域拉应力增大,另一侧拉应力减小,且随着溶洞半径增大、溶隧距离减小,这种影响越明显。

(4)仰拱隅角分布溶洞仅对有溶洞一侧的应力场影响较大;随着溶洞半径增大、溶隧距离减小,各点的σ_2增加,其中B、C两点影响较大。

(5)仰拱隅角分布溶洞使A、B、C、D四点的竖向位移增大,E点竖向位移减小,这种变化趋势与溶洞直径呈正相关性,与溶隧距离呈负相关性。

(6)仰拱隅角分布溶洞使D、E两点的水平位移增大,对其余各点的水平位移影响较小,这种变化趋势与溶洞直径呈正相关性,与溶隧距离呈负相关性。

6)拱底分布溶洞的影响

为了弄清隧道拱底溶洞的大小和距离对围岩稳定性的影响,分别计算了位于隧道底部溶洞半径为 0.25~4.0m、溶隧距离 0.5~8.0m 的多个模型。计算工况见表 9-13,计算模型如图 9-29 所示。

隧道底部溶洞对围岩稳定性影响的计算工况一览表　　表 9-13

模型编号	溶—隧距离 L(m)	溶洞半径 R(m)	模型编号	溶—隧距离 L(m)	溶洞半径 R(m)
E.d1.r1	0.5	0.25	E.d3.r4	2.0	2.00
E.d1.r2		0.50	E.d3.r5		4.00
E.d1.r3		1.00	E.d4.r1	4.0	0.25
E.d1.r4		2.00	E.d4.r2		0.50
E.d1.r5		4.00	E.d4.r3		1.00
E.d2.r1	1.0	0.25	E.d4.r4		2.00
E.d2.r2		0.50	E.d4.r5		4.00
E.d2.r3		1.00	E.d5.r1	8.0	0.25
E.d2.r4		2.00	E.d5.r2		0.50
E.d2.r5		4.00	E.d5.r3		1.00
E.d3.r1	2.0	0.25	E.d5.r4		2.00
E.d3.r2		0.50	E.d5.r5		4.00
E.d3.r3		1.00			

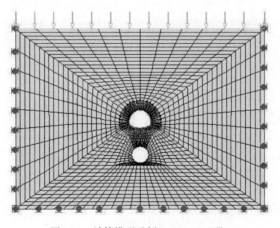

图 9-29　计算模型示例(E.d5.r5 工况)

通过对计算结果的分析、比较,可以得到:

(1)拱底分布溶洞对边墙以下部位的应力场影响较大。

(2)拱底分布溶洞,使A、B、C三点处的剪应力与溶洞半径呈正相关性、与溶隧距离呈负相关性,而D、E两点处的剪应力,与溶洞半径呈负相关性、与溶隧距离呈正相关性,其中对D点的影响最大,对A、B两点的影响较小。

(3)拱底分布溶洞,使仰拱附近围岩区域拉应力区向两侧收缩,且随着溶洞半径增大、溶隧距离的减小,这种影响越明显。

(4)拱底分布溶洞对D点的拉应力影响最大,而对其余各点的拉应力值影响不大;且随着溶洞半径增大、溶隧距离减小,D点拉应力增大。

(5)拱底分布溶洞对D、E点的压应力值影响最大,而对其余各点的压应力值影响不大;且随着溶洞半径增大、溶隧距离减小,D、E点的压应力增大。

(6)拱底分布溶洞,使隧道仰拱两侧对称分布两块较大的破坏区向两侧收缩,随着溶洞半径增大、溶隧距离的减小,这种影响越明显。

(7)位移变化总体趋势为拱底位移受溶洞的影响最大,隧道顶部的位移受溶洞的影响最小。

(8)拱底位移与溶洞大小呈正相关性。

9.3 中山顶隧道

9.3.1 中山顶隧道涌水处治

中山顶隧道右线进口 YK166+360~YK166+570 段施工时,共发现三个涌水突泥点。其中洞口段围岩为第四系残坡积层及灰岩层,覆盖层厚1.83m,下伏灰岩为较坚硬岩,裂隙、溶隙发育,为极强岩溶化岩组,围岩级别为Ⅴ级。岩层为强富水、强透水地层,发育有 S1、S2 两岩溶泉,两泉贯通,为间歇性泉,旱季干枯,雨季流量大。图9-30为该段隧道施工时突泥涌水现场记录及处理情况。

a)2011年7月16日,洞口泄水孔涌水情况

图 9-30

b) 2011年8月11日,上台阶开挖完,YK166+426溶洞临时处理完毕后出水情况

c) 2011年8月20日,中台阶开挖至YK166+426时出水情况

d) 2011年10月16日,下台阶开挖至YK166+426时的出水情况

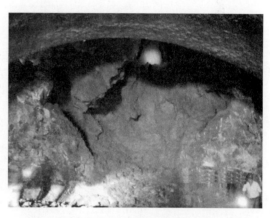

e) 2011年11月3日,YK166+543处揭露溶洞,但掌子面未见水流

f) 2011年11月10日,YK166+543上台阶开挖,溶洞揭露完毕,掌子面左侧溶洞出水

图 9-30

g) 2011年11月13日，YK166+551上台阶处涌水情况

h) 2011年12月13日，YK166+551~YK166+570处溶洞处理渐入尾声，掌子面基本无水涌出

图9-30　中山顶隧道右线洞口段突泥涌水情况

在该段隧道施工过程中，我们结合现场实际情况，制订了以下处理方案。首先应加强超前地质预报工作，探明掌子面前方溶洞、溶腔的发育情况；根据现场的围岩条件、涌水量及水压力大小等参数进行数值计算分析，判断隧道原设计支护参数能否抵抗外水压力的作用，如不能抵抗，确定加强结构支护参数或选用合适的注浆方式；再通过计算分析，确定注浆参数，如注浆圈厚度、对岩体力学性能的改善程度等。

依据以上处理方案，最终确定以下治理措施：

本段隧道涌水点为岩溶通道，不能通过超前注浆的方式进行止水。

从涌水量和涌水状态来看，该段衬砌所受的外水压力不超过1.0MPa。

为减小衬砌结构的安全风险，并结合环境保护考虑，在涌水点处预留ϕ110泄水管以减少衬砌所受的水压力。

经过数值计算分析，原设计的V级围岩衬砌段设计参数能够抵抗目前状态下的外水压力，但Ⅳ级围岩衬砌段计算的安全系数最小值为2.05，相对较低，因此将其改成V级围岩段衬砌设计参数。

9.3.2 隧道建设对山体地下水位影响分析

人工建设的隧道工程由于破坏了山体原有的地下水排泄途径,增加了新的排泄方式,有可能造成山体地下水位的变化,从而影响山体植被结构的变化。根据地勘报告的成果,隧道建设中最有可能发生涌水的段位位于 ZK166+520~ZK166+550 与 ZK166+835~ZK167+045,长度分别为 30m 与 90m。由于后一段位的涌水区位于山体地势较低的位置,且属于汇水区域,涌水的主要压力来自于地表积水的压力,而非地下水位的压力。因此,其涌水量的变化对周边植被的影响基本可以忽略。本研究中重点考虑前一个涌水区域在隧道开凿之后山体地下水位的变化情况,并分析对原有山体植被可能造成的影响。

第一涌水段的示意图如图 9-31 所示,A、B、C 各段表示的距离分别为 98m、52m 和 83m,其中 A 点处的地下水变化将是最为显著的区域,也是本次研究的重点。预测涌水段的山顶距离隧道外围的距离在 110~150m 范围之内。以山体中第二涌水段的最低点为限,即隧道上部 52m 的山体由于低洼出水源汇集将对地下水形成侧向补给,因此其对原有地下水位不会造成显著的变化,原有的生态系统结构与类型也不会发生根本的改变。

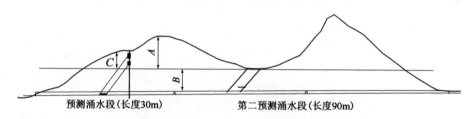

图 9-31 隧道涌水位置与山体位置关系示意图

根据地勘报告成果,隧道建成后的预计最大涌水量为 18052.51m³/d,正常涌水量为 2670.86m³/d,涌水处的渗漏系数为 K=1.46cm/d。可以简单认为涌水是由于地下水头的压力作用与隧道表面导致的,因此可以利用达西定律,简单核算隧道建设后,涌水点的地下水头位置,并确定其埋深的变化情况。涌水量计算式为:

$$W_u = K \cdot I \cdot T \tag{9-2}$$

式中:W_u——涌水量(m³/d);

K——含水层渗漏系数(m/d);

I——地下水水力坡度(m);

T——计算时段长度(m)。

根据给定的数据,计算得到距离隧道外围最高的山体处的地下水头为 110~140m,换算其地下水位埋深为 6~10m。

9.3.3 地下水综合利用

1) 中山顶隧道进口

根据现场调查结果,中山顶隧道进口附近主要为农田,零星分布有十几户农户,居民主要饮用井水,由于隧道施工使地下水发生变化,居民现有井水水量变少,且水变浑浊;灌溉及鱼塘用水主要是利用隧道上方洼地水通过水沟引入使用。上方洼地受隧道开挖影响,水量减少;同时由于隧道的施工,原有水沟被部分破坏,原有水路被截断,原有灌溉用水变少,在旱季尤为明显。因此此处的地下水利用方向主要考虑为灌溉用水。中山顶隧道进口情况如图9-32～图9-35所示。

图9-32 中山顶隧道进口附近农田

图9-33 中山顶隧道进口附近灌溉水沟

图9-34 中山顶隧道进口附近池塘

图9-35 中山顶隧道进口附近农户

2) 中山顶隧道出口

中山顶隧道出口附近主要为旱地,种植少量桑树苗和少量房屋(大部分房屋已闲置),有少量水塘。隧道附近的灌溉用水主要来源于山地洼地,但隧道出口几乎没有废水排出,考虑到运营后可能会有少量排水,因此此处隧道暂考虑地下水利用方向为农田灌溉。中山顶隧道出口情况如图9-36～图9-39所示。

充分利用中山顶隧道进口附近现有灌溉水沟,并对因隧道施工遭到破坏的原灌溉水沟进行修复。通过现场调查,隧址附近的农田灌溉用水大部分是通过沟渠引入农田进行灌溉,因此在隧址附近可以利用隧道地下水做灌溉用水的地方,直接通过管道将隧道排出的地下水引至沟渠中。由于隧道涌水量的不确定,因此应在隧道出口处设一个调节沉淀池调节隧道出水的水量,同时为了减少水分的蒸发,可以在有条件的地区,将原有的明渠改为暗渠。灌溉用水总体工艺如图9-40所示,但具体的实施应结合水质监测报告进行调整。

图9-36 中山顶隧道出口附近农田

图9-37 中山顶隧道出口附近水塘

图9-38 中山顶隧道出口

图9-39 中山顶隧道上方洼地

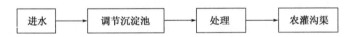
图9-40 灌溉用水工艺流程图

根据中山顶实际涌水量不同,建议中山顶隧道进口和出口附近分别设置1个调节沉淀池,沉淀池的容积分别为70m³和20m³。隧道地下水经过沉淀池沉淀调节后,通过沉淀池排水口与现有农灌沟渠相连。

3)沉淀池选取

沉淀池是应用沉淀作用去除水中悬浮物的一种构筑物。沉淀池在废水处理中广为使用,沉淀池的形式很多,按池内水流方向可分为竖流式、平流式和辐流式三种。

(1)竖流式沉淀池

竖流式沉淀池又称立式沉淀池,是池中废水竖向流动的沉淀池。池体平面图形为圆形或方形,水由设在池中心的进水管自上而下进入池内(管中流速应小于30mm/s),管下设伞形挡板使废水在池中均匀分布后沿整个过水断面缓慢上升(对于生活污水一般为0.5~0.7mm/s,沉淀时间采用1~1.5h),悬浮物沉降进入池底锥形沉泥斗中,澄清水从池四周沿周边溢流堰流出。堰前设挡板及浮渣槽以截留浮渣保证出水水质。池的一边靠池壁设排泥管(直径大于200mm),靠静水压将泥定期排出。竖流式沉淀池典型设计如图9-41所示。实景图如图9-42所示。

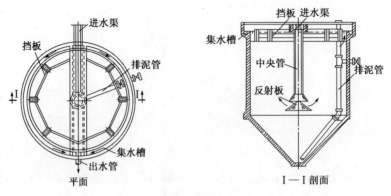

图 9-41　竖流式沉淀池典型设计图

图 9-42　竖流式沉淀池实景图

为了池内水流分布均匀,池径不宜太大,一般采用 4~7m,不大于 10m,池直径与有效水深之比一般不大于 3。

优点：
①占地面积小。
②排泥容易。

缺点：
①池子深度大,施工困难。
②对冲击负荷及温度变化的适应能力较差。
③造价较高。
④池径不宜太大。

适用范围：
常用于处理水量小于 20000m^3/d 的污水处理厂。

（2）平流式沉淀池

平流式沉淀池是沉淀池的一种类型。池体平面为矩形,进口和出口分设在池长的两端。池的长宽比不小于 4,有效水深一般不超过 3m,池子前部的污泥设计如图 9-43 所示。实景图如图9-44所示。平流式沉淀池沉淀效果好,使用较广泛,但占地面积大。常用于处理水量大于15000m³/d的污水处理厂。

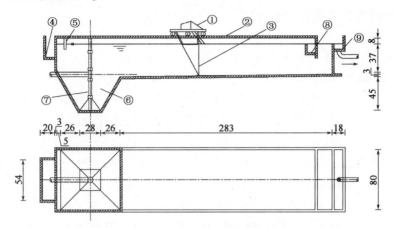

图9-43　平流式沉淀池典型设计图(尺寸单位:m)

图9-44　平流式沉淀池实景图

平流式沉淀池由进水口、出水口、水流部分和污泥斗三个部分组成。池体平面为矩形,进出口分别设在池子的两端,进口一般采用淹没进水孔,水由进水渠通过均匀分布的进水孔流入池体,进水孔后设有挡板,使水流均匀地分布在整个池宽的横断面;出口多采用溢流堰,以保证沉淀后的澄清水可沿池宽均匀地流入出水渠。堰前设浮渣槽和挡板以截留水面浮渣。水流部分是池的主体,池宽和池深要保证水流沿池的过水断面布水均匀,依设计流速缓慢而稳定地流过。污泥斗用来积聚沉淀下来的污泥,多设在池前部的池底以下,斗底有排泥管,定期排泥。

优点:

①处理水量大小不限,沉淀效果好。

②对水量和温度变化的适应能力强。

③平面布置紧凑,施工方便,造价低。

缺点:

①进、出水配水不易均匀。

②多斗排泥时,每个斗均需设置排泥管(阀),手动操作,工作繁杂,采用机械刮泥时容易锈蚀。

适用范围：
①适用于地下水位高,地质条件较差的地区。
②大、中、小型污水处理工程均可采用。

（3）辐流式沉淀池

辐流式沉淀池,池体平面圆形为多,也有方形的。直径(或边长)6~60m,最大可达100m,池周水深1.5~3.0m,池底坡度不宜小于0.05。废水自池中心进水管进入池,沿半径方向向池周缓缓流动。悬浮物在流动中沉降,并沿池底坡度进入污泥斗,澄清水从池周溢流出水渠。辐流式沉淀池多采用回转式刮泥机收集污泥,刮泥机刮板将沉至池底的污泥刮至池中心的污泥斗,再借重力或污泥泵排走。为了刮泥机的排泥要求,辐流式沉淀池的池底坡度平缓。

辐流式沉淀池直径一般大于16m,有的大型处理厂达到60m,池深一般在2~3m。进出水形式有三种：中心进水周边出水,周边进水周边出水,周边进水中心出水。现在广泛采用的是中心进水周边出水形式。虽然周边进水从理论上看更合理,但实际运行中问题较多,尚待进一步实践。进水的整流措施是在池中心进水筒上设整流窗或整流栅,并外设导流筒,使入流速度低于1m/s,同时保证最佳的入流深度。出水整流措施采用三角堰板溢流形式。为防止浮渣随水流走,在出水堰内侧设置浮渣挡板,淹没深度为0.3~0.4m。辐流初沉池基本上都采用回转式刮泥机收集污泥。刮泥机旋转速度一般为1~3r/h,外周刮板速度不超过3m/min,一般采用1.5m/min。刮泥机的驱动方式有多种,一般采用中心传动或周边驱动。另外,还有全桥与半桥之分。回转桥上一般都装有浮渣刮板,在刮泥的同时可把浮渣刮至出水堰处的浮渣斗,并撞开入流阀的流入污水,将浮渣冲走。辐流式沉淀池如图9-45、图9-46所示。

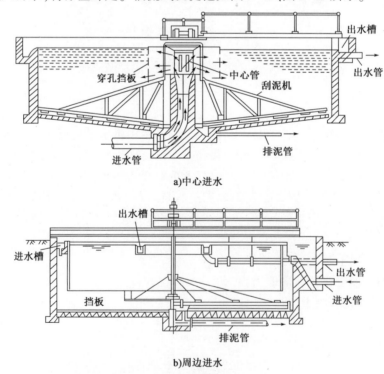

图9-45 辐流式沉淀池典型设计图

图 9-46 辐流式沉淀池实景图

辐流式沉淀池半桥式周边传动刮泥活性污泥法处理污水工艺过程中沉淀池的理想配套设备适用于一沉池或二沉池,主要功能是为去除沉淀池中沉淀的污泥以及水面表层的漂浮物,一般适用于大中池径沉淀池。周边传动,传动力矩大,而且相对节能;中心支座与旋转桁架以铰接的形式连接,刮泥时产生的扭矩作用于中心支座时即转化为中心旋转轴承的圆周摩擦力,因而受力条件较好;中心进水、排泥,周边出水,对水体的搅动力小,有利于污泥的去除。

优点:
①机械排泥,设备较简单。
②沉淀性效果好。
③日处理量大,对水体搅动小,有利于悬浮物的去除。

缺点:
①池水水流速度不稳定,受进水影响较大。
②底部刮泥、排泥设备复杂,对施工单位的要求高。
③占地面积较大。

适用范围:
一般适用于大、中型水厂高浊度水的预沉以及沉淀。

中山顶隧道进口主要为农田,如果按照常规的平流式沉淀池进行营运期排放水的处理,将占用大量的农田,同时增加了建设单位的投资。因此,结合项目的实际情况,本研究采用了改良型平流式沉淀池。该沉淀池主要由初沉池、沉淀池、出泥池、连接管道组成。

依托工程主要设备及构筑物明细见表 9-14,依托工程流程见图 9-47,依托工程平面布置见图 9-48,依托工程现场照片见图 9-49。

依托工程主要设备及构筑物明细表　　　　表 9-14

序号	主要设备及构筑物名称	规格、型号	单位	数量	备注
1	初沉池	3150mm×6700mm	座	1	
2	一级沉淀池	3300mm×6700mm×3500mm	座	1	
3	二级沉淀池	3150mm×6700mm×3500mm	座	1	

图 9-47　依托工程流程图

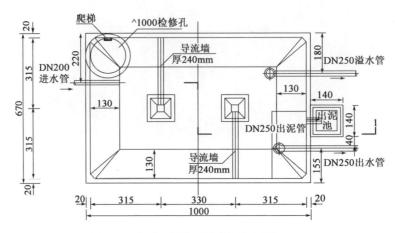

图 9-48　依托工程平面布置图(尺寸单位:mm)

图 9-49　依托工程实景照片

4) 依托工程运行情况

(1) 依托工程废水排放情况

中山顶隧道已于 2012 年 12 月 27 日贯通,2014 年 10 月投入运营使用。根据现场调查,中山顶隧道在暴雨季节隧道出水量较大,平时水量较少。

(2) 依托工程废水采样

项目组从 2015 年 3 月开始,每隔半个月采一次水样。每次每天取样 3 次,3 次水样的平均值作为进水(排放水原水)水样水质。约 4 小时后在沉淀池出口处采 1 次水样,同时在隧道附近采集当地灌溉及生产用水。

5) 依托工程检测数据分析

(1) 隧道排放水水质情况

依托工程沉淀池调试正常后运行,每半个月取样 1 次,每次每天取样 3 次,各指标数据取平均值,隧道排放水水质检测数据见表 9-15。

隧道排放水水质　　　　　　　表 9-15

项　目	pH	NH_3-N (mg/L)	SS (mg/L)	COD (mg/L)	总硬度 (度)	色度 (稀释倍数)	硫化物 (mg/L)
原水 1	7.25	0.136	30	30.86	240	0.744	3.254
原水 2	7.3	0.157	35	30.3	240	0.633	3.575
原水 3	7.25	0.123	25	30.55	230	0.686	3.529
允许排放浓度	6~9	15	70	100	—	50	0.50

由表 9-15 可以看出,受隧道附近硫化矿影响,隧道排放水主要污染物为硫化物,浓度超出《污水综合排放标准》(DB 12/356—2008) 中的一级标准。其余污染物浓度较低,低于《污水综合排放标准》中的一级标准。这与前期调研结果一致。

(2) 隧道附近生产用水水质情况

由于本研究利用方向主要为农田灌溉,因此同时对本研究附近农田灌溉进行水样采集,采集时间及频次同隧道排放水。隧道附近生产用水水质情况见表 9-16。

隧道附近生产用水水质　　　　　　　表 9-16

项　目	pH	NH_3-N (mg/L)	SS (mg/L)	COD (mg/L)	总硬度 (度)	色度 (稀释倍数)	硫化物 (mg/L)
灌溉 1	8.34	0.13	5.00	8.57	93.33	0.37	2.43
灌溉 2	8.41	0.15	10.00	8.01	73.33	0.26	2.75
灌溉 3	8.34	0.12	5.00	8.26	86.67	0.31	2.47
允许排放浓度	5.5~8.5	—	80/100	150/200	—	—	1.0

由表 9-16 可以看出,隧道附近灌溉用水受隧道附近硫化矿影响,主要污染物仍为硫化物,超标严重。

(3) 处理效果分析

隧道沉淀池处理效果分析见表 9-17 和图 9-50。

沉淀池出水水质　　　　　　　　表9-17

项　目	pH	NH_3-N（mg/L）	SS（mg/L）	COD（mg/L）	总硬度（度）	色度（稀释倍数）	硫化物（mg/L）
出水1	7.30	0.13	5.00	10.29	240.00	0.19	2.98
出水2	7.36	0.15	10.00	9.73	200.00	0.075	3.301
出水3	7.30	0.12	5.00	9.98	230.00	0.13	3.00
处理率1	—	5.15	83.33	66.66	0.00	75.00	8.42
处理率2	—	4.46	71.43	67.89	16.67	88.15	7.66
处理率3	—	5.69	80.00	67.33	0.00	81.34	14.88
处理率	—	5.05	77.78	67.29	5.63	81.14	10.36

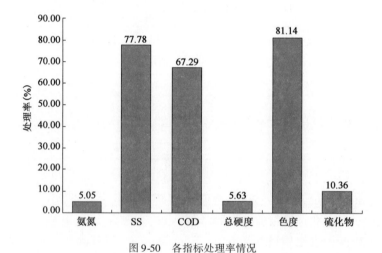

图9-50　各指标处理率情况

由表9-17可知，沉淀池对SS、COD和色度的处理效果较好，平均处理率分别为77.78%、67.29%和81.14%。由于本项目为自然沉淀，因此对氨氮、总硬度和硫化物的处理率较低。

（4）农灌可行性分析

项目处理后出水的各项水质指标除硫化物超标仍然严重外，其他各项指标均能满足现行《农田灌溉水质标准》（GB 5084）相关指标限值。

9.4　大瑶山隧道

9.4.1　工程概况

1）大瑶山1号隧道工程概况

广乐大瑶山1号隧道起于广东省乐昌市大源镇桥头村，止于大源镇大瑶山林场，呈75°~120°方向展布。设计为分离式独立双洞隧道，左右线进口间距约30.0m，出口间距约55.0m，洞室净空 15.00×5.0m；隧道进口位于桥头村、出口位于大瑶山林场，起讫桩号左线 ZK33+370.0~ZK37+640.0，长 4270.0m；右线 YK33+385.0~YK37+620.0，长 4235.0m；进洞口设计高程左线 390.1m、右线 389.9m，出洞口设计高程左线 364.4m、右线 364.5m，隧道最大埋深约 574.9m。

2）地形地貌

拟建隧道位于中低山~斜坡沟谷地貌区，海拔高度一般为 338.8~968.4m（区内最高高程在 ZK35+198.5 右 10m 左右，高程为 968.4m，最低高程位于出口处沟谷底，约 338.8m），相对高差 629.6m。隧道走向与山脊走向近于一致或大角度相交。隧道进口端山坡坡度一般为 15°~26°，出口端山坡坡度一般为 19°~50°。隧道区属生态保护区，植被发育，水土保持较好。下伏基岩为泥盆系上统佘田桥组（D_{3s}）灰岩、泥盆系中统东岗岭组（D_{2d}）灰岩、泥盆系中下统桂头群（D_{1+2gt}）砂岩及震旦系乐昌峡群（Z_{2lc}）浅变质粉砂岩，进、出口溪流水位均低于隧道底高程。

3）地质构造

根据现场地质调绘，结合区域地质资料，隧道在区域构造上属于湘粤坳褶束中的粤北凹褶束与粤中坳褶中的连龙凹褶束的接壤处，构造发育，以南北向华夏系构造为主体；隧道区未发现有活动性新断裂通过。区域内褶皱主要为大瑶山背斜，轴向近南北向，隧道处于大瑶山背斜东翼。隧道进口泥盆系上统佘田桥组（D_{3s}）灰岩地层产状主要为 110°∠42°，出口震旦系乐昌峡群（Z_{2lc}）浅变质粉砂岩地层产状为 90°∠53°，隧道洞身地层产状主要为 60°~120°∠40°~50°；隧道出口地层与山坡为顺向坡，不利于边坡稳定。

4）地层岩性

根据野外调查及钻探、物探资料，隧道区钻探深度范围内揭露地层为泥盆系上统佘田桥组（D_{3s}）灰岩、泥盆系中统东岗岭组（D_{2d}）灰岩、泥盆系中下统桂头群（D_{1+2gt}）砂岩、震旦系乐昌峡群（Z_{2lc}）浅变质粉砂岩及第四系坡积含碎石粉质黏土（Q_4^{dl}）。

9.4.2 大瑶山 1 号隧道水库区段及地表注浆处置概况

本次渗流计算研究的对象是位于大瑶山 1 号隧道左洞 ZK036+828~037+092 之间小型山区水库与浅埋隧道之间的渗流计算。隧道与小水库之间的位置关系见图 9-51，水库位置隧道纵断面图（局部）见图 9-52。

地勘报告表明，该区段的岩体为中风化浅变质砂岩，质量较差，[BQ]=270，弹性波速测量值低，为 2270~3600m/s，表明该段岩体受构造影响严重，结构松散，裂隙发育，稳定性较差，属于岩石破碎富水区和断层破碎带影响区域，隧道施工开挖无支护时易坍塌，渗流量大，处置不当时可能会引起地表冲沟水、水库蓄水大量下渗进入隧道，对地下隧道开挖和地表生产生活用水以及地表植被产生严重不良影响。

为了同时确保隧道施工顺利、安全通过小型水库区段与地表水体下渗不致引起环境次生事故（下渗渗流量过大、水库蓄水明显减少以及植被破坏等），相关单位提出了该区域的注浆处理方案并加以实施，深孔注浆处理方案如图 9-53 所示，图 9-54 为现场施工的实拍照片。

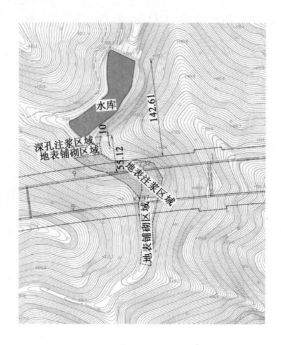

图 9-51　大瑶山 1 号隧道小型水库与隧道位置关系平面图

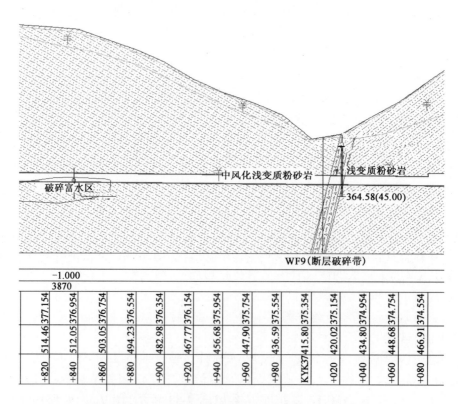

图 9-52　大瑶山 1 号隧道小型水库区域隧道纵断面图（局部）

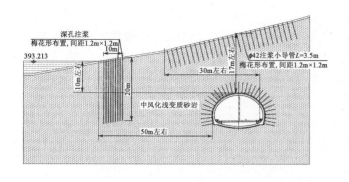

图9-53 深孔注浆处理方案

图9-54 深孔注浆施工现场

根据地勘报告深孔抽水试验,该区域的渗透系数变化较大,详见表9-18。

隧道不同区段涌水量计算表　　　　　　　表9-18

区段	利用钻孔	模拟设计参数			单位涌水量 q $[m^3/(d·m)]$
		K(m/d)	H(m)	d(m)	
进口	SSZK1-26	0.015	16.5	12.0	0.91
洞身	SSZK1-28	0.033	66.2	12.0	4.43
	SSZK1-31	0.024	153.4	12.0	5.87
	SSZK1-32	0.38	142.2	12.0	87.94
出口	SSZK1-33	0.074	26.8	12.0	5.69

9.4.3 大瑶山1号隧道水库区段及地表注浆渗流计算

1) 计算假定及原理

洞室外形简化是按照面积相等原则用直径 $D=14m$ 的圆形替代实际的6心圆马蹄形。
渗流数值计算基本原理见前文。此处不加赘述。

2) 计算参数

渗透系数:由于小型水库位于 SSZK-1 与 SSZK-32 之间,根据实际情况与隧道纵断面图(图9-52),计算时取隧道围岩渗透系数为 $K=0.024m/d$ 和 $K=0.38m/d$,注浆体区域的渗透系数 $K=1×10^{-6}m/d$。

计算水头:按照设计方案取水库计算水头为 17～36m。
最后深孔注浆前后建立的渗流数值模型分别如图9-55、图9-56 所示。

3) 计算结果汇总

通过对深孔注浆处理前后的计算,得出了在不同工况下隧道沿整个隧道衬砌周边全长的总渗流量(即图9-55 和图9-56 中的箭头连线构成的封闭断面),详见表9-19 和表9-20,图9-57～图9-60 为渗流量随压力水头变化的规律。

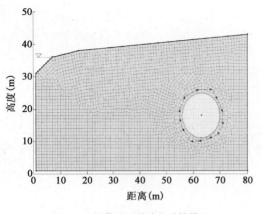

图 9-55 注浆处理前渗流计算模型

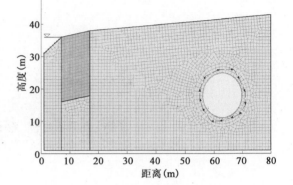

图 9-56 注浆处理后渗流计算模型

深孔注浆处理前后隧道渗流量计算汇总表($K=0.024\text{m/d}$)　　　表 9-19

水头 (m)	处理前		处理后		相对变化率
	m^3/s	m^3/d	m^3/s	m^3/d	m^3/d
17	0.001285	110.9894	0.000433	37.41552	-0.66289
18	0.001506	130.127	0.000509	43.95686	-0.6622
19	0.001731	149.5238	0.000586	50.64682	-0.66128
20	0.001959	169.223	0.000666	57.52858	-0.66004
24	0.00365	315.36	0.00114	98.4528	-0.68781
27	0.005357	462.8621	0.001396	120.6317	-0.73938
28	0.006879	594.3715	0.001563	135.0259	-0.77283
29	0.009486	819.5731	0.001791	154.7424	-0.81119
30	0.011358	981.3312	0.002231	192.7843	-0.80355
32	0.080327	6940.253	0.055488	4794.163	-0.30922
36	0.15044	12998.02	0.076616	6619.622	-0.49072

注：表中相对变化率负值表示减少幅度，表 9-20 中意义同此。

深孔注浆处理前后隧道渗流量计算汇总表($K=0.38\text{m/d}$)　　　表 9-20

水头 (m)	处理前		处理后		相对变化率
	m^3/s	m^3/d	m^3/s	m^3/d	m^3/d
17	0.017717	1530.749	0.006473	559.2499	-0.63466
18	0.020722	1790.381	0.007575	654.4368	-0.63447
19	0.023749	2051.914	0.008686	750.4963	-0.63425
20	0.026801	2315.606	0.009811	847.6358	-0.63395
24	0.042252	3650.573	0.015807	1365.725	-0.62589
27	0.048773	4213.987	0.018867	1630.1	-0.61317
28	0.052175	4507.92	0.020425	1764.72	-0.60853

续上表

水头(m)	处理前 m³/s	处理前 m³/d	处理后 m³/s	处理后 m³/d	相对变化率 m³/d
29	0.055748	4816.627	0.022772	1967.501	-0.59152
30	0.059777	5164.733	0.02743	2369.952	-0.54113
32	1.0935	94478.4	0.85428	73809.79	-0.21877
36	2.2842	197354.9	1.2125	104760	-0.46918

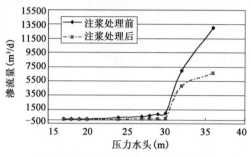

图 9-57 渗流量—压力水头关系曲线　　图 9-58 渗流量—压力水头关系曲线(双对数)

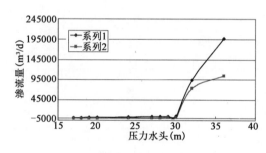
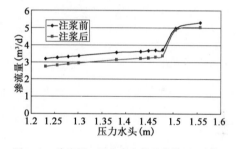

图 9-59 渗流量—压力水头关系曲线　　图 9-60 渗流量—压力水头关系曲线(双对数)

注：图 9-57 和图 9-58 对应 $K=0.024\text{m/d}$，图 9-59 和图 9-60 对应 $K=0.38\text{m/d}$。

从表 9-19 和表 9-20、图 9-57 ~ 图 9-60 对比分析注浆前后的渗流量变化情况可以看出：

(1) 在隧道围岩承受的压力水头不超过 30m 情况下，渗流量随压力水头的增加基本呈线性增加，并且增幅较小。当围岩渗透系数取小值时($K=0.024\text{m/d}$)，注浆处理前每增加 1m 水头，每日每延米隧道渗流量大约增加 20m³，同等条件下注浆后渗流增幅则降为 6m³；围岩渗透系数取大值时($K=0.38\text{m/d}$)，注浆处理前每增加 1m 水头，每日每延米隧道渗流量大约增加 200m³，同等条件下注浆后渗流增幅则降为 100m³，表明注浆处理对减少地表水产生的水体损失效果显著。

(2) 在渗流量相对变化率方面，压力水头小于 30m 前，围岩渗透系数变化时，注浆前、后相对减少率基本保持稳定，如图 9-58 和图 9-60 所示，能够减少初始渗流量的 60% ~ 70%。

(3) 围岩渗透系数变化对隧道出现大量涌水的不利情况影响不大：当压力水头超过 30m 以后，渗流量有急剧的增加，增加幅度在低渗透系数注浆前后分别为 6 倍、23 倍，高渗透系数注浆前后分别为 17 倍和 30 倍。表明此时围岩和注浆体已经压力水头压穿形成渗流通道。

图 9-61 ~ 图 9-65 是注浆前后隧道围岩按低渗透系数条件计算得到的 X 方向(水平向)和 Y 方向(竖直向)渗流总水头线云图，图中蓝色线为不同工况下的浸润线。

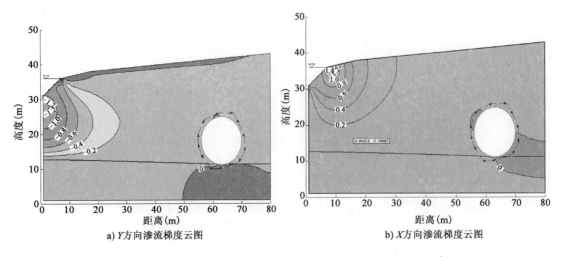

a) Y 方向渗流梯度云图　　　　　　　　　b) X 方向渗流梯度云图

图 9-61　注浆前低渗流总水头线（$K=0.024\text{m/d}, h=30\text{m}$）

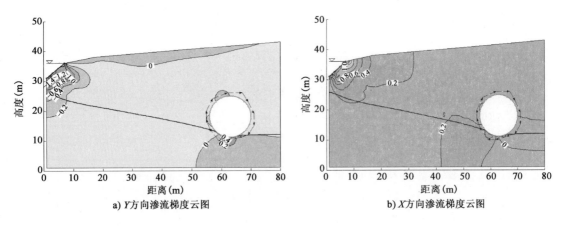

a) Y 方向渗流梯度云图　　　　　　　　　b) X 方向渗流梯度云图

图 9-62　注浆前低渗流总水头线（$K=0.024\text{m/d}, h=32\text{m}$）

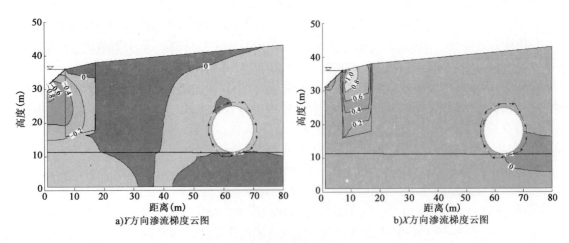

a) Y 方向渗流梯度云图　　　　　　　　　b) X 方向渗流梯度云图

图 9-63　注浆后低渗流总水头线（$K=0.024\text{m/d}, h=20\text{m}$）

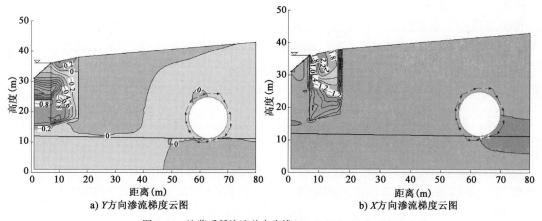

a) Y方向渗流梯度云图 b) X方向渗流梯度云图

图 9-64　注浆后低渗流总水头线（$K=0.024\mathrm{m/d}, h=30\mathrm{m}$）

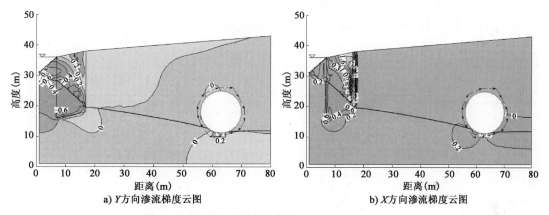

a) Y方向渗流梯度云图 b) X方向渗流梯度云图

图 9-65　注浆后低渗流总水头线（$K=0.024\mathrm{m/d}, h=32\mathrm{m}$）

由图可知：

（1）由图 9-61 与图 9-62 对比可以看出：在形成渗流通道前后，Y方向的总水头压力变化较为剧烈，浸润线位置变动幅度明显，具体渗流量参见前文相关表格。

（2）图 9-63 为正常压力水头下（$h=20\mathrm{m}$）渗流总水头线云图，该图中各等势线间距较大，图中注浆体后部围岩红色区域为总水头为零区域，表明深孔注浆后，隧道与小型水库间的围岩基本处于无压状态，浸润线基本水平，此时隧道开挖对地表水库渗漏水以及隧道施工本身防水影响不大。

（3）图 9-64 为临界压力水头条件下（$h=30\mathrm{m}$）渗流总水头云图，该图中注浆体内水头等势线已经较为密集，说明压力水头梯度较大，尽管浸润线位置和形状变化不大，但是渗流通道已经逐渐形成（见图中黄色区域）。

（4）图 9-65 为渗流通道完全形成后压力总水头线云图，其中浸润线位置太高，并且穿透注浆体区域，表明此时注浆效果已经无法抵抗外部水压引起的渗流。

4）近地表注浆处理工程措施效果评价

由于隧道区高程较高，地表径流排泄条件好，因此本次渗流数值计算主要考虑水库蓄水产生的压力水头对隧道施工时围岩渗流量的情况。通过对比分析，可以看出，注浆处理后能够极大减少围岩渗流量，从而减少水库蓄水量损失，确保当地居民生产生活用水。

同时,计算也表明,以隧道底部作起始高程计,当压力水头超过30m后,注浆效果基本丧失了保护隧道施工期渗漏水的功能,因此,建议相关单位进行实际测定水库坝顶高程与该里程桩号的隧道底部高程值,若高差不超过30m,则可以正常施工,否则,需要采用其他工程措施,例如,增加山洪暴发监测以及增加水库泄洪口数量等,避免将来隧道建成后由于渗透压力过大引起的二次衬砌水压致裂危害。

9.4.4 地下水综合利用

1)大瑶山1号隧道进口

大瑶山隧道1号进口附近居民较多,附近居民饮水主要由山顶水沟引入,通过管道引入农户家中,但由于隧道施工使得山顶水沟水量变少甚至无水,居民饮水受较大影响;农田灌溉也是使用山沟水;隧道进口附近有一条小河流——仙水河,隧道施工占用了部分仙水河河道,仙水河暂未进行水环境功能区划。大瑶山1号隧道进口环境如图9-66～图9-69所示。总体而言,大瑶山1号隧道进口地下水利用方向可以为农田灌溉和人工湿地。

图9-66 大瑶山1号隧道进口上方溪沟

图9-67 仙水河

图9-68 大瑶山1号隧道进口排水沟

图9-69 大瑶山1号隧道进口附近农田

2)大瑶山1号隧道出口

大瑶山1号隧道出口附近无居民、田地及河流,现阶段涌水量较小,最大涌水量约为

80m³/h。出口环境如图9-70、图9-71所示。考虑到运营后会有地下水从边沟流出,因此可以在此处设计一个人工湿地对地下水进行利用。

图9-70 大瑶山1号隧道出口

图9-71 大瑶山1号隧道出口排水沟

(1)湿地类型选择

人工湿地一般分为表面流湿地、潜流湿地和垂直流湿地,各类型人工湿地结构示意图如图9-72～图9-74所示。

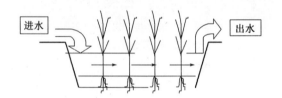

图9-72 表面流人工湿地示意图

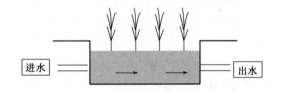

图9-73 潜流人工湿地示意图

该系统位于隧道的进出口,从美观、基建、投资、工艺及处理效果等多方面综合考虑,建议依托工程隧道的人工湿地系统采用潜流人工湿地。

(2)湿地设计原则

结合当地的实际情况进行分析,人工湿地系统功能的初步设计思路为:参照隧道涌水量和当地多年降雨量,确定人工湿地的总面积,考虑在道路两侧分别设置一个人工湿地系统。该人工湿地主要应有两大主要功能:一是景区的污水净化(生态功

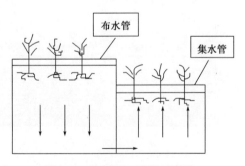

图9-74 垂直流人工湿地示意图

能),二是隧道景观群落的构建(景观功能)。人工湿地的景观可以与隧道景观融合为一体,即美化了当地环境,又体现了生态的主题。因此,依托工程人工湿地的设计在注重水处理效果的同时,应充分考虑到景观需求,实现水质净化功能与景观美化功能的和谐统一。

湿地景观设计的要点:

①注意植物种类的选择多样性,尽量选择乡土种,避免外来物种到来引起的有害物种入侵现象,从而导致生态灾难。

②对植物的空间配置要有一个立体的全方位的把握,从植物的种类、株高、颜色、外形和生长期进行综合考虑,实现植物配置的层次感和立体感,形成旱生—中生、湿生和乔木、灌木、草本、挺水植物、浮水植物、沉水植物的梯度化分布,且同时需考虑植物种植的密度,太密会影响视觉效果。该系统位于隧道的进出口,从美观、基建、投资、工艺及处理效果等多方面综合考虑。

③从人类的景观感觉出发,对植物的空间组织有一个自然化的认识,尽量避免一板一眼的模式化规则处理方式引起的视觉疲劳,使植物形成点、线、面相结合的空间组织方式,粗中有细,杂而不乱。人工湿地自然景观如图9-75所示。

a) 汉十高速公路人工湿地污水处理

b) 洱海公园山顶的人工湿地

c) 刚施工完毕的人工湿地

d) 云南城投福保塘湿地公园

图9-75 人工湿地自然景观实拍图

(3) 湿地组成

目前,人工湿地污水处理系统在我国污水处理中应用广泛,在高速公路中主要用于处理服务区废水。本项目的废水主要来源于隧道施工期的施工废水、运营期的隧道渗水及少量废水,废水中所含的污染物种类较少,主要是SS等污染物,用于此部分废水的人工湿地几乎没有。同时由于隧道涌水量随季节变化和工程进度影响较大,因此应考虑在湿地系统前加设沉淀调节池。该沉淀调节池和湿地系统还可作为危险品发生泄漏时的应急收集池,避免其直接进入附近水体中。

①平面总体布置。

人工湿地平面布置依据废水处理工艺设计流程的功能要求,污水来向及地形由高至低的原则,在规划的场地内进行布置。

②湿地组成。

每个湿地系统均由4块串联的潜流人工湿地组成,每块湿地长7m,宽2.5m,深1.3m;各湿地之间留有一长7m,宽0.7m的水池,主要用于将上一块湿地处理后的出水倒入下一块湿地;湿地填料底部为砾石(30cm),中层为碳渣(30cm),上层为泥土(40cm),湿地填料孔隙率约为40%。湿地中的植物可以考虑选择野姜花、风车草、美人蕉及能够适应石油类的香兰草、灯心草等。

人工湿地处理废水的工艺流程如图9-76所示。人工湿地污水处理系统示意图如图9-77、图9-78所示。调节池剖面图如图9-79所示。

图9-76 人工湿地污水处理系统工艺流程图

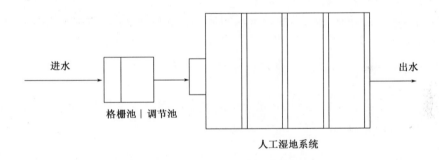

图9-77 人工湿地污水处理系统平面示意图

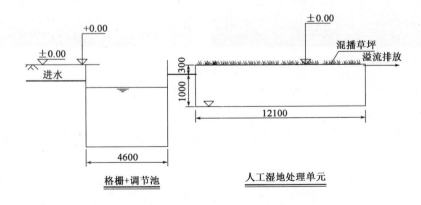

图9-78 人工湿地污水处理系统立面示意图(尺寸单位:mm)

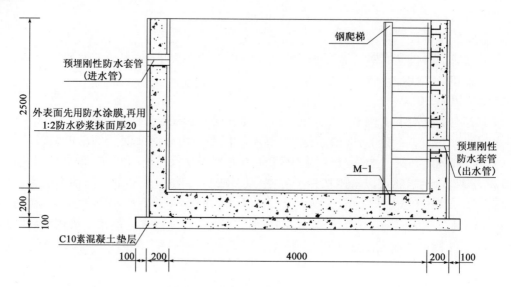

图 9-79 调节池剖面图(尺寸单位:mm)

(4)湿地运行费用

人工湿地处理系统是一个综合的生态系统,其建造费用省,运行费用低。一般整个人工湿地系统的基建费用只有常规处理方法的 1/2 或 1/3。规模小于 $50m^3/d$,建造费用相对较高,其余的建造费用为 $800\sim2500$ 元$/m^3$,处理污水的运行成本为 $0.06\sim0.30$ 元$/m^3$。

9.5 小　　结

本章选取了几个典型工程案例,以此介绍富水隧道建设理念及关键技术的工程应用,对类似工程的实施具有借鉴意义。

参考文献

[1] 招商局重庆交通科研设计院.大涌水量与复杂地质条件下特长公路隧道修筑关键技术研究[R].2008.

[2] 中华人民共和国行业标准.公路隧道设计规范:JTG D70—2004[S].北京:人民交通出版社,2004.

[3] 中华人民共和国行业标准.铁路隧道防排水技术规范:TB 10119—2000/J72—2001[S].北京:中国铁道出版社,2009.

[4] 蒋树屏.公路隧道技术与《公路隧道设计规范》[A].2004年岩溶地区隧道修筑技术专题研讨会[C].北京:人民交通出版社,2004:1-10.

[5] 蒙彦,雷明堂.岩溶区隧道涌水研究现状及建议[A].2004年岩溶地区隧道修筑技术专题研讨会[C].北京:人民交通出版社,2004:11-18.

[6] 何发亮,李苍松,陈成宗.岩溶地区长大隧道涌水灾害预测预报技术[J].水文地质工程地质,2001,(5).

[7] 韩行瑞,白云山,曹传林,等.我国典型岩溶隧道突水分析及专家评判系统的探讨[A].2004年岩溶地区隧道修筑技术专题研讨会[C].北京:人民交通出版社,2004:19-28.

[8] 张勇,张子新,华安增.TSP超前地质预报在公路隧道中的应用[J].东北公路,2001,24(2).

[9] Kolymbas D, Wagner P. Groundwater ingress to tunnels-The exact analytical solution[J]. Tunnelling and Underground Space Technology incorporating Trenchless Technology Research, 22(1): 23-27, 2007.

[10] Lei S. An Analytical Solution for Steady Flow into a Tunnel[J]. Ground Water, 37(1): 23-26, 1999.

[11] El Tani M. Circular tunnel in a semi-infinite aquifer[J]. Tunnelling and Underground Space Technology incorporating Trenchless Technology Research, 18(1): 49-55, 2003.

[12] Park KH, Owatsiriwong A, Lee JG. Analytical solution for steady-state groundwater inflow into a drained circular tunnel in a semi-infinite aquifer: A revisit[J]. Tunnelling and Underground Space Technology incorporating Trenchless Technology Research, 23(2): 206-209, 2008.

[13] Bouvard M, Pinto, N. Amenagement capivari-cachoeira[J]. Etude du puits en charge.. Houille Blanche, 7: 747-760, 1969.

[14] Schleiss A. Design of previous pressure tunnels[J]. International Water Power and Dam Construction, 38: 21-26, 1986.

[15] Fernaondez G, Alvarez TAJ. Seepage-Induced Effective Stresses and Water Pressures Around Pressure Tunnels[J]. Journal of Geotechnical Engineering, 120(1): 108-128, 1994.

[16] Park KH, Lee JG, Owatsiriwong A. Seepage force in a drained circular tunnel: An analytical approach[J]. Canadian Geotechnical Journal, 45(3): 432-436, 2008.

[17] 王建宇.对隧道衬砌水压力荷载的讨论[J].现代隧道技术,增刊:67-73,2006.

[18] 王建宇.隧道围岩渗流和衬砌水压力荷载[J].铁道建筑技术,(2):1-6,2008.

[19] 王建宇,胡元芳.对岩石隧道衬砌结构防水问题的讨论[J].现代隧道技术,38(1):20-25,2001.

[20] 王秀英,王梦恕,张弥.计算隧道排水量及衬砌外水压力的一种简化方法[J].北方交通大学学报,28(001):8-10,2004.

[21] 王秀英,王梦恕,张弥.山岭隧道堵水限排衬砌外水压力研究[J].岩土工程学报,27(001):125-127,2005.

[22] 蒋忠信.隧道工程与水环境的相互作用[J].岩石力学与工程学报,24(001):121-127,2005.

[23] 王建宇.再谈隧道衬砌水压力[J].现代隧道技术,40(3):5-10,2003.

[24] 丁浩,蒋树屏,李勇.控制排放的隧道防排水技术研究[J].岩土工程学报,2007,29(9):1398-1403.

[25] 皇甫明.海底隧道修建中的关键问题[J].建筑科学与工程学报,2005,22(4):1-4.

[26] 张存.南京地铁鼓楼站防水设计[J].隧道建设,2005,25(1):21-23.

[27] 殷险峰.锦屏电站高外水压力条件下隧洞衬砌结构的探讨[J].四川水力发电,2006,25(4):88-91.

[28] 蒋忠信.隧道工程水环境的相互作用[J].岩石力学与工程学报,2005,24(1):121-127.

[29] 郝哲.岩体渗透注浆的理论研究[J].岩石力学与工程学报,2001,20(4):492-496.

[30] 徐颖.软弱带爆炸注浆机理及应用研究[D].合肥:中国科学技术大学,2003:1-85.

[31] 黄勘.裂隙岩体中隧道注浆加固理论研究及工程应用[D].长沙:中南大学,2011:4-8.

[32] 张倬元,蒋良文.倒虹吸形成深饱水带大型充填溶洞的典型实例圆梁——山隧道毛坝向斜深饱水带特大型充填溶洞的形成及充填物成灾机制分析[J].工程地质学报,2010,18(4):455-469.

[33] 铁道部第二勘测设计院.圆梁山深埋特长隧道工程地质勘测报[R].成都:中铁二院工程集团公司档案馆,2000,12.

[34] 方俊波.圆梁山隧道向斜段地表及地下连通性分析[J].隧道建设,2004,24(5):16-21.

[35] 蒋良文,易勇进,杨翔.渝怀铁路圆梁山隧道桐麻岭背斜东翼岩溶涌水突泥灾害与整治方案比选[J].地球科学进展,2004,19(SUP1):333-339.

[36] 李耐霞.歌乐山隧道施工过程对水环境影响研究[D].成都:西南交通大学,2005.

[37] 赵金凤.歌乐山隧道施工涌水对周边地下水系统的影响及环境效应[D].成都:西南交通大学,2004.

[38] 中国科学院地质研究所岩溶岩究组.中国岩溶研究[M].北京:科学技术出版社,1979.

[39] 陈国亮.岩溶地面塌陷的成因与防治[M].北京:中国铁道出版社,1994.

[40] 阳军生,刘宝琛.城市隧道施工引起的地表移动及变形[M].北京:中国铁道出版社,2002.

[41] 刘国航,王卫东.基坑工程手册[M].北京:中国建筑工业出版社,2009.

[42] Burland J. B. Assessment of risk of damage to buildings due to tunneling and excavations[J]. Invited Special Lecture, the First International Conference on Earthquake Geotechnical Engi-

neering,IS-Tokyo'95,1995.

[43] Burland J. B,worth C. P. Settlement of buildings and associated damage[C]. Proceedings of the Conference on Settlement of Structures,Pentech Press,Cambridge,1974,611-654.

[44] Terzaghi K,Peck P. B. Soil Mechanics in Engineering Practice[M]. New York,John Wiley and Sons,1948.

[45] Polshin D. E,Toker R. A. Maximum allowable non-uniform settlement of structures[C]. Proceedings of the Fourth International conference on Soil Mechanics and Foundation Engineering,London,1957,1:402-406.

[46] Skempton A. W,Macdonald D. H. The allowable settlement of buildings[J]. Proceedings,Institute of Civil Engineers,1956,5:727-768.

[47] Bjerrum L. Allowable settlements of structure[C]. Proceedings of the European Conference on Soil Mechanics and Foundation Engineering,Weisbaden,Germany,1963,2:135-137.

[48] Grant R.,Christian J. T,Vanmarcke E. H. Differential settlement of buildings[J]. Journal of Geotechnical Engineering Division,ASCE,1974,100(9):973-991.

[49] Wahls H. E. Tolerable settlement of buildings[J]. Journal of Geotechnical Engineering Division,ASCE,1981,107(11):1489-1504.

[50] Boscardin M. D,Cording E. J. Building response to excavation-induced settlement[J]. Journal of Geotechnical Engineering Division,ASCE,1989,115(1):1-21.

[51] 欧章煜.深开挖工程分析设计理论与实务[M].台北:科技图书股份有限公司,2004.

[52] 欧章煜,谢百钧.深开挖邻产保护之探讨[J].岩土工程学报,2008,30:509-517.

[53] Terzaghi K,Peck R. B.. Soil Mechanics in Engineering Practice[M]. New York,John Wiley and Sons,1967.

[54] 日本建筑学会.开挖挡土之设计与施工指南[M].1988.

[55] 台湾建筑学会.建筑技术规则建筑构造编基础构造设计规范[M].1989.

[56] 刘丹,杨立中,于苏俊.华蓥山隧道排水的生态环境问题及效应[J].西南交通大学学报,2001,36(3):308-314.

[57] 刘建.岩溶隧道地下水环境负效应评价体系研究[D].成都:西南交通大学,2011.

[58] 曾晓燕.岩溶隧道涌水对生态环境的影响[D].成都:西南交通大学,2006.

[59] 杨泽元.地下水引起的表生生态效应及其评价研究[D].西安:长安大学,2004.

[60] 徐海量.流域水文过程与生态环境演变的祸合关系[D].2005.

[61] 刘高,杨重存,宋畅,等.深埋长大隧道涌(突)水条件及影响因素分析[J].2002,8(3):160-164.

[62] 关宝树.隧道工程施工要点集[M].北京:人民交通出版社,2003.

[63] 江新锡.铁路工程施工技术手册:隧道(上下册)[M].北京:中国铁道出版社,1995.

[64] 张跃,邹寿平,宿芬.模糊数学方法及其应用[M].北京:煤炭工业出版社,1992.

[65] Evaluating travel Times and transient mixing in a karst aquifer using time-series analysis of stable isotope data,by Andrew J. Long and Larry D. Putnam,U. S Geological Survey Katst Interest Group Proceedings,Shepherdstown,West Virginia,August 20-22,2002.

[66] 赵健.歌乐山隧道岩溶富水区帷幕注浆堵水技术的研究[D].成都:西南交通大学,2003.
[67] 刘建,刘丹,宋凯.渝怀铁路歌乐山隧道排水的地下水环境负效应评价[J].现代隧道技术,2012,49(4):178-183.
[68] Laurent Eisenloht, Mahmoud Bouzelboudjen, Laszlo Kiraly, et al. Numerical versus statistical modeling of natural response of a karst hrdrogeological system [J]. Journal of Hydrology, 1997:244-262.
[69] Bernard W. Szukalski. Introduction to cave and karst GIS[J]. Journal of Cave and Karst Studies,64(1),2002,4.
[70] Lee J. Florea, Randall L. Paylor, Larry Simpson, et al. karst GIS advances in Kentucky[J]. Journal of Cave and Karst Studies,2002,64(1):58-62.
[71] Kyle E. Murray, Mark R. Hudson. three-Dimensional geological framework modeling for a karst region in the buffalo nation river, Arkansas, U. S. geological survey karst interest group proceedings, shepherdstown, west Virginia, august 2002,20-22.
[72] 孔祥金,韩常领.公路隧道建设中的环境保护问题[J].西部探矿工程,2004,(1):15-17.
[73] 崔涛.隧道环境影响分析[J].交通环保,1998(6):27-30.
[74] 余璐璐,李绍才,孙海龙.隧道工程行为的生态环境影响及其生态化策略[J].水土保持通报,2010(12):27-28.
[75] 刘丹,杨立中,于苏俊.华蓥山隧道排水的生态环境问题及效应[J].西南交通大学学报,2001,36(6):35-37.
[76] 张武国.岩溶地区铁路长隧道涌水涌泥砂及地表塌陷规律的研究[J].世界隧道,1999(4):8-11.
[77] 刘煌,陈建华.山区特长隧道建设对地下水环境影响及防治对策——以铜锣山隧道为例[J].价值工程,2010,(10):66-68.
[78] 李炜.茅荆坝隧道建设对水文地质环境影响的评价研究[J].交通标准化,2010,(13):11-12.
[79] 韩美清,李耀增,陈智慧.龙厦铁路象山隧道岩溶突水生态环境影响分析及环保措施[J].中国铁路,2011(6):18-21.
[80] 王石春,陈光宗.隧道水文地质环境变化及其对生态环境影响的评估[J].世界隧道,1998(5):43-45.
[81] 程胜高,鱼红霞,殷坤龙.高速公路生态环境评价的研究[J].环境保护,2000(8):35-37.
[82] 毛文永.生态环境影响评价概论(修订版)[M].北京:中国环境科学出版社,2003.
[83] Thomas M. Quigley, Richard W. Haynes, Wendel J. Hann. Estimating Ecological Integrity in the Interior Columbia River Basin[J]. Forest and Management,2001(153):161-178.
[84] Steven M. Bartell, et al. An Ecosystem Model for Assessing Ecological Risks in Que bec Rivers, Lakes, and Reservoirs[J]. Ecological Modeling,1999(124):43-67.
[85] 刘珊.高等级公路建设与生态环境协调发展研究[D].西安:西安建筑科技大学,2002.
[86] 袁卫宁,任征.高等级公路环境影响综合评价[J].西安公路交通大学学报,1999(S1):55-57.

[87] 张嫒.铜黄高速公路路域生态影响指标系统研究[D].北京:北京大学,2001.
[88] 陈雨人.道路环境影响评价指标体系的研究[D].上海:同济大学学报(自然科学版),1997,25(6):640-644.
[89] 周剑.高速公路建设生态环境影响评价指标体系研究[J].企业技术开发,2006,25(5):36-37.
[90] 刘向远.岩溶隧道施工中地下水环境负效应评价指标体系研究[D].成都:西南交通大学,2007.
[91] 田劲杰.铁路长隧道生态环境影响综合评价[D].成都:西南交通大学,2005.
[92] 丁浩.考虑水荷载的隧道衬砌结构设计与施工关键技术研究[D].上海:同济大学,2010.